四川省内江市内江师范学院博士科研基金阶段成果

民族教育信息化教育部重点实验室（云南师范大学）阶段成果

云南师范大学教育地理学二级学科博士学位授权点建设成果

教 育 地 理 研 究 丛 书

# 云南民族文化传承之区域教育路径研究

谢红雨 伊 理 肖 荷 著

科学出版社

北 京

# 内 容 简 介

　　本书遵循马克思主义理论，运用从定性到定量跨学科研究法、人地关系地域系统理论、地理区划与规划理论、"中华民族多元一体格局"理论、文化教育人类学思想，以及文献分析法、访谈法、空间分析法等理论和方法，首次提出了民族文化分区的原则和方法，并针对云南民族文化传承的实际情况进行了实证分析，运用"自下而上的区域合并"区划方法，最终得出了云南民族文化传承分区的区划方案。

　　本书是国内外较早从地理学和教育学的角度系统研究民族文化传承的学术著作，可供教育地理学、民族文化传承研究等领域的专家、学者和研究生参阅。

**图书在版编目（CIP）数据**

　　云南民族文化传承之区域教育路径研究 / 谢红雨，伊理，肖荷著.—北京：科学出版社，2018.2
　　（教育地理研究丛书）
　　ISBN 978-7-03-038511-6

　　Ⅰ.①云⋯　Ⅱ.①谢⋯　②伊⋯　③肖⋯　Ⅲ.①民族文化-教育研究-云南
Ⅳ.①K280.74

　　中国版本图书馆 CIP 数据核字（2018）第 035197 号

责任编辑：朱丽娜　余训明　王丽娟 / 责任校对：何艳萍
责任印制：张欣秀 / 封面设计：楠竹文化

编辑部电话：010-64033934
E-mail: edu_psy@mail.sciencep.com

科学出版社 出版
北京东黄城根北街 16 号
邮政编码：100717
http://www.sciencep.com

北京中石油彩色印刷有限责任公司 印刷
科学出版社发行　各地新华书店经销
*
2018 年 2 月第 一 版　开本：720×1000　B5
2018 年 2 月第一次印刷　印张：14 1/2
字数：293 000
定价：88.00 元
（如有印装质量问题，我社负责调换）

# "教育地理研究丛书"编委会

正如社会分工协作促进了生产力的发展那样，学科的分化及交叉融合也不断丰富和完善着人类的知识体系。古今中外教育和地理等诸多领域形成了教育与地理环境相互联系、相互作用的思想。这一思想在 20 世纪中叶以来，凸显为教育地理思想，萌生了崭新的跨地理学和教育学的科学——教育地理学。全国科学技术名词审定委员会公布的《地理学名词》（第二版）中认为，"教育地理学是指有关教育设施和资源的供给、运作及产品的空间变化的地理学研究"。教育地理思想在地理学和教育学以及诸多学科均有不同程度、不同角度的认识和阐述，在学科发展上已逐步形成了地理学与教育学相交叉的研究领域。改革开放后，随着地理学科在国民经济和社会发展中的重要作用的不断发挥，地理学在教育发展条件分析、区位选择、区域均衡和空间规划等方面的作用逐渐凸现出来。这一社会需求，向地理学提出了理论和学科诉求——应该建立一门相对独立的交叉学科"教育地理学"。在此背景下，国家学位办批准设置教育地理学二级学科博士点，系统进行该学科的教学和研究工作，深入开展相关理论、方法和实证研究，对丰富地理学的学科内涵、拓展教育学的研究领域，对教育的协调发展以及区域经济社会发展规划的编制和优化施行，具有重要的理论价值和支撑作用。

教育地理主要研究教育地域综合体，包括：第一，各式各类教育（高等教育、中等教育、职业教育、基础教育、学前教育、老年教育等）；第二，各式各类教育进行中所依托的地理环境（自然地理环境、经济地理环境和人文地理环境以及综合自然地理环境）。具体研究分为两个研究层次：①教育发展及其所依托地理环境的历史过程、格局与趋势；②教育发展的规律、特征、教育与其所依托环境之间的关系。据此，"教育地理研究丛书"包括十部著作，其中，《教育地理学导论》《教育地理科研方法》是关于教育地理学学科理论和方法的两部著作；《中国高等教育地理：时间序列》《中国高等教育地理：空间结构》《云南教育地理研究》《省域高等教育合理性评价研究》是关于区域教育地理实证研究的著作;《教育地理区划研究》《主体功能区视野下云南职业教育区划研究》是关于教育地理区划的方法和实证研究的著作;《高等教育区域协调发展研究》《云南民族文化传承之区域教育路径研究》是关于区域教育资源的空间配置与发展的相关研究著作。

我们所从事的教育地理研究,在理论层上可以完成对理论研究的检验,教育地理学理论研究和以之为基础的教育地理学博士生课程内容,均是自上而下地由地理学、教育学和其他学科的理论知识演绎而来,这些演绎得来的理论是否是教育地理学的真理论,需要教育地理研究的实践检验。在实践层上具有探索意义,教育地理研究遵循教育地理学研究范式,在教育地理学学科体系尚未完全成型阶段,教育地理的实证研究具有创新性和前瞻性意义,可以有效促进教育地理学理论的完善,最终达到理论与实证共进的效果。

教育地理学是一门具有应用价值的学科,对它的研究首先具有外衍价值。一是对国家和区域宏观教育战略方针制定的参考价值。在国家和区域教育宏观战略的制定过程中,教育的发展不是一个单一、独立的要素,需要系统论证教育及其格局变化对教育所依托环境的影响,除了完整意义上的教育地理研究,现阶段并无其他可参考的成果。二是对区域科学发展的促进作用。教育地理研究的决策建议成果主要包括两种类型或者两种类型的综合:①寻求制约区域教育科学发展的诸多因素,通过可控因素的调整规范或促进区域教育的科学发展;②寻求教育对其他社会发展要素的影响关系,通过教育的调整,对其他社会发展要素进行有效调控。这些决策建议成果主要通过区域政府职能部门的实施和调控来完成。三是对其他学者进行相关研究的借鉴作用。

对教育地理学的研究,又具有内生价值:①核心竞争力的形成。通过教育地理的基础研究、教育地理数据库的建立以及教育地理研究方法的系统和完善,可以形成有特色的核心竞争力,进而有可能承担第三方的教育测量、教育评价评估、教育布局规划等项目或工作。②优势学科的形成。通过教育地理研究所带来的学术影响力、社会影响力等,最终形成教育学、地理学下的教育地理优势学科。

伊继东

2015 年 4 月 8 日

# 前　言

　　文化是民族传续发展的重要基石，在人类文明延续和民族血脉传承中占据不可替代的重要地位。当前，与社会进步相伴而生的工业化、城市化、全球化及信息化进程，致使民族文化稳定性、完整性、延续性遭受前所未有的冲击，因势利导、因地制宜的民族文化传承问题，正逐步成为超越地理空间界限和单一民族范畴的共同热点。针对这一亟待解决的现实课题，学界形成了民族学视域内的集中探讨和对策建议，但建立在民族文化地理分区基础上，从教育的视角探索民族文化传承的系统研究尚不多见。

　　本书基于教育视角和人文地理研究范式，以云南少数民族文化[①]传承为研究对象，注重文献分析与访谈调研相结合，理论研究与实证分析相联系，时间分析与空间分析相关联。通过云南民族文化传承的地理基础分析这一逻辑起点，展开云南民族文化区划，考察不同民族文化区的文化传承状况；继而引入一般教育要素解构、整合的基本模式，明确提出云南民族文化传承适宜的区域教育路径；并以石林彝族自治县的民族文化传承为个案进行了实证分析。

　　在民族文化传承地理基础分析方面，首先，基于人地关系地域系统理论的认识，厘清了云南民族文化传承的区域性、类型性、和容性和时序性等基本特征，并从自然地理、人文地理和经济地理三个维度分析了民族文化传承的地理基础；其次，通过地理区划与规划理论的实证运用，提出了民族文化传承分区的三条原则，明确了云南民族文化传承的六大分区，并系统论述了滇中彝族主体文化区、滇南哈-彝主体文化区、滇东南壮-苗主体文化区、滇西白族主体文化区、滇西南傣-景主体文化区、滇西北藏-傈主体文化区民族文化传承的现状和特征，在此基

---

　　① 以下均简称云南民族文化。

础上，通过对民族文化传承与区域教育关联性的分析，从教育的视角揭示了教育在民族文化传承中"培养传播者、培训运营者、锻造研究者、教育保护者"四位一体的多元促动关系。在民族文化传承的区域教育要素解构与整合方面，本书通过云南民族文化传承的教育因子分析，对分属不同民族文化区的民族文化传承中的"正规教育/非正规教育、实体教育/虚拟教育、形式化教育/非形式化教育/制度化教育"七种形态，"教育主体、教育客体、教育内容、教育中介"四大要素进行了系统分析，在这一基础上，遵循文化教育人类学思想的"文教统合"理念，提出了"以家庭教育为基础、以学校教育为核心、以社区教育为辅助"的三位一体的民族文化传承之区域教育路径，并选择具有典型民族文化区域属性的石林彝族自治县作为案例，对其彝族文化传承的教育现状进行梳理和分析，拓展和延伸了云南民族文化传承之区域教育路径研究的效能。

　　本书涉及教育、地理、文化、民族的多领域知识和跨学科整合，在一定程度上具有拓展教育学、地理学研究领地，完善教育地理学研究范式的深层意义；本书提出的云南民族文化传承分区和民族文化传承的区域教育路径，可在一定程度上为云南乃至全国同类区域民族文化传承的理论研究和实践运行提供相应参照和借鉴。

谢红雨

2017 年 1 月

# 目　录

丛书序

前言

# 第一章
# 绪　论

民族文化特别是优秀的民族文化对于社会发展有重要作用。而如何才能使民族优秀文化发挥对社会的重要作用，这就必须将民族优秀文化基因传承、延续下去。云南民族文化在传承的过程中存在什么现实问题？如何研究和解决这些问题？这些都是本书展开研究之前必须首先回答的问题。本书首先在对云南民族文化传承面临的问题进行分析的基础上，就国内外学者对民族文化传承的研究进行了系统的分析和梳理，并就该问题研究的意义、思路与方法进行了阐释。

## 第一节　云南民族文化传承的背景及价值

习近平同志曾指出，"体现一个国家综合实力最核心的、最高层的，还是文化软实力"[①]。文化作为现代社会发展的软实力，在人类经济、社会、政治诸元发展中起着不可替代的作用，尤其是在知识经济时代的今天，文化已然成为区域持续发展的动力源泉和竞争力提升的核心要素，其在加速区域发展、促进社会进步中的地位和作用日渐凸显。协调是系统内部优化和整体效益最大化的动力阀门，文化发展的协调事关区域社会整体效能的提升，进而直接影响到以文化为联动轴心的区域社会全面发展。然而，当前经济全球化浪潮的趋势席卷全球，我国正从传统社会走向现代化社会，从文化历史发展的角度看，民族文化传承正面临着重要危机，中国传统文化尤其是少数民族文化也正面临着前所未有的挑战，主要表现在：一是现代化的主流文化的渗透使民族文化的物质形态遭到了一定的破坏，传统文化的具体实物载体越来越少，深刻地影响了各民族的生活方式、价值结构、语言、风俗习惯。二是随着经济、信息全球化和市场经济快速发展，世界文化趋向普同，传统文化的稳定性、完整性、延续性和民族性受到冲击。三是市场经济带来了民族文化观念的变迁和人文精神的起伏，民族文化精神被各种现代创意所

---

① 钱文忠. 文化软实力是核心　从优秀传统文化中寻找精气神. 2014. http://book.people.com.cn/n/2014/0317/c69398-24650707.htm.

淹没；大众文化、娱乐文化的兴起，对民族文化进行着一系列的消解。四是日新月异的科技活动及其成果，改变着人们的生产方式和生活方式，影响着人们的世界观、方法论。它们促进人们思维方式的变革、道德观念的更新；形成趋于一致的信息系统、认知方式、行为规范和价值取向，民族文化及其结构受到程度不同的消解。显然，在现代化进程中少数民族文化传承承受着强大的压力。少数民族文化的生存受到冲击，有的甚至面临着消亡的危险。因此，要建立一个丰富多彩的中国特色社会主义社会，除了借鉴和吸收国外先进的技术和优秀的文化之外，更要大力发掘中国传统文化的精华，传承和发扬民族文化。

云南作为一个多民族聚居的省份，其民族文化传承在经济全球化和市场经济快速发展中表现出以下问题。

## 一、民族文化稳定性、完整性、延续性受到明显冲击

在市场经济和汉族文化的影响下，少数民族越来越趋向于现代化的生活方式，学说本民族以外的语言，学穿汉服，学习现代的生活方式，积极融入现代社会。大量民俗及少数民族传统文化正在逐渐淡出人们的日常生活，失去了本身具有的文化意义。在市场经济的影响下，各地将旅游业作为支柱产业来抓，民族文化逐渐趋向舞台化，原来只有在特定时间、特定节日和特定地点才举行的民俗活动被搬上舞台，应游客的要求，随时随地随意改变活动方式，一切为了满足游客需要而演出。大量古寨民居成了旅游景点，蜂拥而至的游客改变了千百年来居民们的生活方式，他们的日常生活受到影响。由于大量游客的涌入，大批文物、古迹、村寨被严重破坏。

## 二、物质文化流失比较严重，传统文化的具体实物载体越来越少

随着云南民族地区的开放，少数民族对外接触和交往不断增多，新的生活方式和外来文化对民族地区的文化和生活产生了很大的冲击，越来越多的民族传统工艺失传，无数珍稀罕见的民俗技艺和民间文艺，伴随着老艺人的逝去而销声匿迹。民族语言逐渐消亡，民族建筑和服饰逐渐被汉化，甚至被西化。民族文化流失现象日益严重，保护和发展民族文化的工作面临的问题日趋严峻。

## 三、民族心理、民族习俗、价值观等发生了一些变化

在市场经济和民族文化产业化的影响下，民族地区大力发展旅游业，经济条件好转，部分少数民族心理发生了变化。一部分少数民族人民走出大山，选择到经济发达地区生活，这些少数民族后代中，相当一部分人已经不再了解本民族的

历史文化，对本民族文化不感兴趣，一部分人已经不会说本民族语言。联合国教育、科学及文化组织 2009 年发布的民族语言现状等级量表显示，民族语言的退化和消失已经形成世界性的危机，如图 1-1 所示[①]。另外，民族文化旅游的开发，使传统文化的传扬带有与本民族实际生活脱节的功利主义色彩，由于商业利益的诱惑而随意夸张甚至扭曲传统文化的现象随处可以见到。为了迎合游客的兴趣，许多民族文化中优秀的部分被忽略，而落后消极的东西被夸大。

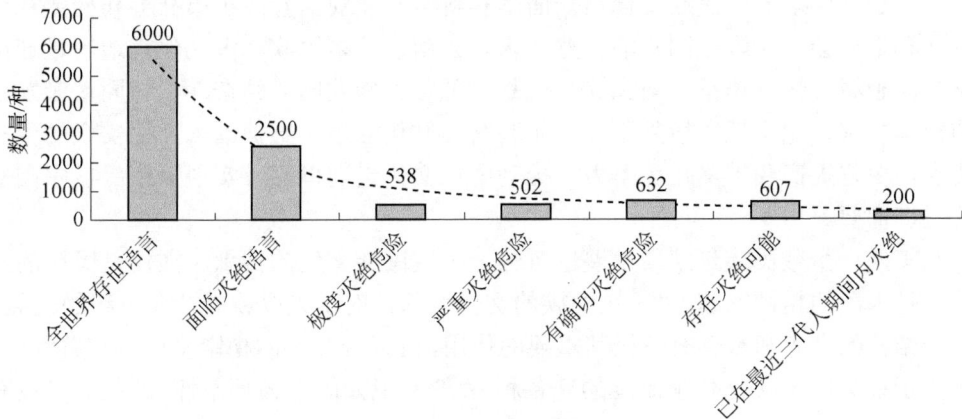

图 1-1 世界民族语言危机示意图
资料来源：根据中国新闻网、新华网等网络资料报道数据整理

众所周知，云南民族文化是云南各民族人民在长期的历史发展过程中所创造、积累和传承的，它是构成一体的中华民族文化的一员或若干员，是中华民族文化构成中不可或缺的部分。正如马克思给予希腊神话的高度评价，称它是希腊艺术的武库和土壤，仍然能给我们艺术享受，而且就某一方面说还是一种不可企及的范本。云南民族文化在经济社会快速发展的今天仍然发挥着不可替代的重要作用，在我国建设社会主义文化大国、强国，建成小康社会，实现 13 亿人民中国梦[②]的关键阶段，我们必须传承好云南的民族文化。

其一，传承云南民族文化有利于提升云南整体软实力，加快云南民族文化强省建设。中国共产党第十八次全国代表大会报告强调，建设社会主义文化强国，关键是增强全民族文化创造活力。社会主义建设新时期，紧紧抓住"建设社会主义文化强国"的机遇，大力发展、传承云南民族文化，既有利于加快云南民族文化大省建设，同时也有利于提升云南整体软实力。

其二，传承云南民族文化有利于促进我国社会主义文化建设，丰富中华民族多元一体的文化内涵。中华民族多元一体文化是由 56 个民族的文化精华形成的一

---

① 关于民族语言危机的研究，参见谢红雨，伊继东，甘健侯. 消失抑或继续生存？——民族文化保护与传承面临之生死考验. "变动中的东南亚地缘政治：边界与边境之地"国际学术会议，2014，(7).
② 详情参见谢红雨，伊继东. 我国独特的地理环境特征与中国梦的实现. 前沿，2013，(23)：4-6.

个有机统一整体，它突显出多样统一的特征。这些优秀的民族传统文化是我们今天建设中国特色社会主义文化不可缺少的珍贵文化资源，博大精深的中华民族多元一体文化正是由56个民族的优秀文化汇集而成的，是各民族文化精华的结晶。在云南各民族中，艰苦奋斗，自强自立，与自然和谐相处，与兄弟民族团结共生，是基本的文化精神。进一步继承和发扬云南民族文化精神，有利于促进我国社会主义文化的建设，有利于丰富中华民族多元一体的文化内涵。

其三，传承云南民族文化是全面落实科学发展观，建成小康社会和构建社会主义和谐社会，实现中国梦的必然要求。云南以其多民族、多文化、边境毗连国家多而独树一帜，传承云南民族文化是实现各民族共同团结奋斗、共同繁荣发展的根本要求，也是抵御境外不良文化和腐朽文化渗透，维护国家文化安全的现实要求，更是提高我国文化竞争力，推动中华文化走向世界，实现繁荣昌盛中国梦的迫切需要。

其四，少数民族延续与发展也有赖于少数民族文化的传承。文化是民族的血脉，是人民的精神家园。"一个民族的文化传承，对于该民族的社会组织的发展、社会结构的完善和整合有着极其重要的作用，可以说社会的稳定发展和完善程度，取决于社会中的文化传承制度的完备程度。"[①] 正如国学大师南怀瑾所说："没有自己的文化，一个民族就不会有凝聚力，始终像一盘散沙。没有自己的文化，一个民族就不会有创造力，只会跟在外国人屁股后面模仿。没有自己的文化，一个民族就不会有自信心，也不可能得到外人的尊重。"[②] 习近平同志曾指出，"没有文明的继承和发展，没有文化的弘扬和繁荣，就没有中国梦的实现"，"让文明交流互鉴成为增进各国人民友谊的桥梁、推动人类社会进步的动力、维护世界和平的纽带"[③]，把中华民族优秀传统文化不断传承下去。因此，在市场经济和现代化迅速发展的今天，要想保留住云南民族的多样性特征，必须传承好云南的民族文化。

在现代社会的不断发展，以及不同民族的文化相互交流、碰撞、变迁、涵化的过程中，有的文化消亡，有的文化创新，促使文化不断丰富，不断发展，人类社会也因此不断进步。那么，如何在历史的大变迁中保持住自己的民族文化，如何让本民族的文化为本民族成员所认知，并且不断发展壮大自己的民族文化，诸如此类的问题，是每个民族在任何时刻都要正视的重大问题。尤其是在当今这样一个经济全球化浪潮日益汹涌、世界多元化不断发展的现代社会，如何在多元化的历史进程中保持住自身的民族文化，就显得尤为重要了。

---

① 赵世林. 论民族文化传承的本质. 北京大学学报（哲学社会科学版），2002，39（3）：10-16.
② 杨丽丽. 听南怀瑾大师讲国学. 银川：宁夏人民出版社，2012：20-23.
③ 习近平在联合国教科文组织总部的演讲. 2014. http://www.xinhuanet.com/politics/2014-03/28/c_119982831.htm

正是基于以上问题和云南民族文化在现代社会发展中的重要作用，本书从地理学、教育学等学科交叉的视角展开对云南民族文化的传承研究，以期为中国乃至世界多民族国家文化传承作出有益探索。

# 第二节 国内外民族文化传承相关问题研究现状

人类的文化多种多样，不同的民族在生产实践活动中创造出了自己特有的民族文化，文化是不同民族特有的身份和标志。作为民族特有的身份和标志，每个民族在发展的过程中都会不遗余力地传承和发展自己的民族文化，在和其他民族的交往中传扬自己的民族文化，吸收优秀先进的文化，保持自己民族文化的先进性和独特性。在文化交流的过程中，保持自己民族的文化被其他民族认可、接受并且不断发展壮大是每一个民族成员的责任和义务，同时也是每一位从事民族文化研究的学者必须要思考的问题。在全球化，以及经济、科技对文化影响日益扩大的现代社会，如何进行民族文化的传承？民族文化在传承的过程中会面临什么样的问题？如此等等。众多学者在研究的过程中给出了见仁见智的看法。以下就其中涉及的主要问题与观点进行系统梳理。

## 一、国内民族文化传承相关问题研究现状

### （一）关于民族文化传承本质及其相关理论的研究

关于民族文化传承本质问题的探讨，是开展民族文化传承研究的基点。当前，在民族文化传承的本质认识上，姚艳（2006）认为，民族文化传承就是年长者将文化传授给年幼者，一代接一代，不断传递，从而使文化得以保存的过程。在这个过程中，年长者对文化的掌握和传授，年幼者对文化的理解、接受和应用，是文化得以顺利传递的两个关键因素。赵世林通过研究认为，文化传承是文化本身具有的属性，文化主体在传承的过程中必须随着社会的发展对传统文化进行超越和创新，并且这个传承的过程因受到生存环境和模式化的制约，而具有强制性、稳定性、完整性和延续性等特征，在此认识的基础上，赵世林认为文化传承的本质是一种文化的再生产过程，这种生产不是单个人的自我行为，而是民族群体的自我完善，并认为民族文化传承是民族意识的深层次积累，构成民族认同感和内聚感的核心，并且这种传承是一种纵向的文化基因复制，具有模式和血型的基本特质。[①] 以上两位学者的观点的区别在于姚艳认为民族文化传承仅仅是一个代际互

① 赵世林. 论民族文化传承的本质. 北京大学学报（哲学社会科学版），2002，39（3）：10-16.

相"传递"的过程，即文化在不同主体之间的互相传递；而赵世林则认为文化的传承不只有"传递"，更有在"传承"中的自我生产，即文化接受者对接受的文化进行吸收和自我的再加工，从而创造出适合社会发展需要的新的文化模式。另一位学者谭淑玲则提出了不同的观点，认为"少数民族文化的传承的实质在横向上是不同文化之间相互影响和相互吸收的过程；在纵向上是通过特定的方式和路径实现纵向传递的过程"①。

在对民族文化传承本质问题进行厘定的基础上，也有学者对民族文化传承的相关理论进行了深入探讨。著名的人类学家费孝通先生在学习和研究国外学者对同类问题研究的基础上，结合我国的实际情况，从多元化与一体化角度展开研究，经过多年潜心研究提出了"中华民族多元一体格局"理论。费孝通先生认为，"多元"指的是我国各兄弟民族在起源、形成和发展上都有自己的历史，每个民族的文化和社会也都有自己的特点，从而区别于其他民族。"一体"是指虽然每个民族都有自己的发展历史和民族特点，但是，各民族在发展的过程中都互相联系、相互交流，与整体民族之间有着内在的联系和共同的民族利益。中华民族的"一体"是指"多元"的各兄弟民族之间存在着不可分割的整体性，同属于中华民族，中华民族的特征是我国各民族在长期发展过程中形成的历史的、特有的、共同的民族特征。中华民族各兄弟民族之间相互包容、和谐共处、相互借鉴，从而共同向前发展。"中华民族多元一体格局"理论的提出，为我国各民族的发展研究和民族文化的传承研究提供了方法论上的指导。

与此同时，杨庭硕等（2003）认为，不同民族在文化的交流过程中存在着两种趋势：离异和趋同。离异指的是在文化交流的过程中，因为不同文化之间存在着差别，交流会使这种差别扩大，进而孕育出新的文化样式。趋同则和离异相反，会缩小不同文化之间的差别，使不同种类的文化相互融合，进而减少文化并存的种类。究竟是离异的结果利大于弊，还是趋同的结果弊大于利，不同的学者给出了不同的看法。19世纪的文化人类学理论偏向于对文化离异的研究，并认为离异是文化在发展过程中的"进化"，以此为依据，文化人类学者对文化多元化并存的成因进行了研究和论证。20世纪初，文化人类学学界有学者开始认真探讨文化趋同的结果，并将"文化趋同"定义为"文化辐和"，从而将文化多样性的研究向前推进到新的阶段。然而，另一些学者提出了不同的观点，他们认为，文化趋同会造成人类对地球资源利用的单一性，从而诱发各种资源危机；文化离异则会使人类对资源的利用多样化，有利于提高人类社会可持续发展的能力。

（二）关于民族文化传承面临的危机的研究

随着全球化影响的深入和发展，以及强势文化对弱势文化的入侵，研究者普

---

① 谭淑玲. 少数民族文化传承与发展视野中当代民族文化报道的思考. 南宁：广西大学，2007：15-20.

遍意识到民族传统文化传承面临着严峻的危机。杨福泉（1998）认为，随着全球化对民族传统文化的冲击和影响，少数民族文化处于断裂和重构之中，当前，中国各民族传统文化普遍存在着消亡和衰落。缪家福（2005）认为，随着经济全球化的发展，文化全球化成为必然趋势，强势文化不断对弱势文化国家的社会生活形成全面冲击。弱势文化国家的民族传统文化在强势文化的冲击下不断衰亡和消退。万俊人（2001）提出，全球化还可能是一个文化陷阱，强势文化借助于强势经济和政治强权的扩张从而使人类文化多样性趋于消失。然而，任何事物都有其两面性。王希恩（2000）认为，现代化的过程也是传统文化的衰退过程，它必然会对民族传统文化形成一定的影响和冲击。随着现代交通和传媒的迅速发展，民族地区以往封闭、消息滞塞的状况被打破。现代生活的理念逐渐深入人心，人们开始接受各种各样的现代生活方式的影响，外界的文化和生活方式迅速影响和改变着原有的生活环境，居住方式、民族服饰、语言习惯、民族节日等活动逐渐发生改变，民族地区部分人群尤其是年轻一代开始走出世代居住的村庄，到经济发达地区，选择全新的生活环境和生活方式，民族传统文化形成和发展的土壤逐渐消失，本土文化陷入了无人传承的困境。在生活环境发生改变的过程中，随着掌握民族文化知识较多的年长者群体的消失，年轻一代也疏于对本民族文化的继承和学习，被现代观念和生活方式改变，加速了民族传统文化的解体。因此，从某种意义上可以说，现代化的生活方式和现代经济活动等对民族文化的影响是巨大的，民族传统文化在现代化的逐步渗透和侵入下，生存和发展的空间越来越小，存在消亡的危险。

因此，民族文化旅游的发展在带给民族地区有限的收入之外，对民族传统文化来说可能不是福音。功利主义的影响使民族地区的人们和民族文化生存的土壤和环境都在迅速发生着改变，原生态的民族文化正在逐渐消亡。

### （三）关于民族文化传承的媒介及方式的研究

#### 1. 民族文化传承的媒介

人类是一切文明的载体，任何形式的文明都是依附于人类而存在的，文明通过人类这个载体以各种方式，通过各种途径向外传播，人类是承载和传播文明的载体（即文化传递所依靠的方式）和工具（即文明传承的媒介）。任何一个民族的文化都需要通过各种媒介才能向外传播，为人类所传承。学者认为关于民族文化传承的媒介主要有民族语言、宗教仪式和节庆活动、大众媒体及大众文艺、旅游、民族文化典籍，以及现代声像资料等。①民族语言。如前所述，语言是人与人之间相互交流沟通、表情达意最重要的沟通工具，也是一个民族最重要的标志，同时也是记录一个民族的文化最为重要的工具之一。一个民族可以没有文字，但不能没有语言，世界上不存在没有语言的民族。失去了活语言的文化是僵化了的没有活力的文化，这种文化将会变得难以被人理解和接受。每个民族在每个时期都会创造出适合这个时代生产生活的民族语言文化。民族语言蕴藏着丰富的民族文化，民族语言是民族独特的认知系统和思维方式的直接体现。学习和了解一个民族的文化，首要的是从学习和了解这个民族的语言开始。语言往往珍藏着一个民族的精神生活痕迹，是一个民族最为重要的精神体现。在民族文化教育中，只有充分利用语言这个工具去探求民族文化独特的"非语言思维"存在，才能更加全面地传承民族文化，因此，从这个意义上来说，民族语言是传承民族文化的首要工具。②宗教仪式和节庆活动。受生活环境和认识水平的限制，有的少数民族在千百年来的生活中产生了对大自然、对周围生活环境等的敬畏和崇拜，逐渐生成了民族的信仰和对自然界某种事物的崇拜，或者为了庆祝农田收获、民族群体新的个体的诞生、婚丧嫁娶等而举行各种庆祝活动。这些信仰、崇拜和庆祝活动都蕴含了先民对自然、事物、群体之间关系的丰富的认识，是人们精神意识、思想观念和伦理道德的直接表达。我们只有在尊重民族这些宗教信仰、习俗活动基础上，才能去了解它、认识它，并发现和掌握民族这种情感表达方式背后所蕴含的深厚的民族文化知识和内在的精神价值，并喜欢它、热爱它、保护它、发展它，成为自觉传承民族文化的人。同时，这些宗教仪式和节庆活动也是对先民生产生活等活动的回顾和再现，生动地传达和展现着先民对生产和生活的认识。在这些活动中，民族所蕴含的文化和认识得以展现和释放，对参加活动的年轻人在思想和行动上产生重要影响，民族文化通过这些活动在年轻一代中得以传承。云南的民族众多，各民族的节庆活动也丰富多彩、异彩纷呈。关于云南各民族的传统节日，将在本书第五章进行详细介绍。③大众媒体及大众文艺。在现代生活中，各种信息传播的媒体和文化艺术活动等充斥和影响着人们的日常生活，成为承载和传播文化艺术的重要的媒介之一。一些反映民族地区生活、展示民族风情的纪录片，以民族故事为题材的电视剧和歌舞艺术等深受各族人民群众的喜爱。这些故事和歌舞一方面丰富了群众的生活，另一方面通过各种途径和方式使民族地区的文化和生活得以表达和传扬。大众媒体和大众文艺成了传播民族文化的一种有效途径，成为传承民族文化的重要媒介。也就是说，通过大众媒体和大众文艺，文化传承在某种程度上得以实现。例如，在社会上颇有影响的《云南印象》《丽水金沙》等节目，以及杨丽萍的孔雀舞等，使中国乃至世界热爱民族文化的人对云南民族文化产生了深刻的印象，为云南民族文化的传承营造了一个有利的社会氛围，培育了良好的热爱民族文化的群体。其他的如著名作曲家田丰先生创办的"云南民族文化传习馆"、人类学家尹绍亭教授主持的"民族文化生态村——云南试点项目"，以及著名词曲作家陈哲先生所主持的"土风计划——村寨文化传承项目"等都产生了良好的影响，有力地推动着云南民族文化的传承。④旅游。与杨丽娥（2008）、杨正文等（2008）认为旅游业的发展对民族传统文化造成的严重破坏性可能越来越大的观点不同的是，也有学者认为，旅游也是实现民族文化传承的途径之一。民族地区在开发旅游项目的过程中，有目的地选取有特色的民族文化向游客展示，虽然这种展示带有舞台化和商业化的色彩，并且有时在某种程度上对其进行了加工包装等，但民族文化的展现肯定能促进和加深民族成员对本民族文化的理解和再认识，从而创新出新型模式的民族文化，进而使民族文化得以弘扬和传承。众所周知，旅游业，尤其是民族地区旅游业的开发在带给当地丰厚的经济收入的同时，也有力地向外传播着旅游目的地的文化和思想。民族文化是一个重点的主题项目。民族地区通过开展民族文化旅游，大力挖掘文化旅游项目，开发文化旅游品牌，在获得丰厚的旅游经济收入的同时，向游客展现了本地丰富的民族文化资源，有力地促进着民族文化的传承。⑤民族文化典籍及现代声像资料。在过去，民族文化典籍的保存与流传是实现民族文化传承的一种重要载体。科学技术发展到今天，我们以使用现代化的科技手段（如录音、摄像等）来保存相关民族文化资料。国内外试图通过民族文化博物馆将民族文化典籍、文物等通过传统及现代的方式保存并流传后世。这种传承方式属于静态的文化传承。进入 21 世纪后，这种传承方式受到了学术界及其他人士的质疑。于是，动态传承，或者说活态文化传承、非物质文化遗产等概念开始深入人心。

2. 民族文化传承的方式

民族文化传承的方式，也就是说民族文化传承的方法或实现途径是什么。有学者指出民族文化的传承方式和实现途径与民族的生活方式紧密相连、密不可分，带有鲜明的民族特色，打上了深深的民族烙印。学者关于民族文化传承方式的研究，主要集中在以下几个方面：①一对一的民族文化传承方式。一对一，顾名思义，就是一名文化传授者对一名文化接受者进行民族文化的传承。这种传承模式多体现在少数民族日常家庭生活中父亲对儿子的生产、狩猎、建筑、手工和某些特殊技能的传授，母亲对女儿的织布、缝衣、刺绣、做饭等家务技能的传授等。家庭这种一对一的民族文化传承多偏重于对民族物质文化的学习。一对一的民族文化传承模式对象确定，目标明确，范围较小，适合于家庭人口较少的无意识的民族文化传承。②一对多的民族文化传承方式。一对多的传承方式，也就是一名文化传授者同时对多名文化学习者进行民族文化传授的方式。这种传承方式的传授者在民族地区多是由寨老、巫师、魔公等掌握民族文化知识较多的一类群体来担任。寨老、巫师或魔公通过民族节庆、祭祀、法事和巫术等仪式向民族群众传授宗教文化、民族意识等内容。随着现代学校的发展，民族地区文化传承的模式也在发生改变，寨老、巫师、魔公等已不多见，取而代之的是民族地区的学校更多地承担起民族文化传承的重任。在学校，掌握民族文化知识较为丰富的教师向数量较多的学生同时传授民族文化知识，有时候，为了弥补学校民族文化教育力量的不足，学校也会聘请民族地区的文化传承人到学校进行授课。通过这种班级授课制的方式，民族文化得以有制度、有保障、大规模地高效传承。③多对多的民族文化传承方式。多对多的传承方式常见于民族地区举行的民族节庆活动中。这时候每一个社会成员都是民族文化的载体，都是民族文化传承中不可缺少的要素。民族风俗习惯、节庆礼仪和道德规范等在民族生活中进行无形的调控，客观上达到文化传承的效果。同时，民族地区的生活规章制度，即民族成文和不成文的民族公约对社会成员日常生活中的礼仪习惯的约束，也传达着民族所特有的文化制度。在现代社会，社区活动的举行和学校民族文化活动的开展使众多的社会成员和学生可以参与到活动中来，被民族文化所感染、所影响，同样起到了多对多的民族文化传承效果。

（四）关于民族文化传承与民族文化教育问题的研究

文化，作为人类认识、改造自然和社会的成果，呈现出各种形态和性质。不同的民族在各自的环境中，创造了各自的文化。如今，越来越多的国家意识到，民族文化不仅事关民族兴衰，而且事关民族存亡，民族文化是民族凝聚与发展的深层动力。正确认识和充分利用民族文化，加强民族文化教育，具有重大的战略意义。推动民族文化的顺利传承必须要开展民族文化教育，民族文化教育是民族文化传承的重要途径之一。

1. 民族文化教育的目标

教育目标指教育所培养的人应达到的标准。按照《中华人民共和国教育法》的规定，我国现阶段的教育目标是"培养德、智、体、美等方面全面发展的社会主义事业的建设者和接班人"。那么，民族文化教育的目标是什么？通过对受教育者的培养，要达到一种什么样的效果，这是我们实施民族文化教育和从事民族文化教育的工作者要思考的一个重要问题。梳理学者关于此问题的研究，我们发现如下观点。一种观点认为，对年轻一代进行民族文化教育的目的就是不断提高全民族的思想道德素质和科学文化素质。另一种观点认为，民族文化教育主要是使学生在了解和掌握本民族优秀文化成果的同时，形成对本民族文化的情感、态度和价值，同时，使学生树立正确的道德观、人生观和价值观，提高学生综合素质和文化涵养，以及生存能力的教育载体和渠道；使师生树立正确的祖国观、民族观、历史观，拥护党的民族政策，热爱社会主义祖国，学会和谐共处，形成自觉维护民族地区安定团结的政治局面。还有一种观点认为，民族文化教育的根本目的是在学习、了解、掌握、发扬和继承民族文化的基础上，创造民族的现代新文化，最终目的是把受教育者培养成为本民族的一分子。同时，在高校开展民族文化教育还可以引领大学生健康成长，培育大学生高度的文化自觉。综合学者的观点，我们可以这样来界定民族文化教育的目标：民族文化教育的目标，即通过对受教育者的培养，使其在了解和掌握本民族优秀文化成果的同时，了解和掌握中华民族及世界民族的优秀文化，从而形成正确的世界观、人生观和价值观，热爱社会主义祖国，学会和谐共处，成为对社会发展的有用之才。

2. 民族文化教育的对象

教育的对象也称受教育者，即教育影响的接受者。教育是专门培养人的活动。广义的教育对象，是指在教育过程中，教育者施加影响的客体。狭义的教育对象，则指某种有意识有计划的教育活动所影响的社会成员，是试图通过系统的教育工作加以培养和塑造的人。因此，不同的教育活动具有不同的教育对象。那么民族文化教育的对象是谁？或者说由哪一部分群体或者个体来接受民族文化教育？梳理学者关于民族文化教育对象的研究，我们发现如下观点。田景正等（2009）认为，从终身教育的角度来看，无论是关于民族文化知识、意识、态度、智慧、价值倾向的熏陶，还是民族文化表现力的传承、培养、体验和升华，幼儿教育作为教育体系中的第一环，都是非常必要且非常迫切的。马祥林（2012）认为优秀的民族文化需要传承，就必须从根本上即从儿童早期适应教育做起、抓好。陆继平等（2010）认为，大学生更应该继承和发扬民族文化。陈兴贵（2005）认为民族文化教育应该是一种全民的学习和教育，不仅少数民族需要学习，主体民族也要学习。朱晓明等（2004）指出民族文化教育是对全体民族个体的教育，尤其要加强对学生民族文化教育的引导。学者的观点主要表现在两个方面：一方面，马祥林、陆继平、田景正等认为民族文化教育的对象是学生；另一方面，陈兴贵、朱晓明等则认为，民族文化教育不仅要从学生抓起，成人也应该重视学习。不仅少数民族人民要接受民族文化教育，主体民族的人民也应该学习，形成全民的学习和教育。笔者认为，陈兴贵、朱晓明等学者的观点比较全面。综合学者的观点，我们可以这样来理解，民族文化教育的对象既包括学生也包括成人，既包括少数民族也包括主体民族，最终形成全民学习、终身学习的热潮，弘扬我国优秀的民族文化，如此中华民族才能屹立于世界民族之林。

3. 民族文化教育的内容

教育的内容，也就是说用什么来让受教育者获得知识，或者说教育的材料是什么。关于民族文化的教育内容，有学者认为应该以主体民族的文化为主；有学者认为应该以本民族的文化为主；也有学者认为，当今社会，一个民族要想在世界中立足，就不应该故步自封，而应既学习主体民族的文化，也学习本民族的文化，同时，还不应该放弃学习世界优秀民族文化。梳理学者关于民族文化教育内容的讨论，我们发现如下观点。有学者认为无论是传统教育、近代教育还是现代教育，都注重对优秀民族文化的传承。民族文化教育就是以中国优秀传统文化为主体内容的教育。民族文化既有精华，也有糟粕，应采取扬弃的态度吸收其精华，去其糟粕。也有学者认为，少数民族地区学校教育传承民族文化的内容包括知识、情感、态度与价值观和能力三个方面。还有学者把生存、生活、适应、道德、劳动作为民族文化教育的基本内容，同时还强调多元文化教育。江泽民同志于1997年11月1日在哈佛大学的演讲中说："阳光包含七种色彩，世界也是异彩纷呈。

每个国家、每个民族都有自己的历史文化传统，都有自己的长处和优势，应该相互尊重，相互学习，取长补短，共同进步。"①江泽民在讲话中清楚地表达了当前民族文化发展的三个主要特征，即对自身文化传统的继承发展、借鉴吸收外来文化并进行适应本体文化需要的选择和汲取及顺应时代和社会发展要求而进行的会通创新，这三者又是密不可分的同步过程。综合学者的观点，在这里我们可以借用南文渊（1994）对民族文化教育的内容的分类。他认为民族文化教育可以分为三个层次，即本民族文化的教育、中华民族文化的教育和世界文化的教育，也就是教育过程中的民族性、开放性与超前性。三者相互联系，相互交流，互为影响，都是民族教育内容体系中的组成部分，其中本民族文化的教育又是首要的、核心的部分，是受教育者接受教育的起点与基础。具体到云南民族文化的教育内容来说，本民族的文化是教育的首要的、核心的部分，但同时又不应忽视对中华民族文化和世界优秀文化的学习。

4. 民族文化教育的途径

民族文化教育的途径，也就是说以什么样的方式或者通过什么样的渠道把民族文化传递给受教育者。文化的存在和发展是通过教育来实现的。如果没有教育，任何文化都不会发生。因此，教育是文化的一种生命机制，是文化产生和发展不可或缺的因素和部分。梳理学者对民族文化教育途径问题的研究发现，其主要表现在以下四个方面：①以学校教育为主，以其他教育为辅。首先，从民族文化教育的形式看，应该以公立学校教育为主，包含社会教育、社区教育、职业技术教育、家庭教育、私立学校教育、宗教寺院教育、成年人继续教育等，并且要依据各民族、各地区的实际状况决定采取何种形式。其次，学校教育应通过渗透式文化传递法、互动式认知发展法、体验式情境设定、选择式价值澄清法来创新民族文化教育的方法；通过开设传统文化课程、加强校园文化建设、开展社会实践活动、利用先进网络技术等拓宽民族文化教育的途径。家庭教育中，家长既要重视"言传"，也要重视"身教"；社会教育中，政府既要重视文化市场的建设和社区活动的开展，也要重视公益部门的开放和媒体的宣传报道。同时，教育形式要从口授转为立体化教育，使人们在活动中获得生动真实的民族文化熏陶，重视民族文化与现代教育融合，通过现代教育，把中华民族传统美德和现代文明修养熔于一炉，形成新的质态。②依托社区资源，开发社区教育。有学者提出，依托社区资源形成民族文化共育机制，与通过开发校本课程构建民族文化教育环境等办法，可以让学生在行动上自觉将民族精神与时代精神紧密融合，传承民族文化。也有学者提出，区域性大学民族文化传习馆可以在基本不脱离本土文化生境的条件下，进行真正的民族文化传习，并认为其是民族文化教育较为稳定的实现途径。还有学者提出了"站在地上"的民族文化教育方式，即通过参与民族节日等实践活动，

---

① 江泽民. 增进相互了解，加强友好合作——在美国哈佛大学的演讲. 人民日报，1997-11-02（01）.

在生活中积累学习民族文化。"站在地上""扎根乡土文化""区域性大学民族文化传习馆"等观点实质上都强调了民族文化教育不能脱离民族地区实际情况，教育不能离开生活。这也从另一方面说明了教育的内容来源于生活，教育不能脱离生活。③加强高校教育，创新民族文化教育形式。赵磊、库玉霞等则对全球化、信息化背景下的高校民族文化教育进行了探讨。赵磊（2003）认为，可以通过加强民族文化教育队伍建设，确定合理的民族文化教育目标，选择、发展积极的教育内容，为民族文化教育创造良好的环境。库玉霞等提出利用各种媒体传播平台、构建高校民族文化教育内容体系、高校学生民族社团、校园民族文化环境建设等途径，加强对大学生的民族文化教育。黄静婧（2012）认为民族文化教育一方面应当结合具体情况融入高校各门课程教学中；另一方面要创新民族文化教育载体，充分利用现代信息技术丰富民族文化教育的资源，开辟宽领域的民族文化教育信息化阵地。④加强法制建设，为民族文化教育提供法制保障。陈兴贵则把民族文化教育上升到了法的高度，提出通过制定相关的教育法规和制度推行民族文化教育；把民族文化的内容贯穿到各层次的教育中，实现全民学习；通过宣传活动，扩大传承的主体范围；把少数民族地区领导干部培养成为民族文化教育的倡导者。学者的研究主要集中在家庭教育、社会教育、社区教育和学校教育等方面，都强调了"教育即生活""生活即教育"的理念，民族文化教育不能脱离民族地区的实际情况，应在实践中创新民族文化教育的形式。然而在西南大学阚军（2010）看来，在高考制度不变的背景下，家庭教育和社会教育对于文化传承的作用可能相对更明显。阚军的观点值得我们深思。

5. 当前民族文化教育中存在的问题

当前，民族文化教育的重要性和迫切性逐渐被人们认识和重视，然而，由于各种原因，民族文化教育的地位仍然处于尴尬境地，民族文化教育在我国的发展仍然举步维艰。其中存在的问题和原因主要表现在三个方面。第一，在各个教育层面中，民族文化教育没有得到应有的重视。①在学校教育方面，由于应试教育观念的存在，学生学习主要科目是为了应对各种考试。民族文化在学校的教育目标、教育原则、教育方法和教材中都没有得到应有的重视和加强。②在家庭教育方面，家长在重视培养孩子成"才"的时候忽略了成"人"的培养，忽略了其正确的世界观、人生观和价值观的培养。③在社会教育方面，社会在政策制度的制定，社会宣传、优秀文化读物的出版，文化活动的召开，社会公益设施的开放等方面存在缺憾。第二，民族文化教育与民族地区实际生活相脱离。民族文化教育在内容体系上，没有掌握好主导文化和民族文化的位置；在教育体系和方式上，将学校教育作为唯一的形式，忽略了民族社区特征与社区教育；在学校教育中，突出了智育，忽略了志向、意志、道德、生活、技能、体育、美育等方面的教育；在教育目的上，过分强调教育的功利性，造成学校教育畸形发展。一段时间以来，在少数民族地区，入学率、教育质量、为本地民族经济建设服务等方面得到了重视和加强，对学生民族文化的教育却被忽略了。其主要原因有三：①受到主流社会"模式化教育"的影响，教育失去了民族特色；②与民族地区生活相脱离，教育成了工业化标准生产的活动；③用主流文化的标准来评判民族文化，民族文化的价值未得到应有的认同。第三，主流文化、应试教育及民族地区落后的现状等因素制约了民族文化教育的开展。首先，主流文化的介入，削弱了本民族传统文化教育存在的必要性和独立性。受升学率和应试教育的影响，少数民族地区的多元文化课程备受冷落。其次，民族文化课程的内容和教学设计，以主流文化为主导，少数民族文化部分成为参考内容。最重要的是，我国的民族文化教育主要包含在初、高中的历史课教学中，没有成为一个独立的教学体系。采用灌输式的教学，使学生丧失了文化习得的经验积累和情感体验。最后，民族地区的教师在对民族文化知识的掌握上和现代信息技术的利用上，都无法适应跨文化教育的需要。师资问题已逐渐成为制约民族地区多元文化课程实施的瓶颈。同时，民族地区不同程度地盲目崇拜外来文化尤其是西方文化，而轻视本地区、本民族文化，对下一代缺乏系统的民族文化教育和行动。这就造成民族语言、民族文字等流失和变异，一些少数民族在现代文明的冲击下迷失自我，其特色优势正在逐渐消亡。

　　6. 民族文化教育发展的方向

　　今后一段时期，我国民族文化教育如何发展？在发展的过程中如何处理好民族文化教育与多元文化教育的关系？这是我们必须思考和解决的问题。中央民族大学滕星教授根据多年的研究经验，在借鉴国外成熟做法的基础上，提出了"多元文化整合教育理论"，即"一个多民族国家的教育在担负人类共同文化成果传递功能的同时，不仅要担负起传递本国主体民族优秀传统文化的功能，同时也要担负起传递本国少数民族优秀文化的功能"[①]。这一理论的提出为解决我国民族文化教育与多元文化教育的冲突提供了理论基础，也为我国今后一段时期民族文化教育的发展指明了方向，即在我国，弘扬民族文化不是复古，不能唯我，不能排外，要坚持做到"古为今用，洋为中用，取其精华，去其糟粕"。

　　发展民族文化教育，在学校教育层面要做好以下五个方面的工作。第一，课程开发主体要体现多元性。把课程专家、民族文化专家、社区文化精英，宗教界人士都纳入系统中来，广泛听取他们的经验、采纳他们的研究成果。第二，课程内容体系要体现开放性。要在时间和空间两个维度广泛吸取古代的、近代的和现代的民族文化知识，既要学习中华民族优秀的文化，也要学习世界民族优秀的文化。第三，教学过程要体现建构性。减少说教的课堂教学，重视情境和活动的教育价值。第四，师生关系要体现民主性。改变说教为主的教学方式，运用民主建构的教学方式。第五，教学过程中，教师要发挥主导作用，通过对话的形式加强学生对问题的认识和知识的掌握。在社会教育层面，国家要重视民族文化教育的

---

①　滕星. 多元文化教育——全球多元文化社会的政策与实践. 北京：民族出版社，2010：2-10.

重要价值，为民族文化教育的发展提供各种必要的社会支持，在资金、政策、宣传、法律等各个方面为民族文化教育的开展提供便利条件。在家庭教育层面，家长、家庭中的长辈要认识到民族文化是本民族最为重要的财富，要积极地承担起向下一代传授本民族文化的重任。在教育下一代成才的同时，还要教育他们成人。民族文化中的各种积极向善，与他人、社会、自然和谐共处的思想对教育下一代形成正确的人生观、世界观、价值观等有着重要的指导意义。

总之，全球化和信息化在促进经济发展的同时，也使社会、政治、文化，以及人们的思想意识发生了前所未有的变化。在文化领域，各民族和国家在认识、认同文化的世界性的同时，也面临着文化独立和保持文化的民族性的挑战。因此，加强民族文化教育，促进民族文化传承，已成为各民族和国家一项亟待开展的工作。

### （五）关于民族文化传承与教育问题的研究

民族文化与教育互为依存、相互促进。民族文化是教育的源泉，教育是民族文化得以保留和传承的重要途径。

如何发挥教育在我国优秀民族文化传承中的重要作用？梳理众多学者对民族文化传承与教育问题的研究，我们发现其主要集中在家庭教育、社会教育和学校教育三个方面。

#### 1. 家庭教育

家庭教育是民族文化传承实现的重要途径之一，家庭教育阶段更是儿童成长和接受教育的启蒙阶段，家庭教育是必不可少的重要教育形式之一。家庭教育是延续和发展人类文明的一种传统手段。儿童是民族文化血脉的继承者和文化基因的承载体。儿童获得文化传承的知识首先从家庭开始。个体自一出生就开始了文化传承与习得的过程。这种家庭与文化传承的关系是人类最古老、最强韧的关系之一。家庭环境的熏陶和影响使各地不断涌现出文学世家、音乐世家和舞蹈世家，这是家庭教育在民族文化传承方面的重大作用和最好的体现。个体的思想意识、道德品质、行为习惯、品行教育等都不同程度地带有家庭的烙印。家规、家法、社会礼俗、伦理的约束和衣、食、住、行、婚丧、道德、礼仪等方面的民族文化知识无不是通过家庭教育进行的。所以，家庭教育是民族文化传承的基础。

#### 2. 社会教育

社会教育对民族文化的传承在民族地区主要表现为民族村寨社区中的文化活动场所和市场。①民族村寨社区中的文化活动场所对民族文化的传承。社区等文化活动场所在民族村寨地区最主要的表现是寺庙。寺庙是民族地区文化最重要的集中地和集散地。在我国部分地区，如云南的西双版纳地区，寺庙教育还是最为普遍的教育形式。由于寺庙有固定的场地、固定的制度和专门传授文化（这种文化较多地表现为宗教文化）的僧侣和巫师，因此在没有学校教育以前，寺庙教育是民族地区最为完整和最为发达的文化传承方式。寺庙教育在云南民族地区的影响较为广泛，笔者在调研的过程中发现即使在现代化影响较深的昆明周边地区，几乎每个村庄都建有或大或小的寺庙，每个寺庙几乎都有上百年的历史，并且保留至今，更不用说在远离昆明、现代文明影响较小的偏远地区了，可见佛教文化或者说寺庙教育对云南民族教育的影响至深。关于云南的佛教文化对民族地区的影响，云南师范大学的陈亚颦教授和北京师范大学的周尚意教授在此方面有较深的造诣。两位学者长期深入云南民族地区，对此作了较为详细、系统、深入的调查研究，为我们了解云南的佛教文化对民族地区的影响提供了很好的蓝本。民族村寨家族民俗文化活动是民族文化传承的重要途径。文化传承主体参与村寨家族的宗教祭祀、婚丧嫁娶、建房、生育、占卜、年节、民间歌舞等传统民俗文化活动，通过直接经验的学习，亲身感受独特的民族文化情致和魅力，真正认识到传统文化与他们的生活密不可分。民族节日是传承民族传统文化的重要载体，它承载着丰富的历史文化内涵，是民众精神信仰、审美情趣、伦理关系与消费习惯的集中展示与传承的文化空间，是传承民族传统文化的有效方式。在节日里，人们定期参加或观看传统文化的表演，接受传统文化的教育，使传统文化在民族成员生活中得到延续；人们通过举行节日仪式、讲述传说，重温传统，品味传统，强化了民族传统文化的记忆；人们通过节日活动，在耳濡目染中自觉理解、接受民族传统文化，从而实现传统文化的传递与继承。同时，民族文化传统节日是促进民族服饰文化、歌舞文化、饮食文化传承的重要形式，参与节日活动的民族成员可以学习共同遵循的仪式、程序和禁忌，使本民族人民产生巨大的向心力和认同感。此外，随着现代社会的发展，民族地区的村民委员会、文化站、民间艺人群体设立的工作室等文化活动中心也对民族文化的传承起着重要作用。②民族地区市场对民族文化的传承。民族地区的市场是民族文化传承、传播、冲击和融合的重要场所。市场对于民族地区来说是一个展现各种民族文化的大舞台。在市场中，各种经济和文化活动，不仅进行着本民族的文化传递，同时也进行着其他民族文化的传递。各种民族文化互相交流、碰撞和融合，并产生出新的文化模式。

3. 学校教育

现代学校在民族地区的建立和普及对民族文化的传承和传播起着非常关键的作用。由于学校教育的目的性、组织性、计划性、规模性、制度性、系统性和直接性对民族文化传承有着重要影响，在现代我们不可能再找到一条更为直接、更为有效、可大规模培养民族文化人才、传承民族文化的便捷途径。所以，在现代社会，民族地区的学校教育应该成为而且必将成为传承民族传统文化的重要途径。然而，目前对于学校在民族文化传承中的地位和作用的研究还不够明确，常见的提法有：民族学校要在民族文化传承中发挥重要作用；优秀的民族民间文化资源应当成为中小学素质教育的重要内容；在学校课程中，把民族文化资源纳入少数民族课程体系中并进行整合；学校应该成为民族文化有效传承的次生传承场等。

众多学者的这些观点和看法在一定程度上误导了大众,人们误以为传承民族文化就是民族地区学校教育的事,非民族地区的学校只是把学习民族文化当成了学校素质教育的补充等。这种认识是非常片面和错误的,我们应该及时引导和纠正。众所周知,在现代学校教育体制下,学校已经成为人社会化的一个主要途径。实施多元文化教育已经成为世界趋势,世界多数民族国家早已在很多年前就开展多元民族文化教育。把少数民族文化纳入到国家教育体系中,既有利于各民族文化的平等的传承和传播,又有利于少数民族取得同主体民族平等的社会地位。所以,在现代社会学校教育体制下,学校教育不仅有利于民族文化的传播,而且有利于各民族社会平等理念的实现。然而,民族文化是否仅依靠学校教育就能得到有效传承?学校教育能否成为民族文化传承的唯一模式或主要模式?正如西南大学阚军所认为的,在高考制度不变的背景下,家庭教育和社会教育对于文化传承的作用可能相对更明显。这就促使我们必须找到民族文化传承的其他有效途径,把各种传承方式有机结合,找出民族文化传承的最佳途径。

**(六)关于 21 世纪民族文化传承的趋势研究**

有学者认为,中国当前正发生着两种根本性的变革:一是经济体制的改变,即由计划经济体制向社会主义市场经济体制的转变;二是社会形态的转型,即由农业社会向工业社会、由传统社会向现代社会的转型。当今的世界是一个多元文化并存的世界格局,如何处理好外来文化与本土文化的关系,是世界各国共同面临的问题……在变革的大动荡期,一种民族文化要想获得生存与发展的机会,就必须以本民族文化为基础,借鉴并吸收先进文明的优秀文化的精华,这是本土文化不断发展并获得生命力的关键。面对社会转型和多元文化的世界格局,中国传统的优秀民族文化也只有作出改变并积极吸收世界先进文化的优秀文化成果,才能从根本上促进我国各民族优秀文化的顺利传承。张人杰(1997)认为,当今世界的发展促使不同的民族和文化互相融合和交流,无论这种融合和交流是主动的还是被动的,发展都是一种必然趋势,任何一个民族要想与世隔绝、独善其身、孤立发展,都是不可能的,发展的影响无处不在;社会形态和文化类型的多元化、复杂化和异质化是一种必然的世界趋势。在多元化发展的过程中,教育作为文化重构和传播的重要工具,必然承担着完善多元文化的社会功能。如果我们重视教育对文化的重构和发展功能,民族文化的传承便事半功倍。

我国著名人类学家费孝通先生经过多年潜心研究认为,我国是一个"多元一体"的国家。"多元一体"中的"多元"是指中国 56 个民族,每个民族都有自己绚丽多彩的民族文化。"多元一体"中的"一体"是指这 56 个民族的文化又有一个凝聚的核心,这就是中华民族共有的文化。"中华民族多元一体格局"理论的提出为我国民族文化的传承找到了方向,在理论的高度上为民族文化传承提供了方法论指导,增强了各民族成员传承本民族文化的自尊心和自信心,同时也增强了各民族的民族观念，有利于各民族形成国家的认同感和国家的整体观念。

"多元文化"和"中华民族文化一体化"观念的提出，使各民族青少年意识到在认识和掌握本民族文化的基础上，要学会相互尊重，尊重异民族、尊重异文化，从而学会共处，学会合作，并且为我国民族文化的传承指明了方向。

## 二、国外民族文化传承相关问题研究现状

### （一）关于多民族文化认同感的研究

当今的世界是一个多民族的世界，严格地说，几乎没有一个国家是由单一的民族组成的，美国大约有 270 多个民族，俄罗斯有 176 个民族，英国大约有 140 多个民族，加拿大大约有 140 多个民族，澳大利亚、法国、德国、瑞典、瑞士、荷兰等都有世界许多国家的移民，从而构成了许多新的少数民族群体。仅中国 1953 年第一次全国人口普查时，汇总登记的民族就达 400 多个；1990 年第四次全国人口普查，我国正式确认了 56 个民族。几乎每一个国家都是由大大小小不同的民族所组成的，每一个民族必然有自己的民族特点、民族习惯、民族生活方式，尤其是区别于其他民族的在长期生产生活过程中形成的特点迥异的民族文化。然而，如何看待社会上如此众多的民族文化？不同的学者给出了不同的见解。

英国学者沃特森认为多元文化就是承认文化的多样性，承认文化之间的平等和相互影响。然而，以美国著名学者亨廷顿为代表的一些学者长期以来将多元文化看作是社会的不稳定因素，并且认为在美国实行多元文化是与西方文明和美国信条维护者之间的冲突，用詹姆斯·科斯的话来说，是西方文明美国部分之中的"一场真正的冲突"，并且把多元文化主义者看作是种族分裂分子。亨廷顿对多元文化主义持否定态度，并将文化之间的冲突看成是绝对对立的、不可调和的。然而，20 世纪 60 年代多元文化主义在美国及多个民族国家的实践，证明这是一条解决民族之间矛盾的有效途径。

### （二）关于多民族文化处理方式的研究

多民族文化是一种客观的存在，我们既不能歧视少数民族文化，也不能无视它的存在。正确处理并传承好各民族的文化，既有利于团结各族人民，有利于社会的稳定发展，又能丰富社会文化，繁荣群众的文化生活，促进各民族互相理解、互相包容，共同促进和谐社会的建设。和谐社会不仅是中国人梦寐以求的理想社会，也是世界上大多数国家、绝大多数民族和人民追求的理想社会。要建立各民族和谐相处的、理想的社会，首要的就是正确处理并传承多民族文化，这成了众多学者、政客、国家治理者必须面对和讨论的问题。"多元文化""文化多元主义"等新名词就是在这种情况下应运而生的。

在西方，20 世纪 20 年代就出现了"多元文化"这一术语。而"文化多元主义"和"多元文化主义"作为一种意识形态，是为了解决政治领域中的民族问题而被提出来的政治理论。

20 世纪 60 年代中后期，移民和外来人口使美国的人口数量大大增加，由此而带来的人口结构、居住区域、宗教组成和种族关系等问题引起了人们的忧虑。"多元文化主义"正是为了处理这些问题而在这一时期被提出的。"多元文化主义"的提出为美国国内处理各种亚文化和主流文化的关系，解决亚裔、拉美裔等各少数民族与白人的政治、经济、文化和社会平等问题提供了较好的思路。

加拿大政府为了解决国内种族和民族矛盾，于 1971 年率先将"多元文化主义"引入国内，并推行多元文化政策。澳大利亚移民部部长于 1973 年出访加拿大后，也将"多元文化主义"引入国内。1975 年瑞典也开始宣布在国内实施多元文化主义政策。这一时期，"多元文化主义"作为能较好地解决国内多民族问题的政策而逐渐被其他许多国家接受并引进和实施。

虽然不同的国家对"多元文化"具体含义的理解不同，但"多元文化"作为解决多民族国家的民族和文化问题政策理论被大多数国家理解和接受，它的影响一直持续至今，并且对我们解决国内民族问题和民族文化传承问题有很好的借鉴意义。

## （三）关于民族文化保护和传承的研究

关于民族文化保护和传承的研究主要体现在对少数民族的经济、社会和文化保障权利等方面的研究。主要代表为挪威学者 A. 艾德等主编的《经济、社会和文化权利教程》，该书对少数民族文化权利等相关问题进行了讨论和分析，通过运用国际人权法对少数民族群体固有的生活方式进行了阐述。

多元文化主义在北美施行的影响迅速传遍全球，使得人们在全球化进程中开始思考并关注文化多样性和文化认同的问题，全球化并不仅是经济的全球化和信息的全球化，也是一个文化多样性如何融合与并存的问题，认可并传承好多民族的文化是解决这一问题的关键。这一时期较为著名的研究西方多元文化经典著作之一——加拿大学者威尔·金里卡撰写的《少数的权利：民族主义、多元文化主义和公民》，为我们研究民族多元文化提供了开阔的视野和理论指导。阿里斯戴尔·罗杰斯等在《多元文化主义和公民权利的空间》一文中，对"多元文化主义影响中如何对弱势文化及现代国家公民权利展开保护进行了深刻的分析和考量"。

总之，全球化在带给人们各种先进的科技，丰富的信息、文化，以及社会发展的进步的同时，带给民族国家和社会的不仅仅是福音。西方发达国家在向世界输出经济和信息的同时，它们的政治理念、文化、思想观念和价值观等被包装后也披着"全球化"美丽的外衣向世界各国输出。西方在用硬实力影响世界的同时，也在用文化等软实力影响和改变着世界。在西方强势经济、文化和价值观念的影响下，多样的民族文化在"一切向发达国家看齐""与国际标准接轨"的口号和"全球化"美丽外衣的影响下正逐渐变得消亡和统一，文化的多样性正逐渐枯萎，民族特色和民族的个性特点正逐渐被全球化取代甚至淹没。众多的学者开始关注全球化带来的问题，开始关注民族文化多样化问题，保护和传承好既有的民族文化成了大家的共识，学者提出了众多的研究理论和实践观点。然而，理论和实践如何较好地结合起来以有力地促进民族文化的传承是值得思考的问题。

从世界范围看，21世纪，民族问题、文化问题日益成为被人们关注的焦点问题，主流国家、强势国家如何在竞争中保持文化优势，并使本国民族文化为他国人民理解和接受，弱势国家如何对待外来文化，如何传承和保护本国民族文化并且使之不被他国文化同化和侵蚀，如何在激烈的国际竞争中保持鲜明独有的民族特色等，都是必须要面对和解决的难题。

## 三、对已有研究的述评及本书研究的空间

综上所述，关于民族文化如何传承的问题，从国内外现有研究成果来看，无论是成果的数量还是研究的范畴和内容，都呈现出日益增长的趋势，在研究范式和方法上也不断扩展和丰富。这些都为我们研究云南民族文化传承提供了重要的理论和实践基础。本书的研究也正是建立在前人研究基础上的。但已有研究仍有以下几个方面亟待加强。

一是从研究范畴看，现有成果主要从分层和分级问题进行探讨；而对与民族文化传承相关的民族学、文化学、地理学、教育学等学科分化问题缺乏广泛而又深入的研究。

二是从研究内容看，已有研究多集中于民族文化传承基本问题的研究，而对如何通过对民族地区各种教育形式的有效整合建立起民族文化教育网络的研究尚不多见，已有研究多是涉及这一问题的某个方面，而未进行深入系统的研究，且大多研究主要集中于学校教育，研究内容比较单一，缺乏整体性、全景式把握。超越地理空间界限和单一民族文化传承的研究学者尚不多见。这为本书留下了一定的研究空间。本书在研究的过程中除详细阐述了各种教育形式对民族文化的传承作用外，重点讨论了如何促进各种教育形式的有效联合、协同发展，共同促进民族文化的传承。

三是从研究范式来看，现有研究更多是依据经验的判断性和分析性的理论研究，缺乏从实证调查和案例分析的角度，对民族文化传承及其相关问题的系统分析并形成理论成果。在方法论层面上，本书系统采用跨学科研究法。本书从教育学等多学科的视角，运用人文地理学的研究范式，来研究云南民族文化的传承问题。此外针对不同的研究问题，我们又采用了不同的研究方法：在对国内外已有学者的研究梳理中采用了文献分析法；在对云南民族文化传承现状的分析中采用

了文献分析法、访谈法；在对云南民族及民族文化的区划研究中采用了空间分析法等。

总体而言，现有的民族文化传承研究尚处于分散化、条块状研究状态，成体系、跨学科的一体化民族文化教育传承问题亟待解决，分散的民族文化教育传承问题研究亟待形成体系，条块状的民族文化教育传承内容亟待系统整合，元认识的民族文化教育传承理论尚需探索，区域化的民族文化教育传承路径亟待构建。

## 第三节 云南民族文化传承研究的目的及意义

### 一、云南民族文化传承研究的目的

本书关注云南民族地区少数民族文化的传承研究，是基于以下三个方面的考虑。其一，云南民族地区是我国乃至世界自然生态环境、民族文化生态环境独具特色的区域，其民族文化丰富多样、生态环境脆弱、经济社会发展落后等必须引起我们的高度重视。其二，云南民族地区是我国毗邻周边国家较多的地区，在我国国防边境安全、民族团结和对外开放中具有特殊的地位，客观上决定了我们必须高度重视云南民族文化的传承，这对于维护民族团结，巩固边防，全面建成小康社会，让边疆人民共享改革开放的成果，过上小康生活，有着重大的现实意义。其三，在面向东南亚，开发大西南，改变云南在全国经济发展中落后地位的过程中，云南在面向南亚、东南亚大通道建设和国家"一带一路"倡议中的重要性，也促使我们必须在重视云南经济社会发展的同时，重视并推动云南民族文化的传承，必须在提高云南人民物质生活水平的同时，重视精神文化的建设，搞好民族团结，促进社会和谐稳定。

### 二、云南民族文化传承研究的意义

（一）研究的理论意义

随着我国参与全球化进程脚步的逐步加快，外部冲击对民族文化的影响越来越大，这就决定了透视和剖析民族文化的传承问题，必须从国际大环境的角度出发，将其置于我国发展与变革的特殊历史背景，以及国家战略、经济战略、资源战略、环境战略、反贫困战略的高度综合考虑；必须从少数民族自身发展的角度，将其置于民族地区独特的"文化—环境—经济—教育"大系统背景之中，综合考察其未来的发展问题。为此，分析民族文化与教育之间的相互作用关系，探讨教育与民族文化传承等理论问题，为进一步研究民族文化区域教育问题提供一个基本的理论分析框架，因此，在人文地理学的理论框架内，选用民族文化区域教育这一社会整合方式，对于开发民族文化的价值，破解现实的文化趋同化问题，具有一定的理论指导意义。基于教育学等多学科视角，运用人文地理学的研究范式有助于拓展民族文化传承研究的角度，具体来说，其包含以下三个方面。一是民族文化传承地位重要，影响面广。民族文化传承从客观上来说涉及了全球化问题、国际问题、国内问题，我们要综合考虑各种问题。二是民族文化传承关系到少数民族自身发展。民族文化要不要传承、传承什么、怎么传承，从主观上来说涉及少数民族自身如何发展的问题。在这个过程中，如何处理好文化传承与经济发展等各种因素之间的矛盾，是民族文化顺利发展的关键。三是民族文化传承与其他社会因素之间的关系。民族文化在一定社会的传承过程中涉及各种因素，只有正确处理好文化、环境、经济、教育之间的关系，把民族文化传承放到社会这个大系统、大背景中综合考虑，才能促进民族文化的顺利传承。

（二）研究的实践意义

中华人民共和国成立后，特别是在改革开放以来的发展中，云南民族地区实现了令人瞩目的三大历史性跨越：①云南民族地区的社会跨越，有的民族从原始社会或封建领主社会直接进入社会主义初级阶段；②云南民族地区的教育跨越，从原始家庭教育到寺庙教育再到学校教育，从而出现了现代意义上的教育；③民族地区的经济跨越，从传统农牧业经济迅速进入以现代工业、现代服务业、现代科技为主的现代经济。但是，民族地区的发展忽视了精神文化建设等方面的问题，忽视了民族地区文化的多样化和生态环境的多样化等特点，导致民族地区自然生态环境遭到破坏、民族文化退化，一些地理位置偏远、交通条件不发达、经济发展落后的民族被边缘化的程度日益加剧等。因此，探索民族地区民族文化传承的新思路、新机制、新战略与新模式，进而促进民族地区社会发展的地位重要、作用重大、影响面广、时效性较强。从这一角度来讲，从民族学、文化学角度宏观把握现实的民族文化传承状况，审视其现实问题并分析深层原因，对于深化民族文化传承，促动民族文化传承事业发展，具有直接的现实意义；从教育学的层面论证区域民族文化教育传承构建的科学路径和合理操作范式，可在一定程度上为云南乃至全国同类区域民族文化传承的实践运行提供相应参照借鉴。具体来说，实践意义包含以下三个方面：①民族文化传承与社会发展问题。传承民族文化有利于精神文化建设，丰富人们的精神生活，为文化强国建设提供基础支撑。②民族文化传承与学校教育问题。探讨民族文化传承与教育之间的关系，为解决学校教育和民族文化传承之间的矛盾提供借鉴。③民族文化传承与经济发展问题。经济发展与民族文化传承之间不存在不可调和的矛盾。合理开发民族文化资源（如民族文化旅游、民族文化产业化等），可实现民族文化传承与经济发展相互促进，共同发展。

开展云南民族文化传承之区域教育路径研究，提高对云南民族文化传承对云南社会发展重要意义的认识，有利于提升云南整体软实力，加快云南民族文化强省建设；有利于促进我国社会主义文化建设，丰富"中华民族多元一体格局"的文化内涵；有利于全面落实科学发展观，加快云南建成小康社会和构建社会主义和谐社会的步伐；有利于云南少数民族的延续和发展。综上所述，不难看出，站在云南社会发展和民族发展的高度，研究探讨云南民族文化传承之区域教育路径，是一件非常重要的事情，无论是对于丰富民族文化传承的理论，还是对于指导云南民族文化传承的实践，都具有重大的意义。

# 第四节 云南民族文化传承研究的思路和方法

云南民族文化传承之区域教育路径研究是一个多学科交叉的复杂的系统问题，对这一系统问题的研究离不开适切的正确研究思路指导和科学的多元方法支撑。

## 一、云南民族文化传承研究的思路

### （一）研究的思路

本书以民族文化传承为根本出发点，系统运用教育学和地理学的多学科知识和跨学科研究范式，考察云南这一特定区域的民族文化传承的现实状况，揭示其文化传承不足的主要肇因，并在深入探寻教育与民族文化传承互动关系的基础上，采用构建区域教育体系的方式，因地制宜地提出适合云南不同民族文化区文化传承的教育路径选择。

首先，基于对人地关系地域系统理论的认识和地理区划与规划理论的实证运用，本书就民族文化传承的自然地理基础、人文地理基础和经济地理基础三个维度，在综合因素原则、行政区划相对完整性原则和主体民族文化主导原则的指导下，明确了云南民族文化的地理分区，在这一基础上，系统考察不同文化区内民族文化传承的基本状况和整体态势，并力图揭示教育与民族文化传承中的多元互动关系。

其次，以教育对民族文化传承的固有的促动效用为基点，基于教育内外部关系理论的运用和云南民族文化传承的教育因子，对不同民族文化区民族文化传承中的各相关教育形态进行基本教育要素的分析与解构，在这一基础上，遵循文化教育人类学思想的"文教统合"理念，因地制宜、因势利导地构建适合云南民族文化传承实际的，"以家庭教育为基础、以学校教育为核心、以社区教育为辅助"

的三位一体的民族文化传承之区域教育路径。

最后，基于"中华民族多元一体格局"理论和区域民族文化传承多元一体的动态开放性，选择云南境内具有典型文化区域属性的石林彝族自治县进行民族文化教育传承要素的分析、解构，以及三位一体的民族文化传承之区域教育路径构建，对云南民族文化传承教育路径的科学性、合理性和可操作性进行相应的验证。

（二）研究的技术路线

研究的技术路线如图1-2所示。

## 二、云南民族文化传承研究的方法

民族文化传承之区域教育路径研究是一个涉及多学科的复杂的系统问题，多学科理论指导和科学的多元方法是支撑这一系统问题研究的重要基础。

在方法论层面，本书系统采用跨学科研究法。云南民族文化区域教育发展问题，本质上是如何促进各种教育形式在民族文化传承中的功能和效益最大化。其既有教育协调发展的教育问题一般性，又有文化发展问题的特殊性，需要我们从教育学、文化学、民族学、地理学等多学科视角来加以系统分析和综合探究。

在操作方法层面，本书采用以下几种方法：①文献分析法。充分地占有和掌握与所要研究的问题有关的资料和事实，了解这个问题已有的研究成果、研究动态、发展历史和现状，区分已完成和需要完成的研究，需要运用文献研究法。本书同样如此。为了解国内外和云南地区的民族文化传承的研究现状，笔者充分利用学校图书馆及网络数据库资源，查阅、收集了20世纪80年代以来民族文化、民族文化传承、民族文化教育、民族文化与社会发展、教育人类学、知识社会学、教育文化学、民族教育学等学科有关的研究文献和民族文化政策文件、规定，广泛收集国内相关研究文献和最新资料，深入研读相关的著作，及时了解该研究领域国内外的最新成果和发展动态。我们通过对这些文献的阅读、研究，一方面了解前人研究取得的成果和存在的不足，并为进一步研究积累了丰富的素材；另一方面也为尽快找到研究的问题和方法，避免走别人走过的弯路提供了保证。②访谈法。在对国内外相关研究文献研读的基础上，综合运用人地关系地域系统理论、地理区划与规划理论、"中华民族多元一体格局"理论和文化教育人类学思想等多个学科的相关理论与方法，对云南多元的民族文化复合的地理空间生态系统多角度、多层次的分析；在理论研究的基础上，走访相关科研单位，收集相关资料和数据，深入民族地区，充分考察云南民族文化传承的现状与特征，对取得的成绩与存在的问题、面对的困惑和拟采用的方法有了更深入的了解，为课题研究提供素材并奠定实践基础。③空间分析法。人类的文化之所以丰富多彩、千差万别，就在于不同的地域孕育不同的文化。文化地域系统是人类文化的空

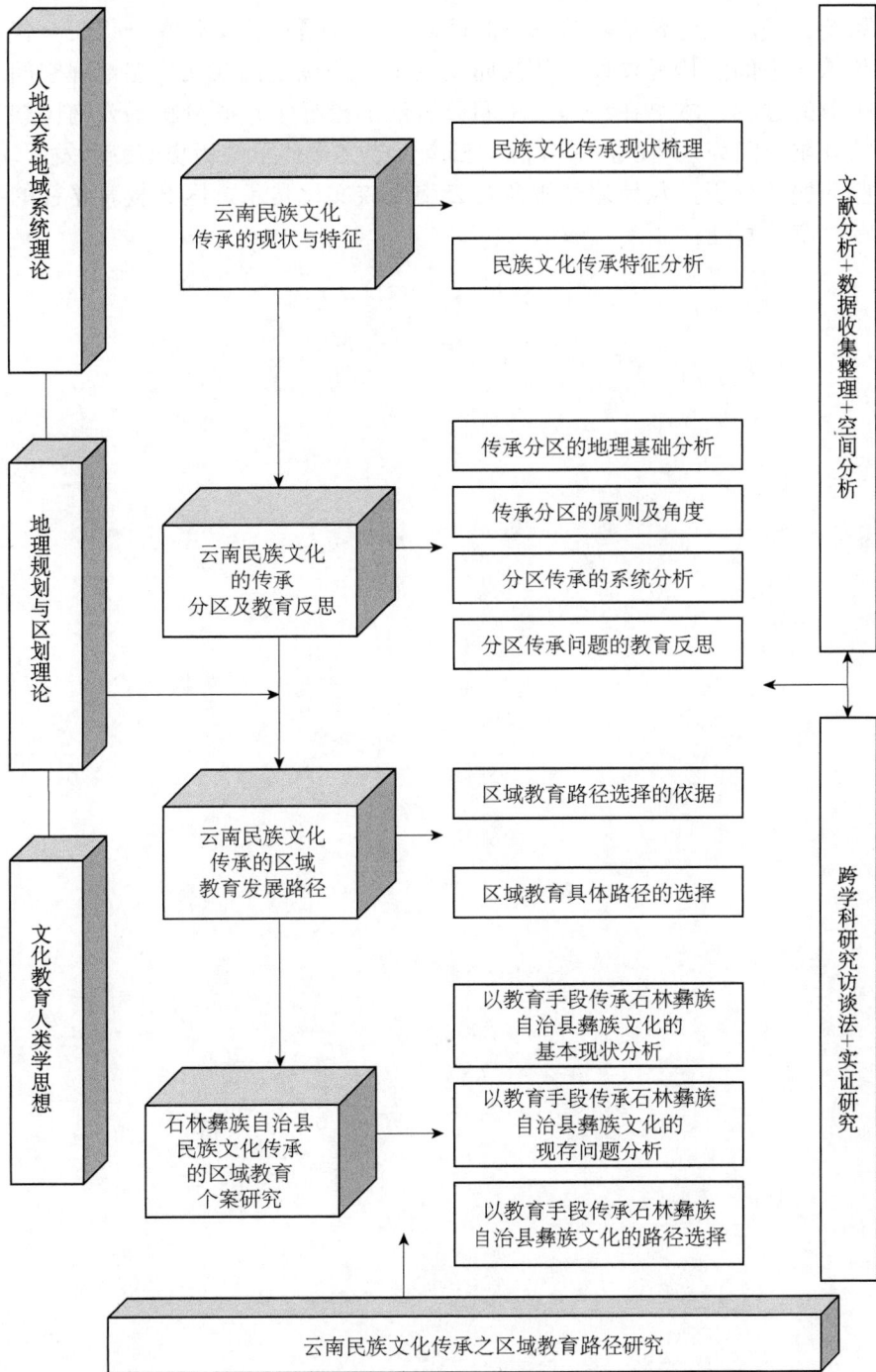

图 1-2 本书技术路线图

间化系统。民族文化传承，从纵向时间观上来说是民族文化在一代又一代民族文化传承人之间的传递过程；从横向空间观上来说是民族文化在地理空间上传播、扩散的过程。本书在地理学空间分析法的指导下，既分析了云南民族文化传承的区域空间分区情况，又分析了云南民族文化传承的历史演变和发展现状。对这些问题的分析，从地理学视角为云南民族文化传承之区域教育路径的提出奠定了时空观基础。

# 第二章
# 民族文化传承的基本内涵

理论基础是认识、分析和解决问题的重要依据。相关概念是理论基础和研究内容之间的桥梁和纽带。因此，本章首先对研究所涉及的人地关系地域系统理论、地理区划与规划理论、"中华民族多元一体格局"理论等进行系统梳理，并在这一基础上，探寻这些基础理论与实际问题的结合点，进而对研究内容的相关概念进行界定，从而形成本书的主要内容体系。

## 第一节　民族文化传承分区的基本概念

基本概念内涵的厘定既是深化对云南民族文化传承之区域教育路径认识的基础，也是判别云南民族文化传承之区域教育路径的重要依据。为此，我们有必要通过对"地理区划""民族文化区""民族文化传承"等基本概念的厘定，划定研究的边界、明确研究内容的内涵和外延，逐步推演并明确我们对云南民族文化传承之区域教育路径的理解和认识。

### 一、地理区划

区划即区域的划分，是指在一国或某一地区甚至全球范围内，根据其地域差异性划分不同区域。区划根据其性质的不同可以分为综合区划、经济区划、自然区划和地理区划等。区划是从区域角度观察和研究地域综合体，探讨区域单元的形成发展、分异组合、划分合并和相互联系，是对过程和类型综合研究的概括和总结。区划体现为区域划分的结果，即区划方案与区划图；区划重在划分的方法与过程，即建立区划方案的过程；区划是认识地理特征和发现地理规律的一种科学方法，即地理学研究的一种方法论。地理区划（geographical division）有广义和狭义之分。从广义上来说，地理区划是国家地理区域划分的简称。地理区域划分就是把一个国家的全部国土区域按照其特点划分成几个大块，以便进行地理、气候、经济和行政管理等方面的研究和管理，如对中国主体功能区的划分。狭义的地理区划是根据地理条件的相似性与差异性的程度，对某一确定的地域进行逐级的划分或合并，从而划分出不同的地理区域。

## 二、民族文化区

在学界，民族文化区还没有一个统一且大家公认的概念，为了对民族文化区的概念进行界定，首先我们必须就民族文化的概念进行相关的分析和讨论。

文化，作为人类在实践活动过程中创造出来的产品的总称，既是人的本质力量的外在表现，又是人的本质力量的体现和证明，文化的创造表明了人与动物的本质区别。文化内容的本质就在于时刻体现人类自身的发展和进步。在人类创造出文化的同时，文化对人类的实践活动又有着重要的影响和制约作用。积极的、先进的文化能促进人类自身的发展和进步；反之，愚昧、落后的文化则会阻碍人类的实践活动和人类的发展。正如我国民俗学家钟敬文先生所认为的，文化就是一定的时空条件下的一定的人类群体的生活方式、习俗、秩序与生活状态。

学者关于文化的定义大体有三类：第一类是把文化和人的活动成果相联系。一般来说，人们认为文化就是人所创造的活动成果。例如，德国文化哲学创始人卡西尔认为，文化就是符号，以及由符号活动所产生的各种仪式、规则、习俗等。英国著名的文化人类学家泰勒在其《原始文化》一书中把文化定义为：文化就是那些形成传统的习俗、礼仪、规范，以及各种价值观念。从这个意义上来说，文化就是人的活动对自然的改造，文化就是人改造自然的成果。第二类关于文化的定义认为文化来源于农业，文明来源于城市，文化就是农业活动和自然的密切联系。第三类关于文化的定义强调的是物质活动成果和精神活动成果的对立。人所创造的物质成果被称为物质文化，人所创造的精神成果被称为精神文化，如卡西尔所说的符号、泰勒讲的价值观念都是属于精神文化层面的文化。因此，广义的文化指的是人所创造的所有成果，而狭义的文化指的就是人所创造的精神成果。

法国一位学者曾经说过，有多少研究文化的人，就有多少关于文化的概念。这表明学者对文化性质的理解也存在着很大的差别。综上所述，我们可以把文化的概念总结为，广义上的文化通常是指人类通过生产活动，创造出来的精神产品和物质产品的综合；狭义上的文化一般特指文学、语言、艺术等一切以意识形态为特征的内在的精神产品。

文化与民族文化从来就是一对紧密相连的概念。一般认为，形成民族文化的种族、地域、时间、空间、环境、外在作用因素等有很大的差异，因此，民族文化具有鲜明的民族性、地域性、民俗性、群体性、复合性、凝聚性、稳定性和变异性等特征。民族不同，文化迥异。民族文化与我们通常所说的一般意义上的文化最鲜明的区别就在于浓郁的民族性。而民族性就是不同民族文化之间的差异性。

因此，有学者认为，民族与单纯的生物体的最重要的不同之处就是，民族是一种以特有文化为特征的社会性群体。每个民族不论人数多少都是一种文化的代表。民族承载的文化同样是一个整体，包括制度文化、行为文化、物质文化和精神文化。同一地域内，在多个不同民族共同生存生活的环境里，为了相互之间交流的方便，尽管几个民族共用一种语言，从事类似的生产活动，甚至习俗相互影响，但由于民族文化的差异，民族形态的深层结构层面仍起着制约作用。这种现象在云南民族生活地区表现得尤为明显。因为每个民族的文化并不是每个单项文化特质的简单相加，而是伴随着特定历史过程而形成的文化有机体，民族间的差异正是这种有机体整体结构的差异。因此，在某种程度上，我们可以说民族性即是民族文化的差异性。从这里我们可以看出，民族文化与民族特征有关，或者说表现民族特征的文化是相对于人类的普同文化或共性文化而言的。因此，有学者认为，所谓民族文化，是指人类在生产实践和社会实践活动中所采用的方式和创造出来的物质和精神成果的总和，在广义上，民族文化是指各民族在适应和改造自身生存环境的实践活动中所创造的物质财富和精神财富的总和，它几乎囊括了所有与民族生活相关的事物和现象；在狭义上，民族文化仅指各民族在社会发展过程中所创造出来的精神财富。也有学者认为，民族文化是指某一民族所创造的不同形态特质的复合体，其基本构成包括物质文化、制度文化和精神文化。

综上所述，参照金志远对民族文化概念的阐释，我们可以这样理解：民族文化指的是各少数民族在千百年的生产生活实践活动中不断沉淀、积累起来的生活习惯、风俗观念、宗教信仰、语言文字、文学艺术、生产技术等方面经验的总和。少数民族在衣、食、住、行等习俗方面的知识，文学艺术、农业和手工业、科学知识、宗教伦理、哲学等方面的知识都属于民族文化的范畴。如图 2-1 所示，民族文化既包括物质文化、精神文化，也包括制度文化和行为文化等，一切人类生产活动所创造的意识形态和非意识形态都属于民族文化的范畴。

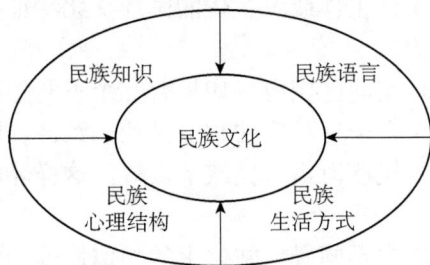

图 2-1 民族文化结构示意图

通过上述对民族文化概念的分析，参考我国学者对中国不同地理空间上文化特征的区域划分，我们可以尝试对"民族文化区"的概念作以下理解：每个民族的文化都是在特定的地理空间内形成的，民族文化是区别不同民族的显著特征，每个民族都有自己鲜明的独特的文化。在一定的地理空间内，每一种民族文化都有一定的分布区域，构成民族特有的文化区。但是人类是一个流动的群体，同时也是一个交往的群体，不可能永远固定地生活在同一个区域，除去天气、环境、经济等因素，随着现代交往的便利和频繁，一个区域不再是某一个民族特有的生活的区域，不同民族之间相互杂居，生活在一起，构成了具有鲜明中国特色的民族大杂居、小聚居的民族分布格局，因此，在同一聚居区域内，多个文化迥异、特征不同的民族也可以居住在一起，从这里我们也可以看出，民族文化区在今天不仅指单一民族文化分布的区域，也指在同一区域内几种民族文化的相似性和一致性，即不同民族之间虽然内在地保持着特有的本民族的文化意识形态，但随着民族的交往和融合，为了民族之间交往的便利，出现了不同民族之间共同持有的民族文化，如同一种语言、同一民族习俗、同一民族节日等。

在对某一地域进行民族文化区（同一区域内可能是单一民族或者多个民族共生共存）划分的过程中，笔者以为还应包含以下几个方面的内容。

第一，人是创造文化、承载文化的最主要的载体，民族文化区，顾名思义必须指的是有人类居住的一个地理空间区域，没有人类居住的地域是不能进行民族文化区划分的。正如有学者认为的，任何文化的载体都是人口，没有人口的文化终将消亡。文化和人之间是紧密相关的共生关系，人是文化活动的主体。人类是一切文化的创造者和传播者。文化随着人口的流动而得到不断传播。文化的分布与人口的流动和分布息息相关。同时，这个区域要有一定程度的连续性。如果同一种民族文化由于民族的交往和迁移等不同而分布在不同区域内，就不属于一个民族文化区，即同一民族分布在不同区域内，不能划分为同一民族文化区，不能因在不同区域内生活在同一民族，就把不同的区域进行简单的合并和叠加。

第二，通过上面的分析，我们可以知道，同一民族文化区内可以是同一个民族，也可以是几个不同的民族共同生活和居住。要想区分这个区域的民族文化特征，就要看这个区域内文化主体或者主体的民族文化特征是什么，当然，这个划分的标准可以是多方面的。

第三，在同一个地理空间区域内，如果有几个不同的民族共同居住生活，那么这几个民族在文化上要有一定程度的相似性或一致性，即有这几个民族共同认同的民族文化，如语言、民族习俗、民族节日等，这样才能认定这一地理空间区域为一个民族文化区。

第四，形成同一区域内不同民族文化上的相似性或一致性主要有两个原因。一是相同的自然地理环境。自然地理环境是人类赖以生存生活的物质载体，在同一自然地理环境生活的不同民族，由于自然环境的驱使，在饮食、服饰、劳作方式等各个方面趋于一致。二是文化传播的结果。文化在不同民族之间形成之后，并不是固定的、一成不变的。文化的形成是一个不断发展和变动的过程，文化在不同群体即不同民族之间传播和交流，不同文化之间相互借鉴，互相融合和发展，这就促使文化不断发展，同时也推动着不同民族之间相互学习和进步，因此，随着不同民族之间相互的交流和发展，民族之间的文化也就具有一定程度的相似性和一致性。

第五，民族文化是由不同文化因子构成的统一的综合体，因此区分不同民族文化区的标准就是构成民族文化的文化因子。每一因子（或子系统）都可以作为民族文化区划分的标准。比如，我们可以把民族信仰作为划分的标准，也可以把生产劳作方式及受它决定和影响的物质文化系统作为划分的标准。几个相关的因子可以综合起来作为民族文化区划分的标准，但我们常常是以一个文化子系统为主要标准，并兼顾其他文化因子。

第六，民族文化区的划分必须有一个特定的地理空间范围。这个范围可大可小，我们既可以在全世界范围内进行划分，比如，可以按照地理空间特征划分为亚洲文化、欧洲文化、美洲文化、非洲文化等，或者按照国别划分为中国文化、美国文化或者英国文化等，也可以在一国范围内划分，如中国的北方文化、南方文化、中原文化等，还可以在一个国家的一个特定的地理空间内进行划分。例如，有学者把中国划分为 24 个文化区，即三秦文化区（陕西的中部和北部、甘肃的东部和宁夏的南部）、齐鲁文化区（以今山东省为核心）、中州文化区（以今河南省为核心地带）、荆楚文化区（以今湖北省为主）、燕赵文化区（以今河北省为核心，北以燕山为界，西止太行山，东临渤海，南接中原和江淮）、台湾文化区（以今台湾省为主）、吴越文化区（长江三角洲和杭州湾沿岸，北临长江天堑，西望鄱阳平原，南界雁荡山脉，东濒茫茫大海）、两淮文化区（以安徽、江苏两省淮河南北的地方为主）、徽州文化区（今安徽黄山市、绩溪县及江西婺源县内）、三晋文化区（以今山西省为主）、巴蜀文化区（今四川盆地）、江西文化区（以今江西省为主）、八桂文化区（以今广西壮族自治区为主）、八闽文化区（今福建为主）、滇云文化区（以今云南省为主）、关东文化区（以我国东北地区为主体）、草原文化亚区（陕西、青海以外的西北广阔地区）、琼州文化区（今海南省）、岭南文化区（今广东省南岭以南）、青藏文化亚区（今青藏高原）、陈楚文化区（以今河南周口为中心）、西域文化区（今新疆地区）、黔贵文化区（以今贵州省为主体）、陇右文化区（陇山以西、黄河以北之地，即今甘肃省境内、宁夏、青海部分地区和新疆东部地区）。云南属于滇云文化区。本书中云南民族文化传承分区的划分就是有关云南这个特定地理空间内民族文化不同文化区的划分，即在滇云文化区这个相对较大的文化区内又划分出若干较小的文化区。划分的标准不同，同一民族文化区的归属也不同。

第七，民族文化区的划分有不同的层次，一个大的民族文化区下面可以再分出若干较小的文化区，即亚民族文化区，以此类推，还可以划分出更小、更具体的次亚民族文化区。

第八，各民族文化区之间都有一定的界限。这种界限划分的标准不一而论，可以按照行政标准划分的区域划分，这种划分界线标准明确，容易区分；其他标准如按照民族属性的划分、按照文化归属的划分、按照地理空间特点划分等，按照这种界线标准进行的民族文化区划则比较模糊，不同区域之间容易重叠，不太容易区分，这就给民族文化区的划分带来了一定的困难。因此，在对某一个地区进行民族文化区域划分的时候，我们一定要找到合适的区分标准，这样划分出来的民族文化区才容易被他人认识和接受。

综上所述，民族文化区的划分是一个比较难以把握又没有相对统一的标准可以参考的课题。划分参考的依据不同，同一民族文化区的归属就可能各异。上述分析及人地关系地域系统理论和地理区划与规划理论为本书第四章"云南民族文化的传承分区"提供了一定的参考标准和理论指导。

## 三、民族文化传承

汉语词典中对传承的解释为："传"，即授、递、传递、传输、言传身教、推广、散布、宣传等；"承"，即在下面接受，承受，合起来讲就是更替、继承。文化传承（cultural-transmission）实际上就是人类学家所说的文化的濡化（enculturation）过程，它是指文化在一个共同体（如民族）的社会成员中作接力棒似的纵向交接的过程，这个过程因受生存环境和文化背景的制约而具有强制性和模式化要求，最终形成文化的传承机制，使人类文化在历史发展中具有稳定性、完整性、延续性等特征。在传承机制的制约下，所有的文化传承都是习得的，而不是从生物方面遗传的。民族文化传承有广义和狭义之分，广义的民族文化传承是指一个（单一民族或多民族）国家的文化传承；狭义的民族文化传承是指某单一民族的文化传承。本书所说的民族文化传承是狭义的民族文化传承，特指我国少数民族的文化传承。

民族文化传承，不是原封不动地承袭传统文化，而是有所淘汰、有所发扬，从而使文化得到发展。传承是发展的必要前提，发展是传承的必然要求。传承与发展，是同一个过程的两个方面，在这一过程中，陈旧的、过时的旧文化不断被革除，体现时代精神的新文化被推出，文化在传承的基础上发展，在发展的过程中传承。因此，我们要把握好文化传承与发展的关系，批判地传承传统文化，不断推陈出新。

## 四、区域教育

区域是一个复杂交叉、相对性很强的空间概念，我们很难给定严格的范畴和边界。地理学按自然地理特征将其定义为地球表面的地域单元，如沿海区域、生态区域等；政治学按行政权力的覆盖面，把区域看成是国家管理的行政单元，因此其边界与行政区域界限重合，任何一个行政区划都可以称作为区域；社会学把区域作为基于相同的语言和信仰，以及民族关系等特征的人类社会聚落，其边界可以超越行政区划和地理区域，如巴蜀地区、齐鲁地区等；经济学对区域的解释更多，依据地域的人口和经济总体特征将区域分为城市、农村和山区，依据经济功能可分为农区、林区、牧区、渔区等。本书中的区域则指在地域上相连，在经济上相融，在文化上相近，跨越行政区划的，便于统一组织、计划、协调和控制的空间范围。区域教育则是指这一空间范围内带有该空间特点的教育系统。

在我国，划分区域教育，宜以行政区划为标准，这一点为大多数教育研究者所认同。他们认为，不以行政区划为标准的区域教育是没有意义的，对我国区域教育划分的这一理解是符合我国实际情况的。所以有学者明确指出，"区域教育是指在一定行政区域内或多个衔接在一起、共性比较突出的行政区划联合成的广义区域的教育"[1]，"区域教育是指占有一定地域的人口集体与自然区域所构成的区域社会中所客观存在的相对独立而有基本稳定的教育实体"[2]，甘肃的临夏教育、上海的闸北教育等都是带有区域特征的区域教育，每一区域内的教育性质、教育内容、教育方法、教育手段、教育评价，以及外部支持系统都具有统一性和相关性。就中国的教育而言，"区域教育是一个中观层次的概念，相对于全国的教育系统而言，它是一个子系统，所以区域教育一方面体现全国教育发展的一般规律，另一方面体现区域的特殊性"[2]。

由此可知，区域教育是教育发展区域化的一种表现形式，即本区域内的教育有共同的发展方向和目标，有统一的教育协作和沟通手段；其本质就是在遵循国家教育的发展战略和战略指导思想的前提下，依据区域社会事业发展的需求，科学规划区域内教育发展的规模、结构、质量和效益，合理定位区域教育发展的模式与布局；其目的是使区域教育与区域社会、经济、文化等发展相协调，进而推动教育与社会的全面进步。

## 第二节    民族文化传承分区的基本理论

本书从地理学、民族学、文化学、教育学等多学科交叉的角度对民族文化传承问题进行探索研究势必涉及多个学科领域，需要相关的理论作为研究支撑。具体来说，人地关系地域系统理论是分析云南民族文化传承的特征及民族文化传承地理基础研究的理论基础；地理区划与规划理论是分析云南省民族文化传承分区的基本原则及划分云南民族文化传承分区初步方案的理论依据；文化教育人类学是民族文化传承区域教育要素解构和要素整合等问题分析的指导思想；"中华民族

---

① 康德山. 教育的区域性陈述. 教育理论与实践，2000，（7）：19-23.
② 彭世华. 发展区域教育学. 北京：教育科学出版社，2003：20-30.

多元一体格局"理论是本书探讨研究结论和研究展望的理论依据。

## 一、人地关系地域系统理论

### （一）人地关系地域系统理论的介绍

人地关系，即人类社会和自然环境的关系。"人地关系是人类起源以来就存在的客观关系。人类为了生存，时刻也离不开地理环境。人地关系，所谓'人'，是指社会性的人；所谓'地'，是指与我们人类活动有密切关系的自然环境和社会环境。所谓'人地关系'，是指人类社会不断向前发展，人类为了生存的需要，不断扩大和改造与利用地理环境，增强适应地理环境的能力，改变地理环境的面貌，同时地理环境也更深刻地影响着人类活动的地域特征和地域差异。"[①]"人地关系地域系统是由地理环境和人类社会两个子系统交错构成的复杂的开放的巨系统，内部具有一定的结构和功能机制。在这个巨系统中，人类社会和地理环境两个子系统之间的物质循环和能量转化相结合，就形成了人地系统发展变化的机制。人地关系地域系统是以地球表层一定地域为基础的人地关系系统，也就是人与地在特定的地域中相互联系、相互作用而形成的一种动态结构。"[②] 具体内容如图 2-2所示。

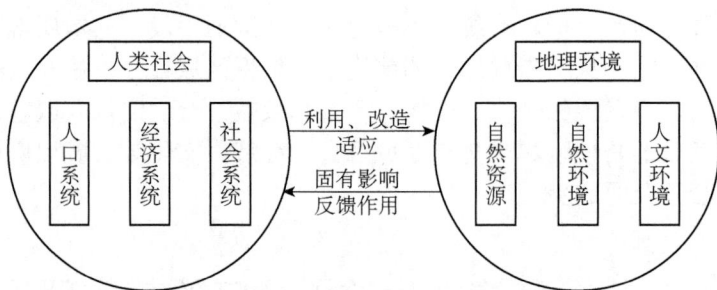

图 2-2　人地关系系统运行机制示意图

资料来源：http://www.docin.com/p-206173733.html［2015-05-12］

### （二）人地关系地域系统中文化研究的主要内容

利用人地关系地域系统理论来研究文化或民族文化，主要可以做哪些方面的研究？这是我们应用该理论要思考的最重要的问题，也是我们应用该理论的目的。参考吴传钧先生在《论地理学的研究核心——人地关系地域系统》中的研究成果，我们可以预测，在文化研究中（图 2-3），关于人地关系地域系统理论的内容可能

---

[①]　李振泉. 人地关系论. 北京：人民教育出版社，1984：25-28.

[②]　吴传钧. 人地关系地域系统的理论研究及调控. 云南师范大学学报（哲学社会科学版），2008，40（2）：1-3.

包括以下几个方面：①人地关系地域系统中不同类型文化的形成过程、结构特点和发展趋势的理论研究；②人地系统中，不同类型文化之间相互作用强度的分析、后效评价和发展评估；③人与地两大系统与文化之间的相互作用和物质、能量传递与转换的机理、功能、结构和整体调控的途径与对策；④地域的文化共生力分析，关键是预测同一地域系统中有多少种（类型）文化可以共生共存，相互借鉴，互相成长；⑤根据系统内不同要素间相互作用的结构和潜力，预测特定的地域系统内文化的演变趋势；⑥人地相互关系系统的地域文化规律和地域文化类型分析；⑦不同地域、不同层次的各种文化类型地区文化与人地关系协调发展的优化调控模型，即区域文化开发的多目标、多属性优化模型，如民族文化旅游、民族文化保护、民族文化教育、民族文化相关产业的开发等。

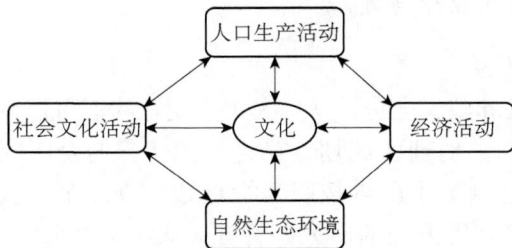

图 2-3　文化与人地关系地域系统关系示意图

## （三）人地关系地域系统理论对本书的启示

就人类与文化之间的关系来说，人类创造了文化，文化又影响和指导着人类的发展，文化因人类的不同活动而呈现出丰富多彩、不同的层面。文化随着人类的发展在空间上不断扩散、传播，各种文化碰撞交流、融合，又衍生出新的文化，丰富了人类文化的宝库。同时，文化又在一代又一代人之间互相传递，通过代际传递，实现了文化在纵向上的延续，延长了文化的生命。人类进行文化的传递和传播的过程，同时也是一种选择文化的过程，传播、传递适合自己需要的文化，扬弃对自己发展不利的文化，在这个过程中，有的文化被保留下来，不断发扬光大，有的文化随着时间的延续，从此就在人类的生活中消失、绝迹，不复存在。然而，同民族和人类社会发展一样，文化也没有好坏、优劣之分（在一个时代没有被认可的文化，也许在另一个时代被认为是优秀的、先进的文化），只有兼容并包，允许各种文化在人类生活和地域空间中相互碰撞，激荡，共生共融，才会有新文化的产生，才会使文化在新的时代和新的地理空间获得和谐的和可持续发展的机会。云南，与众不同的是，在同一个地理空间上，各民族、各种文化能共生共长，各民族共同创造出了丰富多彩、异彩纷呈的民族文化。云南各民族共生、和谐发展的思想是云南各民族的主导思想，也应该成为我国 21 世纪构建和谐小康社会目标的主要思想。

在云南这块红土地上，人与人之间、人与地之间、人与文化之间、文化与文化之间、不同民族之间甚至人与动物之间、人与大自然之间等和谐共生，持续发展在这里被表现得淋漓尽致，人地关系和谐共生、可持续发展的思想在这里得到了很好的体现和发扬。本书就是在人地关系地域系统理论和谐共生和可持续发展思想的指导下来研究云南民族文化传承的。

关于人地关系地域系统理论的运用，主要体现在对本书第三章"云南民族文化传承的现状与特征"研究的指导上。

## 二、地理区划与规划理论

### （一）地理区划的理论与方法

1. 地理区划的内涵

地理区划有广义和狭义之分。从广义上来说，我们可以认为地理区划是国家地理区域划分的简称。地理区域划分首先是把一国的全国国土作为一个整体，就是把一个国家的全部国土区域按照其特点划分成几个大块，以便进行地理、气候、经济和行政管理等方面的研究和管理。从狭义上来说，地理区划是根据地理条件的相似性与差异性的程度，对某一确定的地域进行逐级的划分或合并，从而划分出不同的地理区域。

地理区划的类型，按主导要素的多少，可以区分为部门区划和综合区划；按分类单位体系的不同，可以区分为区域区划和类型区划等。本书关于云南民族文化传承的区域划分就属于类型区划和区域区划。

2. 地理区划的理论基础

不同地理区域之间存在着内在相似性和差异性，形成和控制这种区域相似性或差异性的背景是地理地带性规律。人们在进行地理区划过程中，所遵循的理论指导主要有地域分异规律和区位论。

（1）地域分异规律

1）地域分异规律的内涵

地域分异（territorial differentiation）是指地理环境各组成部分（地貌、气候、水文、土壤和生物等）及其构成的自然综合体在地表沿一定方向分异或分布的水平分化现象，即自然地理环境结构的差异性是自然景观多样性形成的基础。地域分异规律是指地理环境整体及其组成要素在某个确定的方向上保持特征的相对一致性，而在另一确定方向表现出差异性，因而发生更替的规律。

2）地域分异规律的分类

一般认为，这一空间地理规律包括纬度（向）地带性和非纬度（向）地带性两类，也称为地带性规律和非地带性规律。地带性规律，是指因为太阳辐射能在地表分布不均而呈东西向带状分布，导致自然综合体沿纬线方向东西延伸而按经线方向有规律地南北循序更替，它在地表完全平坦、水平分布均匀、陆地按经线对称分布的情况下表现得最为理想；非地带性规律，通常指自然地理环境各组成成分及其构成的自然综合体，在地表因受海陆差异、地势起伏、大地构造和岩性组成等因素的影响，形成与维度地带性相异的各种地域分异现象。

3）地域分异规律对本书的启示

研究地域分异规律是认识自然地理环境特征的重要途径，也是进行自然区划的基础，对于合理利用自然资源、因地制宜进行生产布局有指导作用。人类的实践活动表明，要合理利用自然资源和有效改造自然环境，必须遵循因地制宜的原则。地域分异规律是客观存在的，不以人的意志为转移。人类只能正确认识、掌握这些客观规律，并通过一定措施调节地域分异规律对生产的影响，而不能改变和消除客观存在的地域分异规律。但这并不意味着人类只能消极、被动地适应地域分异规律。相反，在不违背地域分异规律的前提下，充分发挥人的主观能动性可以促进地域分异向着有利于人类生产和生活的方向演化。合理利用地域分异规律，在地域分异规律理论和方法的指导下，对云南人文地理环境进行分析和研究，有利于我们对云南民族和民族文化的地理空间区域分布进行正确的区划和研究。

（2）区位论

1）区位论的内涵

区位论，又称区位理论——研究人类活动的空间选择及空间内人类活动的组合的理论，主要探索人类活动的一般空间法则。区位理论有两层基本含义：一层是人类活动的空间选择；另一层是空间内人类活动的有机组合。前者是区位主体已知，从区位主体本身固有的特征出发，来分析适合该区位主体的可能空间，然后从中选择最佳区位；后者正好相反，大的区位空间已知，依据该空间的地理特性、经济和社会状况等因素，来研究区位主体的最佳组合方式和空间形态。

2）区位论的缘起及演进

区位论的开创以德国经济地理学家约翰·海因里希·冯·杜能于1826年发表的著作《孤立国同农业和国民经济的关系》为标志。著名区域学家沃尔特·爱萨德（Walter Isard）称杜能为"区位论之父"。在《孤立国同农业和国民经济的关系》中，杜能指出运输货物的花费会消耗一些李嘉图经济租。因为运送产品将会产生运费，当然经济租、货物的种类、土地使用类型和程度与市场无关。

从杜能开始到克里斯塔勒的著作《地图的中心说》（1933年，其理论现在常被理解为中心地理论），区位论似乎被德国所垄断。其中，阿尔弗雷德·韦伯的贡献较为显著。韦伯于1909年出版《工业区位论》。瑞典的俄林（B. Ohlin）于1933年出版的《区际贸易与国际贸易》认为杜能和韦伯的古典区位论是孤立的微观理论，而把区位研究同地域分工和区际国际贸易结合，把贸易理论看成区位论的一部分，从而成为一般的宏观理论。后来，经济学者把前一种微观理论称为特殊区位论，把后一种宏观理论称为一般区位论。20 世纪 80 年代以来，英国的威尔逊（A. Wilson）和比利时的爱伦（P. Allen）结合耗散结构和突变理论，分别就空间相互作用模式和中地论①结构进行动态模拟，取得了很大的理论突破。近几年来，区位论的研究得到了不断深入和发展，系统论、信息论和运筹学方法，使区位经济理论和应用大大向纵深发展。

3）对区位论的认识与启示

区位理论是关于人类活动的空间分布及其在空间中的相互关系的学说。不同的区位会导致不同的土地利用形式。区位论从点、线、面等区位几何要素进行归纳演绎，从地理空间角度提示了人类社会经济活动的空间分布规律，揭示了各区位因子（因素）在地理空间形成发展中的作用机制，对人文地理学的理论的建树和应用领域的拓展起了非常重要的作用。但我们在运用具体的区位理论来指导具体的区域文化区位研究时，应当坚持理论与实际的统一、坚持人类活动与环境的协调与统一，用发展的眼光来看待区位选择这一问题。区位选择的规律，对于微观区位的选择、城市规划乃至区域开发（包括区域文化传承分区研究）都具有重要的指导意义，这也是区位论对本书的指导意义所在。

（二）地理规划的理论与方法

1. 规划与计划

规划与计划基本相似，不同之处在于：规划具有长远性、全局性、战略性、方向性、概括性和鼓动性，计划是规划的延伸与展开，计划是规划的一个子集，即"规划"里面包含着若干个"计划"，它们的关系既不是交集的关系，也不是并集的关系，更不是补集的关系。规划通常兼有两层含义：一是描绘未来，根据现在的认识对未来目标和发展状态的构想；二是行为决策，即实现未来目标或达到未来发展状态的行动顺序和步骤的决策。由于规划主要在一定的地理空间即一定的区域空间上进行，在现实生活中"地理规划"是一个偏向学术性、宏观性的名词，而"区域规划"是一个偏向生活化、具体化了的名词，指向性更加明确，"区域规划"的提法更常被人们使用，因此，本书也将使用"区域规划"一词来进行相关的讨论。

2. 区域规划的内涵

区域规划是指为实现在一定地域范围内的开发和建设目标而进行的总体部署。广义的区域规划指对地区社会经济发展和建设进行总体部署（包括区际和区内），包括区际规划和区内规划，前者主要解决区域之间的发展不平衡或区际分工

---

① "中地论"即中心地方论，或中心地理论。它是近代区位论最重要的核心组成部分之一。其是德国城市地理学家克里斯泰勒（W. Christaller）和德国经济学家廖士分别于 1933 年和 1940 年提出的。该理论提出后，20 世纪 50 年代起开始流行于西方国家，之后逐渐向其他国家传播。"中地论"被认为是 20 世纪对人文地理学最主要的贡献之一。

协作问题，后者系对一定区域内的社会经济发展和建设布局进行全面规划。狭义的区域规划则主要指一定区域内与国土开发整治有关的建设布局总体规划。

3. 对区域规划的认识和理解

区域规划主要是在城市规划和工矿区规划的基础上发展起来的。"区域规划是根据国家经济社会发展总的战略方向和目标，对一定地区范围内的社会经济发展和建设进行总体部署（包括区际和区内）。"[①]

区域规划的主要任务是：因地制宜地发展区域经济，有效地利用资源，合理配置生产力和城镇居民点，使各项建设在地域分布上综合协调，提高社会经济效益，保持良好的生态环境，顺利地进行地区开发和建设。区域规划要对整个规划地区经济与社会发展中的建设布局问题作出战略决策，把同区域开发与整治有关的各项重大建设落实到具体地域，进行各部门综合协调的总体布局，为编制中长期部门规划和城市规划提供重要依据。

区域规划就是要在多种方案的比较和选择中确定适合规划区域未来的发展目标和经济建设的总体蓝图。它的作用是划定主要功能区的"红线"，主要内容是把经济中心、城镇体系、产业聚集区、基础设施，以及限制开发地区等落实到具体的地域空间。编制区域规划，要着眼于打破地区行政分割，发挥各自优势，统筹重大基础设施、生产力布局和生态环境建设，发挥区域的整体优势，提高区域的整体竞争能力，达到人与自然和谐共生，促使区域社会经济快速、稳定、协调和可持续发展。

4. 区域规划的类型

依据不同的分类方法，我们可以把区域规划划分为各种不同的类型。

（1）按规划内容的侧重点分类

按规划内容的侧重点，区域规划可分为策略性的区域规划、物质性的区域规划和综合性的区域规划三种类型。这种分类主要涉及区域经济发展建设，本书不再详细介绍。

（2）按规划区域属性分类

根据其性质和地域属性不同，我们通常把区域分成如下几类：①自然区。自然区是指自然特征基本相似或内部有紧密联系、能作为一个独立系统的地域单元。它一般是按照地表自然特征区内的相似性与区际差异性而划分出来的。每个自然区内部，自然特征较为相似，而不同的自然区之间，则差异性比较显著。②经济区。经济区是指经济活动的地域单元。它可以是依据经济发展划分出来的地域单元，也可以是根据社会经济发展和管理的需要而划分出来的连片地方。③行政区。行政区是为了对国家政权职能实行分级管理而划分出来的地域单元。④社会区。社会区是以民族、风俗、文化、习惯等社会因素的差别，按人文指标划分的地域

---

① 崔功豪，魏清泉，刘科伟. 区域分析与区域规划. 北京：高等教育出版社，2016.

单元。本书的云南民族文化传承分区分析这一部分即属于社会区这一划分。区域属性不同，各类区域在规划中所要着重解决的问题往往有所差别，因此会产生不同的区域规划类型。

5. 区域空间规划的方法

区域空间规划的目标是通过资源、人口和经济活动的空间配置，协调不同空间单元的发展，解决区域性问题和空间差异，营造区域整体竞争力，而不同尺度的区域规划的任务重点是有所不同的。为划定不同的功能区域，我们可采用指标提取法、要素依托法、特征识别法、叠加法等方法。

第一，指标提取法。根据各功能区域的特征，选取直接的调查数据、统计指标或计算综合指数，确定界值，从而划定功能区。

第二，要素依托法。有的功能区依托特定的关键条件和要素而形成，这些条件和要素包含重大资源、枢纽工程、交通线、核心城市等，它通过评估对要素的依托程度划定相应的功能区。

第三，特征识别法。此种方法也是一种定性判别法，它通过对诸如生活方式、土地利用方式、交通条件及沟通方式等特征的识别，确认功能区的界限。

第四，叠加法。叠加法是对各种界定功能区的方法的应用结果的综合叠加，具有综合判别的特点，可避免单一方法的片面性。

6. 区域规划对本书的启示

区域规划是一个区域比较长远而全面的发展构想，是描绘区域未来发展的蓝图。利用区域规划的理论和方法，对于区域文化建设来说是一种有益的借鉴。根据规划区域的发展条件，从其文化发展的历史、现状和发展趋势出发，明确规划区域社会文化发展的方向和目标，对区域社会文化发展和总体建设作出总体部署，对文化建设项目进行统筹安排，并提出发展政策。区域文化规划的目的是发挥区域的整体优势，达到人、文化与自然的和谐共生，促使区域社会快速、稳定、协调、和谐发展和文化的可持续发展。

关于地理区划与规划理论的运用主要体现在对本书第四章"云南民族文化传承分区"的指导上。

## 三、"中华民族多元一体格局"理论

1988 年 11 月，我国著名的社会学家、人类学家费孝通先生经过数十年的研究思考，在《中华民族多元一体格局》一书中，从多元化与一体化的角度对我国的民族展开系统的研究，提出了"中华民族多元一体格局"的观点，经过详细论证从而确立了"多元一体"这个概念，标志着一个新的民族理论体系的诞生。"中华民族多元一体格局"的观点提出后，在国内外学术界引起普遍的重视和较高的评价，引发了众多学者广泛的讨论。在 1990 年中华人民共和国国家民族事务委员会民族问题研究中心主办的关于民族问题学术讨论会上，专家、学者也对此问题进行了专门的讨论研究。他们形成了以下共识。

第一，中华民族是中国境内各民族经过数千年历史形成的一个不可分割的整体，是中国 56 个民族的总称，而不是 56 个民族简单相加。各民族在长期的生产生活中形成了共同的意识、共同的文化、共同的生活地域，形成了一个同呼吸、共命运不可分割的整体。

第二，各民族相互融合，逐步形成一个民族"统一体"。在人口居住分布上，少数民族主要分布在高原、山地和草场，很大一部分人从事畜牧业，少数民族聚居地区占全国面积的一半以上。① 在聚居区内，少数民族并不排斥有汉族居住，有时汉族人数甚至可以占多数。在这种杂居得很密的情形下，汉族有时也有被当地民族同化，但更多的是深入到各少数民族地区，发挥它的凝聚力，巩固了各民族的联系和交流，形成一个"统一体"。在这个"统一体"的形成过程中，汉族起着凝聚力的核心作用，随着多元一体格局的形成，中华民族成了汉族和 55 个少数民族的总称。中华民族成为一体的过程是逐步完成的，先是各地区分别有它的凝聚中心，各自形成了初级的统一体，再由初级统一体之间的流动、混杂、分合形成更大的统一体。凝聚力是"中华民族多元一体格局"的根本特征。

第三，"中华民族多元一体格局"中的"多元"是指我国 56 个民族起源、形成、发展的历史各不相同，社会组织、文化形式也各具特点，从而区别于其他民族；中华民族的"一体"是指 56 个民族在形成和发展过程中互相关联、互相补充、互相依存，各民族之间有着不可分割的内在联系和共同的民族利益，经过长期发展，形成了一个不可分割的整体，而不是其中某个民族同化其他民族，更不是"汉化"，或者马上实行"民族融合"。在"中华民族多元一体格局"形成过程中，各种认识、多种文化可以相互借鉴、互相学习，并行不悖，形成一个多元化的复合体，从而获得共生和发展。还有学者对"中华民族多元一体格局"的理解作了扩展、延伸，即"中华民族多元一体格局"是"历史多元，现实一体；文化多元，政治一体；民间多元，国家一体"，为我们认识和理解"多元一体"提供了新的视角和见解。

第四，弘扬民族优秀传统文化是提升"中华民族多元一体格局"的重要依托。我国各民族虽然在人口数量上差别很大，但都有自己丰富、独特的文化体系，民族文化的多样性正是"中华民族多元一体格局"中"多元"的主要表现。弘扬和传承各民族优秀传统文化，鼓励百花齐放，展示中华文化的多样性，同时通过民族间的文化交流和相互吸收，形成囊括各民族优秀传统文化因子的中华民族共同

---

① "据中国统计局数据，截至 2013 年，民族自治地方总面积达 616.29 万平方千米，占全国总面积的 64.2%；草原面积 3 亿公顷，占全国草原面积的 75%；森林面积 5648 万公顷，占全国的 43.9%；林木蓄积量 52.49 亿立方米，占全国的 55.9%；水力资源蕴藏量 4.46 亿千瓦，占全国总量的 65.9%。"资料来源：谢红雨，伊继东. 我国独特的地理环境特征与中国梦的实现. 前沿，2013，（23）：4-6.

文化，是发展社会主义先进文化的基础。多样性的民族文化与中华民族共同文化的并存正是个性与共性、"多元"与"一体"的有机统一，这种文化结构的形成将是"中华民族多元一体格局"得以强化和提升的重要精神纽带。

第五，各民族在历史发展中形成的传统、语言、文化、风俗习惯、心理认同等方面的差异将长期存在，民族问题也将随之长期存在。各民族对这种"多元"的现状要有充分的认识，予以充分尊重和理解。同时，随着我国经济、政治、文化和社会的发展，各民族的相互影响和帮助、共同因素会不断增长，"一体化"趋势越来越明显。更为重要的是，中国特色社会主义事业代表了各族人民的共同利益，也是解决民族问题的根本方法。

第六，"中华民族多元一体格局"中无论"多元"还是"一体"，都是指文化。"中华民族多元一体格局"是中华民族文化"多元"与"一体"的辩证统一，"多元"是"一体"的必要条件，"一体"是"多元"的必然结果，"多元"是"一体"的"多元"，"一体"是"多元"的"一体"，其中的黏合剂或称精神实质就是文化，尤其是中华民族的优秀文化。

费孝通先生晚年早期关于"中华民族多元一体格局"的论述，以及晚年晚期提出的"各美其美，美人之美，美美与共，天下大同""文化自觉"等观点对于我们今天重新认识各民族一律平等，以及各民族文化的传承有着重要的指导意义。这一理论给本书的启示是：第一，不同民族在共同的认识、共同的信仰、共同的生活地域和共同的文化基础上可以非常融洽地生活在一起。在一个多民族的国家或者多民族的生活单元中，多元文化的存在是客观的事实。通过各民族利益的调试，各民族共同繁荣，各种民族文化共同发展是可以做到的。第二，"中华民族多元一体格局"理论的核心在于中华各民族有着共同的优秀文化，"中华民族多元一体格局"理论实质上是一种文化理论。这一理论的确立为我们认识中国境内各个民族的文化特征提供了有力的认识工具和理解掌握全局的钥匙，开阔了我国民族研究的新视野，使我们从多学科的角度，运用"中华民族多元一体格局"理论来分析、研究和阐述中国境内各民族的历史联系和文化影响成为可能，为我国各民族的文化知识的研究和民族文化的传承提供了方法论上的指导。

关于"中华民族多元一体格局理论"的运用，主要体现在对本书第七章"结语"的指导上。

## 四、文化教育人类学思想

### （一）教育人类学的内涵

教育人类学（Anthropology of Education 或 Educational Anthropology）是教育学和人类学相互交叉而形成的一门综合性学科，是运用人类学的理论视野和研究方法来研究各个不同形态社会的教育现象和规律的一门新兴学科。因此，一方面，人类学的学科特点在教育人类学的研究中得到了很好的体现，人类学的研究原则、研究理论、研究范式和研究方法在教育人类学的研究中得到了严格的遵循和广泛的使用；另一方面，教育问题是教育人类学研究的主要问题，因此在研究的过程中我们必须遵循教育的发展规律，运用教育学的基本概念和原理来研究和解决教育中的现实问题，是教育人类学在研究教育问题时不同于一般意义上的人类学和教育学的主要特点。

（二）文化教育人类学的起源与发展

教育人类学起源于 20 世纪初西方社会科学研究领域，20 世纪 70 年代开始遍及全球。19 世纪以前，人们认为原始民族智力低下，没有学校，没有历史记载，没有教育，人的一切行为都是由本能所支配。美国学者 E. L. 休埃特最早把教育作为人类学的研究对象，因此被称为"美国教育人类学之父"。在此之后，英国社会人类学和美国文化与人格学派人类学研究者都开始把原始的学校萌芽、社会化、育儿习惯等问题作为研究对象。20 世纪 50 年代以来，教育人类学等到了迅速发展，以斯平德勒为首，美国人类学家与教育学家的共同研究促进了教育人类学的极大发展。

20 世纪初，学校教育的刻板性和无针对性是因为学校在教育学生的过程中没有充分考虑到学生原有的文化背景，民族文化和民族教育被学校忽视。这样的教育培养出来的学生不一定适合民族生存发展的需要。人类学家赫威特、马林诺斯基等对这种教育模式提出了批评，他们认为学校应该在学生原有文化的基础上开展教育，这样的教育才有利于被学生接纳和接受，才是适合学生本身发展需要的教育。

20 世纪 50 年代，美国的享利、斯平德勒，非洲的里德，法国的怀利等一些人类学家开始运用人类学的观点来研究学校教育。

20 世纪 60 年代，为解决日益严重的社会和政治危机，美国政府要求人类学家从教育着手研究解决危机的办法。人类学家从现实出发对文化的错误理解和使用作出了正确的解释和回答，并尽力在学校教育中使人类学的知识得到反映和运用。人类学在教育中的广泛应用，使教育人类学作为人类学的一个分支学科在这个过程中得到了大力发展。

20 世纪 70 年代，即 1968 年美国人类学协会下属的人类学与教育委员会在美国成立，促进了教育人类学的飞速发展。1970 年，美国人类学协会人类学与教育委员会和学校中的人类学家、教育家联合倡议在斯坦福大学召开了一次会议，罗特的《教育与人类学》——人类学和教育学的第一本教科书——在这次会议中诞生了，促进了教育人类学研究的开展。他运用人类学的观点来研究教育，得到了认同和肯定。美国人类学协会人类学与教育委员会于 1978 年开始出版期刊《人类学与教育季刊》，促进了教育人类学的研究，教育与人类学结合的研究进入了鼎盛时期。研究者在学校教育研究中把文化教育和学生的个性发展结合起来作为一个问题进行研究，认识到教育过程中文化的传播即是教育的本质，通过学校教育进行文化传播只是文化传播的一种特殊形式。在研究中，研究者借鉴并使用了比较的研究方法来研究问题，在研究过程中严格强调对每一个被研究对象的不同文化基础和不同文化背景的研究。

随着教育人类学的发展，该领域研究者目前其主要分为两大派别：一是以文化教育人类学为观点进行研究，主要以美国和英国的研究者为代表。文化教育人类学者以个案研究为主，在研究的过程中注重运用文化人类学的原理，在实地调查的基础上进行实验研究，通过文化教育人类学的视角，来解决教育的理论与实践相结合中出现的问题，注重教育对人类发展作用因素的分析。二是以哲学教育人类学观点进行研究，主要以奥地利和德国等国的研究者为代表。哲学教育人类学在研究的过程中，关注人的本性，从人的本质的角度出发来研究教育问题，注重哲学人类学原理在研究中的运用，以及采用归纳和演绎、抽象与思辨的方法来研究和探讨教育与人的相互关系。与文化教育人类学关注教育对人的发展作用不同的是，哲学教育人类学更加关注对教育与人类发展的内在阐释。尽管研究关注的角度不同，但两者都以人类发展中教育与人类发展的关系问题为研究的核心。

（三）文化教育人类学研究的主要内容

文化教育人类学目前研究的内容主要集中在以下几个方面。

1. 社会文化背景与学校教育

该领域研究的范围主要包括社会结构、民俗学、价值观与信仰、语言与交际、经济模式与教育等。

2. 文化的可教育性与文化的间断性和连续性之间的关系

文化传递的连续性是指根据儿童身心发展阶段性的需要，通过循序渐进的方式在儿童发展的过程中传授文化，以期其接受和承担起传递文化的责任。文化传递的间断性是指因为儿童发展阶段本身的跳跃性和不稳定性等特点，所以在文化的传授和儿童接受学习的过程中要遵循儿童身心发展的特点进行文化教育。因此这个阶段的文化传递过程也就具有跳跃性、间断性和质变性等特点。

3. 文化教育与社会发展变化之间的关系

该领域的研究主要分为两大类：一类是考察研究学校教育对不同类型的人在社会变化中所起的作用；另一类是应用人类学的观点和知识来解决教育（包括正规教育如学校教育，也包括非正规教育）中的各种各样的问题。

可见，教育是文化教育人类学研究的立足点。文化教育人类学从人类社会发展的大背景中来考察文化教育的功能和影响，从最宽泛的含义上理解人、研究人，从整体上把握文化教育作用于人、培养人的问题，为教育研究领域提供了更为宽广的发展前景。

总而言之，文化教育人类学研究范围广泛，内容丰富，视野开阔，正规教育活动和非正规教育活动都是其研究的范围和主题。文化教育作为人类社会发展的一个重要组成部分，无论是对社会的发展还是对个体人的发展，乃至于不同民族的发展，都有着重要意义，时刻影响着其发展的程度和发展的方向。正确、先进、合适的文化教育会促进社会、民族乃至个人的发展，狭隘、落后、低级的文化教育则会阻碍社会和民族的发展，个人如果没有接受正确合适的文化教育，也会迷失发展的方向。总之，文化教育与人类社会发展的关系紧密，互相影响，文化教育人类学正是把文化教育放置到人类社会发展的大环境中，把学校教育与整个社会的经济发展和人类发展联系起来，把文化教育与人的全面发展和社会进步联系起来等，通过全方位考察、研究和探索，厘清文化教育与人类社会发展的关系，从而在客观上把握文化教育对人类社会发展的功能和影响，为设计出更加科学、合理，适合人类社会发展的文化产品提供科学建议。

（四）文化教育人类学对本书的启示

从文化教育人类学研究的主要内容和观点可知，其在研究文化教育问题的过程中，始终把文化教育问题放置在一个大的背景即人类社会发展中，通过运用人类学的相关理论和方法，来探讨学校教育与家庭环境、社区环境、民族文化内容和国家权力等各种影响因素之间的互动关系与相互作用。多元文化是人类社会发展的宝贵财富，也正是多样性的人类文化才显示出人类社会发展的进步，不同种族、不同文化相互包容、和谐共存。但是，随着全球化和现代化发展的影响和深入，强势经济和强势文化对弱势经济和弱势文化的强力渗透和影响，民族地区的传统文化逐渐被人们忽视甚至消亡，文化根基受到了动摇，民族地区人类社会的可持续发展正在受到严重威胁。因此，从文化教育人类学的角度来研究民族地区传统民族文化与文化教育生存与发展的现状困境，有助于我们厘清问题的实质，探寻有效地解决问题的办法和对策。

本书所采纳的正是文化教育人类学的研究视野和方法，通过深入细致地考察云南民族传统文化传承和文化教育的现状，探究其存在的问题，详细分析影响其发展的原因，试图揭示和挖掘其不同教育类型所具有的独特运行机制和文化传承功能，从而进一步探讨各种类型的教育对民族文化传承的可能性。

关于文化教育人类学思想的运用，主要体现在对本书第五章"云南民族文化传承的区域教育发展路径"和第六章"石林彝族自治县民族文化传承的区域教育个案分析"的指导上。

# 第三章

# 云南民族文化传承的现状与特征

本章从"物质文化—非物质文化"两分法的角度对云南民族文化传承现状进行了系统梳理，在这一认识基础上，在人地关系地域系统理论思想的指导下，归纳总结了云南民族文化传承的基本特征。云南民族文化传承具有文化传承的一般特性，形成了文化传承过程中的类型性、和容性和时序性的有机统一，但与此同时，云南民族文化传承还兼具自身的独特性，表现出超越民族文化传承一般特性的典型区域特征，区域性特征同时也是进行云南民族文化传承分区的重要依据和基础。

## 第一节　云南民族文化传承的现状分析

文化是一种社会现象，是人类通过长期的生产生活创造形成的产物，同时又是一种历史现象，是社会历史的积淀。确切地说，文化是指一个国家或民族的历史、地理、风土人情、传统习俗、生活方式、文学艺术、行为规范、思维方式、价值观念等。按照美国社会学家奥格本等对文化的二分法[①]及文化存在的形式，我们可以把文化划分为物质文化（建筑、饮食、服饰等）和非物质文化（节日、语言、制度、神话等）。在党的十八大文化强国建设决策和云南省建设民族文化大省战略决策的推动下，云南民族文化传承各项工作稳步推进。以下就云南民族文化传承情况作简要梳理。

---

[①]　在纯理论层面即哲学研究层面，国内外学术界关于文化类型的划分迄今只提出很少几种划分法，有"物质文化—非物质文化"（奥格本）、"物质文化—精神文化"、"理念性文化—制度性文化"（横山宁夫）等二分法，还有"物质文化—制度文化—精神文化"等三分法。三分法是中国学术界新的原创性观点（参阅万俊人. 制度伦理与政治文明. 理论导报，2008，（6）：8-9）。关于文化概念和类型的划分，本书已进行过详细分析和讨论，详情参照本书第二章相关概念和理论基础。

## 一、物质文化的传承

### （一）民族文物保护和博物馆建设

云南省民族文化种类丰富，历史文物资源众多。据云南省文物局统计，截止到 2014 年，云南省有国家级重点文物保护单位 132 处，省级文物保护单位总量达 386 处，如表 3-1、表 3-2 所示。这些重点文物保护单位大都分布在民族聚集和居住地方，有力地推动了当地民族文化的传承和民族文化旅游经济的发展。随着文物保护事业的发展，作为文物征集、保护与展出的重要基地的博物馆也得到了发展。目前，全省已有各级各类博物馆 85 个[①]，收藏各类文物 20 多万件，这些文物大部分是少数民族的或与少数民族相关的历史文化遗存，民族文化资源得到了有力的保护，为民族文化教育传承的开展奠定了深厚的文化资源基础。其中，云南省民族博物馆作为专门征集和保护少数民族文物的重要单位，已收藏各类民族文物 1 万多件，展出实物 8000 多件。2003 年 10 月，作为中法文化年交流的一项重要活动，60 多套馆内珍藏的云南少数民族传统服饰被选送到法国巴黎进行展演，法国观众和媒体给予了广泛的赞誉和好评，云南丰富多彩的民族文化也受到了国内外的关注。1984 年，作为云南省第一个县级博物馆，全国独一无二而又蜚声海内外的唯——一个地方性民族文化博物馆——丽江博物馆[②]在云南省西北部的丽江纳西族文化区成立。有学者说得好，"博物馆不是古董的坟墓，而是新思想的孕育场"。丽江博物馆自成立以来通过突出民族特色和地方特色，将文物的静态陈列和民俗活动的动态展演相结合，将博物馆与社区文化教育和旅游发展紧密结合，积极开展对外宣传、交流与合作等措施，获得了很大的发展。在这里，游客可以看到历史走过的足迹，游客的智慧与灵光被激发。丽江历史上的沧桑变迁、风云往事，都可以在这里找到它的踪影，可以在这里寻到它的遗韵。丽江博物馆先后被评为"全国十大地县级优秀博物馆""全国文化先进集体"，并被列为"云南省爱国主义教育基地"。除此之外，云南省其他地区也成立了数量众多、文化类型各异的博物馆。

**表 3-1　云南省文物保护单位情况统计表**

| 类别 | 数量 |
| --- | --- |
| 国家级 | 132 处 |
| 省级 | 386 处 |
| 博物馆 | 85 个 |

资料来源：根据云南省文物局 2013 年统计数据整理

---

① 2014 年文化部发布的《中华人民共和国 2013 年文化发展统计公报》显示，全国共有各类博物馆 3476 个，云南省有各类博物馆 85 个，占全国总数的 2.445%。

② 1984 年该博物馆成立时名为丽江博物馆，1999 年 7 月更名为丽江东巴文化博物馆，2004 年丽江东巴文化博物馆与原丽江地区文物管理所合并组建为现在的丽江市博物院，本书将其统称为丽江博物馆。

**表 3-2　云南省文化单位情况统计表**

| 类别 | 数量 |
|---|---|
| 文化馆 | 148 个 |
| 公共图书馆 | 152 个 |
| 艺术表演团体 | 162 个 |
| 各类文化文物机构 | 13 576 家 |

资料来源：根据《云南省 2013 年国民经济和社会发展统计公报》数据整理

（二）世界遗产、历史文化名城、名镇（村）等保护与开发

截至 2015 年，云南全省已有丽江古城（1997 年 12 月被评为世界文化遗产）1 处世界文化遗产，三江并流保护区（2003 年 7 月被评为世界自然遗产）、澄江化石地（2012 年被评为世界自然遗产）、石林（2007 年 6 月被评为世界自然遗产）3 处世界自然遗产，元阳哈尼梯田也于 2013 年 6 月 22 日申遗成功（表 3-3）。哈尼梯田申遗成功成为首个以民族名称命名的世界文化遗产。而哈尼梯田申遗成功，其意义不仅限于中国又增加一处世界遗产，更在于它是中国农耕文化的典型代表作。哈尼梯田申遗成功使我国有 45 处被列入《世界遗产名录》，中国也超越西班牙，成为第二大世界遗产大国。[①] 2013 年，哈尼梯田的申遗成功也使云南的世界遗产占到了中国所拥有的世界遗产的 1/9，成为继拥有 6 处世界遗产的北京之后，与四川并列拥有 5 处世界遗产的文化大省。

除世界遗产外，截至 2015 年，云南全省已有国家级历史文化名城 5 座（昆明、丽江、大理、建水、巍山）、省级历史文化名城 10 座、省级历史文化名镇（村）14 个、国家级重点风景名胜区 13 处（表 3-3），以翁丁村佤族传统文化保护区为代表的民族传统文化保护区 27 处、以阿着底彝族（撒尼人）刺绣之乡为代表的民族民间传统文化之乡 27 处（表 3-4）。这些历史文化名城、名镇、名村、民族传统文化保护区绝大多数分布在民族自治地方，为民族文化教育传承的开展提供了便利条件。各级政府及其文化和民族工作部门为了保护好这些历史文化遗产做了大量工作。一是通过制定法律法规，做到有法可依，将保护工作纳入法制轨道。云南的 5 座国家历史文化名城均已制定了保护管理条例。二是按照"抢救第一、保护为主"的方针，对一些历史上毁损的标志性建筑进行恢复重建，如昆明的"金马碧鸡"坊和"忠爱"坊、丽江的木府等。三是在保护的基础上进行适当的开发。保护不是为了束之高阁，保护是为了更好地发展。适当的开发既发挥了文物在当代的经济效益，又使更多的人对文物有了了解和认识，推动了民族文化教育传承

---

① 世界遗产是指被联合国教科文组织和世界遗产委员会确认的人类罕见的、目前无法替代的财富，是全人类公认的具有突出意义和普遍价值的文物古迹及自然景观。狭义的世界遗产包括世界文化遗产、世界自然遗产、世界文化与自然遗产和文化景观四类。广义的世界遗产包括文化遗产、自然遗产、文化和自然双重遗产、记忆遗产、人类口述和非物质遗产（简称非物质文化遗产）、文化景观遗产。

工作的开展。

表 3-3　云南省世界遗产、历史文化名城、名镇（村）等情况统计表

| 类别 | 数量 | 主要分布地区 |
|---|---|---|
| 世界文化遗产 | 2 处 | 丽江市、红河哈尼族彝族自治州 |
| 世界自然遗产 | 3 处 | 迪庆藏族自治州、石林彝族自治县 |
| 国家级重点风景名胜区 | 13 处 | 大理白族自治州、西双版纳傣族自治州 |
| 国家级历史文化名城 | 5 座 | 丽江市、大理白族自治州 |
| 省级历史文化名城 | 10 座 | 大理白族自治州、迪庆藏族自治州 |
| 省级历史文化名镇（村） | 14 个 | 楚雄彝族自治州、大理白族自治州 |
| 民族传统文化保护区 | 27 处 | 德宏傣族景颇族自治州、大理白族自治州 |
| 民族民间传统文化之乡 | 27 处 | 德宏傣族景颇族自治州、文山壮族苗族自治州 |

资料来源：根据《云南省统计年鉴（2014）》、云南民族网等资料整理

　　从总体来看，云南省的文化遗产总量蔚为壮观，然而普及工作却有待提高。笔者于 2014 年 6 月在西双版纳走访过程中了解到当地少数民族群众对自己民族文化遗产的了解并不理想。在受访的群众中有 74% 的人表示对自己民族的文化遗产并不了解，在 26% 了解本民族文化遗产的受访者中，能够说出遗产种类的也寥寥无几。

　　总之，民族文物保护与博物馆的发展，世界文化遗产、历史文化名城、名镇（村）的保护与开发有力地传承了民族文化，为民族文化区域教育的开展提供了丰富生动的教育素材。但是值得注意的是，博物馆和文化遗产等在对民族文化的传承展示方面，要改变以往曲高和寡、门可罗雀的被动局面，变被动为主动，把静态展示和动态展演结合起来，积极地以普通大众能理解、接受的方式把民族文物、文化知识展现在世人面前，从而获得更多人的理解与支持。

表 3-4　云南省民族传统文化保护区、民族民间传统文化之乡统计表

| 类别 | 名称 | 涉及民族 | 分布地区 |
|---|---|---|---|
| 民族传统文化保护区 27 项 | 西一镇红万村彝族（阿细）传统文化保护区 | 彝　族 | 弥勒县西一镇红万村 |
| | 巡检司镇高甸村彝族（阿哲）传统文化保护区 | 彝　族 | 弥勒县巡检司镇高甸村 |
| | 羊街乡车普村哈尼族（奕车）传统文化保护区 | 哈尼族 | 红河县羊街乡车普村 |
| | 瑶山乡水槽寨瑶族（蓝靛）传统文化保护区 | 瑶　族 | 河口瑶族自治县瑶山乡水槽寨 |
| | 大营镇莅村白族传统文化保护区 | 白　族 | 宾川县大营镇莅村 |
| | 周城白族传统文化保护区 | 白　族 | 大理市 |
| | 勐罕镇曼听傣族传统文化保护区 | 傣　族 | 景洪市勐罕镇曼听寨 |

续表

| 类别 | 名称 | 涉及民族 | 分布地区 |
|---|---|---|---|
| 民族传统文化保护区27项 | 糯福乡南段村拉祜族传统文化保护区 | 拉祜族 | 澜沧拉祜族自治县糯福乡南段村 |
| | 岳宋村永老寨佤族传统文化保护区 | 佤族 | 西盟佤族自治县岳宋村永老寨 |
| | 戛洒镇大槟榔园村花腰傣传统文化保护区 | 傣族 | 新平彝族傣族自治县戛洒镇大槟榔园村 |
| | 马吉乡古当村傈僳族传统文化保护区 | 傈僳族 | 福贡县马吉乡古当村 |
| | 河西乡箐花村普米族传统文化保护区 | 普米族 | 兰坪白族普米族自治县河西乡箐花村 |
| | 丙中洛乡怒族传统文化保护区 | 怒族 | 贡山独龙族怒族自治县丙中洛乡 |
| | 独龙江乡独龙族传统文化保护区 | 独龙族 | 贡山独龙族怒族自治县独龙江乡 |
| | 者太乡者太村壮族传统文化保护区 | 壮族 | 广南县者太乡者太村 |
| | 官屯乡马游坪村彝族传统文化保护区 | 彝族 | 姚安县官屯乡马游坪村 |
| | 奔子栏村藏族传统文化保护区 | 藏族 | 德钦县奔子栏村 |
| | 叶枝镇同乐村傈僳族传统文化保护区 | 傈僳族 | 维西傈僳族自治县叶枝镇同乐村 |
| | 三台山乡德昂族传统文化保护区 | 德昂族 | 芒市三台山乡 |
| | 大等喊村傣族传统文化保护区 | 傣族 | 瑞丽市大等喊村 |
| | 户撒乡新寨贺姐村阿昌族传统文化保护区 | 阿昌族 | 陇川县户撒乡新寨贺姐村 |
| | 鲁布革乡腊者村布依族传统文化保护区 | 布依族 | 罗平县鲁布革乡腊者村 |
| | 古敢乡下笔冲村水族传统文化保护区 | 水族 | 富源县古敢乡下笔冲村 |
| | 白沙乡玉湖村纳西族传统文化保护区 | 纳西族 | 玉龙纳西族自治县白沙乡玉湖村 |
| | 永宁乡温泉村瓦拉别纳西族传统文化保护区 | 纳西族 | 宁蒗彝族自治县永宁乡温泉村 |
| | 糯黑彝族传统文化保护区 | 彝族 | 石林彝族自治县 |
| | 翁丁村佤族传统文化保护区 | 佤族 | 沧源佤族自治县翁丁村 |
| 民族民间传统文化之乡27项 | 彝族打歌之乡 | 彝族 | 巍山彝族回族自治县 |
| | 白族吹吹腔之乡 | 白族 | 云龙县 |
| | 白族大本曲之乡 | 白族 | 大理市 |
| | 金华镇梅园村白族石雕之乡 | 白族 | 剑川县金华镇梅园村 |
| | 上江乡新建村傈僳族民歌之乡 | 傈僳族 | 泸水县上江乡新建村 |
| | 木老元乡布朗族山歌之乡 | 布朗族 | 施甸县木老元乡 |
| | 佤族木鼓舞之乡 | 佤族 | 西盟佤族自治县 |
| | 拉祜族摆舞之乡 | 拉祜族 | 澜沧拉祜族自治县 |
| | 马楠乡苗族芦笙舞之乡 | 苗族 | 永善县马楠乡 |

续表

| 类别 | 名称 | 涉及民族 | 分布地区 |
|---|---|---|---|
| 民族民间传统文化之乡27项 | 乐作舞之乡 | 哈尼族 | 红河县 |
| | 碗窑村紫陶工艺之乡 | 汉　族 | 建水县碗窑村 |
| | 曼暖典傣族织锦之乡 | 傣　族 | 景洪市嘎洒镇曼迈村 |
| | 者湾书画之乡 | 汉　族 | 通海县四街镇者湾村 |
| | 彝族花鼓舞之乡 | 彝　族 | 峨山彝族自治县 |
| | 开化镇壮族纸马舞之乡 | 壮　族 | 文山市 |
| | 铜鼓舞之乡 | 壮族、彝族 | 广南县 |
| | 壮剧之乡 | 壮　族 | 富宁县 |
| | 叶枝傈僳族阿尺木刮歌舞之乡 | 傈僳族 | 维西傈僳族自治县 |
| | 锅庄舞之乡 | 藏　族 | 香格里拉县 |
| | 目瑙纵歌之乡 | 景颇族 | 陇川县章凤芒弄村 |
| | 孔雀舞之乡 | 傣　族 | 瑞丽市 |
| | 葫芦丝之乡 | 傣　族 | 梁河县 |
| | 大东乡纳西族热美蹉之乡 | 纳西族 | 丽江古城区 |
| | 彝族老虎笙舞之乡 | 彝　族 | 双柏县 |
| | 彝族左脚舞之乡 | 彝　族 | 牟定县 |
| | 双河秧老鼓舞之乡 | 彝　族 | 晋宁县 |
| | 阿着底彝族（撒尼人）刺绣之乡 | 彝　族 | 石林彝族自治县 |

注：2014 年 12 月 16 日，经国务院批准，民政部批复同意香格里拉撤县建市

资料来源：根据《云南省统计年鉴（2014）》、云南民族网等资料整理

## 二、非物质文化的传承

### （一）民族语言文字的保护与研究

语言是一个民族的主要标志，也是一个民族文化的主要载体。据云南省少数民族语文指导工作委员会调查，全省 1500 多万少数民族人口中，不通汉语的有610 万人。在全省 25 个少数民族中，回族、满族、水族等 3 个民族已经完全使用汉语进行日常生活的交流，其余 22 个民族共操 26 种语言，14 个民族使用 22 种文字或拼音方案。目前，云南少数民族使用语言的情况大致有三种类型。一是母语型，即以本民族语言作为日常生活中的主要交际工具。使用母语作为生活中主要交际语言的人口约为 700 多万，多聚居于边疆和山区。二是兼语型，即在生活中既使用本民族语言，又使用汉语或其他民族语言作为日常生活中的交际语言。使用兼语型语言的人口约为 584 万，这类民族主要居住在民族杂居的集镇或交通要道附近。三是汉语型，即本民族语言已消失，日常生活中完全使用汉语进行交

流。完全转向使用汉语的少数民族人口约为180万，这类民族多居于汉语占绝对优势的杂居区（图3-1）。云南少数民族对语言的使用纷繁复杂，严重阻碍了各族人民的交流和发展，为了繁荣发展民族地区人民的生活水平，在保护民族平等、尊重少数民族语言平等的情况下，云南省各级党委、政府和民族工作部门在满足各族人民沟通交流对语言使用需求的基础上，采取了多种措施保护与发展各民族的语言和文字。例如，积极宣传民语的理论和国家对民语使用的政策，积极培训民语师资，加快民语扫盲工作进程，建立民语工作机构，大力发展民语编译、出版、新闻、广播和影视事业等，特别是排除各种干扰，坚持创造条件开展民语教学和民汉双语教学。以大理白族自治州为例，在全州300余万人口当中，白族人口数量达110余万，占总人口的1/3以上。该州十分重视白族语言的教育及研究，2001年成立了大理白族自治州白族文化研究所，使白族文化由民间、自发组织的研究进入了一个在政府指导下有组织、有规划的新的研究阶段。该州也出版了汉文、白文对照的小学语文教材，并在以招收少数民族学生为主的小学重点推广。现在大理白族自治州许多县、乡、镇的小学都开设了白、汉双语教学，其中剑川县的双语教学尤其出色。大理学院也早在1996年就开办了白文班，让学生通过语文去认识白族文化。这一系列的措施使白、汉双语教学取得了可喜的成绩。

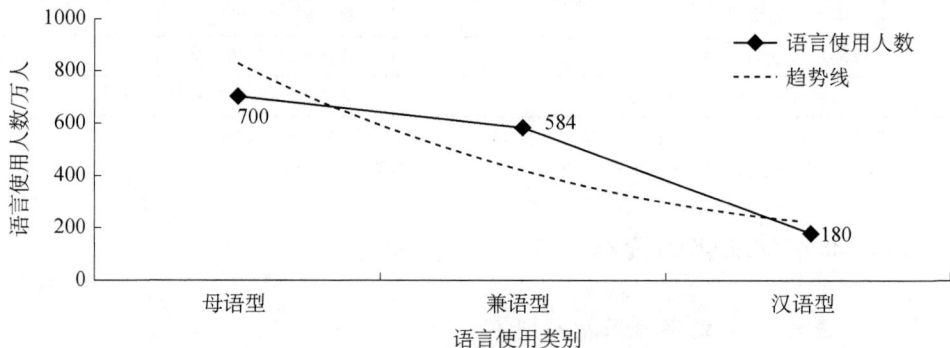

图3-1　云南省少数民族语言使用情况调查表

资料来源：云南省少数民族语文工作指导委员会

　　但是近年来，随着大理经济的迅速发展和白族居住地区民族文化旅游的深入开发，白族语言的使用及传承受到冲击。据大理白族自治州民族事务委员会文化教育科科长罗万金介绍，在大理白族自治州的白族聚居地，使用白族话作为日常交流用语的白族人已经降到了70%～80%，在城区，因现实生活的需要，白族人更加重视学习和使用汉语。尽管白族聚居地仍使用白族语言作为日常交流语言，但汉语在人们日常生活中使用的比重却不断上升，一些白族语专有词汇正被遗忘，越来越多的汉语词汇被借用到白族话中。更为严重的是，离开了白族聚居地向外发展的白族后代们却不会说白族话了。这一现象尤其在一些"90后""00后"

的身上更为明显。笔者于 2014 年 8 月在大理市的随机调研中就遇到了一位"90后"——小惠（化名），小惠从小就生活在大理城区，尽管其母亲为白族人，会说一口流利的白族话，但却从没有系统地教过小惠白族话。如今，小惠虽为白族，但除了一些如吃饭、睡觉、见面打招呼、问候等简单的词语，基本不会说白族话。"在城市，很多从农村出来工作、成家立业的父母，他们的后代基本不会说白族话。在农村也有越来越多父母为了孩子今后的学习、工作，有意识地在日常生活中教孩子使用汉语。这种自我有意识地忽视对本族语言学习的现象，导致现在越来越多的孩子虽然是白族却不会说白族话。"小惠的这种白族语失传现象并不是个案，笔者于 2014 年 12 月在怒江傈僳族自治州兰坪白族普米族自治县对当地小学教师的培训过程中，对当地的文化传承现状进行了考察，同样遇到了一位"90后"——小兰（化名），她的父母能听懂白族话，但仅能说一些简单的白族语，她本人只能听懂一些简单的白族语，更不用说用白族话交流和书写了。在云南师范大学东区的一个理发店里，笔者和一位年轻理发员进行了交谈，他也是一位"90后"的傈僳族少年，从初中二年级就已经辍学从澜沧老家出来到昆明打工，昆明和他的老家相距 1200 多里[①]，昂贵的路费迫使他已经多年没有回家。远离了家乡，失去了本族语言环境，长期生活在外，本族语言已经听不懂了，更不会说了，如果不跟他交谈、沟通，根本看不出他是一个傈僳族少年。民族语言在生活中的使用比重呈下降趋势，在年轻一代中失传的现象在西双版纳及云南其他少数民族地区同样存在。

随着党的十八大文化强国建设决策和云南省建设民族文化大省、强省工作的开展，人们对民族文化传承重要性认识逐步加深，保护工作已在云南展开。据云南省教育厅民族教育处统计，云南省目前全省开展双语教学的有 16 个州市、88个县（市），学校总数 4167 所，班级数 10 176 个，在校生 208 768 人，双语教师总数 10 872 人。到 2012 年，全省共有彝族、白族、傣族、藏族、傈僳族、哈尼族、景颇族、佤族、拉祜族、纳西族、苗族 11 个民族的 14 种文字在 1221 所民族团结教育示范学校开展着民族语文教学，为少数民族语言文字的保护、继承与发展打下了基础。为推进"双语"教学，云南省已编译审定出版 14 个民族 18 个文种 200 多本汉语文与少数民族文字相对照的新课改语文和数学教材，并免费提供给学生使用。从 2010 年起，云南省每年投入 2000 万元，设立 25 个世居少数民族传统文化抢救保护经费，主要用于少数民族语言文字的抢救保护、民族文物和古籍的整理、濒危民族文化遗产的保护与传承等。

学界关于云南少数民族语言的研究已经陆续展开，出版了一大批相关的研究著作。云南省著名民族文化研究学者郭大烈先生一生主要从事民族文化研究，先后撰述和编著了《纳西族史》《纳西族社会历史调查》《纳西族文化大观》《东巴文

---

① 1 里=500 米。

化论》《东巴文化论集》等 60 余部科研著作，以及百余篇论文。他独自创办了东巴文化传习院，编写出版了《纳西谚语》、《东巴象形文》、《纳西文化诵读本》、《纳西族母语和东巴传承读本》（全书分三册：《纳西象形字东巴文》《纳西象形字东巴文应用》《纳西族东巴古籍选读》）等纳西语教材，为民族文化特别是东巴文化的研究和传承作出了重要贡献。以云南大学出版社为例，该出版社从 2014 年 1—9 月相继出版了《云南民族文化丛书·云南少数民族语言文化卷》，共计 12 部研究少数民族语言的著作。这些著作有《西双版纳傣族文学》（岩温龙）、《壮语教程》（陆保成、韦名应）、《哈尼语教程》（白岩松）、《拉祜语教程》（张伟、扎拉）、《景颇语教程》（金学良）、《西双版纳傣语教程》（岩温龙）、《佤语教程》（赵岩社、安晓红）、《傈僳语教程》（李教昌）、《纳西语教程》（和学光、和金光）、《德宏傣语教程》（蔡荣男、金岩团林、蔡小晃）、《彝语教程》（周德才）、《苗语教程》（熊玉有）。著名语言学家戴庆夏[①]也非常关注云南少数民族语言的发展，其研究著作有《云南少数民族语言文字概况》《云南德宏州景颇族语言使用现状及其演变》《云南里山乡彝族语言使用现状及其演变》《云南绿春县哈尼族语言使用现状及其演变》《基诺族语言使用现状及其演变》《阿昌族语言使用现状及其演变》《云南蒙古族喀卓人使用现状及其演变》《云南玉龙县九河白族乡少数民族的语言生活》等，骆小所著有《文化与语言：云南少数民族语言与汉语的语言文化比较研究》，胡德映著有《云南少数民族三语教育》等（表 3-5）。

表 3-5　云南省部分少数民族语言文字研究情况统计表

| 著作名称 | 作者 | 出版社 | 出版时间 | 主要涉及地区 |
|---|---|---|---|---|
| 《西双版纳傣族文学》 | 岩温龙 | 云南大学出版社 | 2014 年 9 月 1 日 | 西双版纳傣族自治州 |
| 《西双版纳傣语教程》 | 岩温龙 | 云南大学出版社 | 2015 年 4 月 1 日 | 西双版纳傣族自治州 |
| 《壮语教程》 | 陆保成、韦名应 | 云南大学出版社 | 2014 年 9 月 1 日 | 文山壮族苗族自治州 |
| 《哈尼语教程》 | 白岩松 | 云南大学出版社 | 2014 年 8 月 1 日 | 红河哈尼族彝族自治州 |
| 《拉祜语教程》 | 张伟、扎拉 | 云南大学出版社 | 2014 年 7 月 1 日 | 普洱市澜沧拉祜族自治县 |
| 《景颇语教程》 | 金学良 | 云南大学出版社 | 2014 年 7 月 1 日 | 德宏傣族景颇族自治州 |
| 《佤语教程》 | 赵岩社、安晓红 | 云南大学出版社 | 2014 年 4 月 1 日 | 临沧市 |

---

① 中央民族大学戴庆夏教授非常关心和关注云南的民族文化教育事业，2015 年 4 月 22 日做客云南师范大学文聚论坛，并带来了"漫谈治学"的讲座，在讲解中，戴庆夏教授对云南的多元民族语言环境赞不绝口，被云南各民族鲜活的、多彩的民族语言所吸引和感动。戴庆夏教授同时也身兼云南师范大学汉藏语研究院院长、特聘教授。

续表

| 著作名称 | 作者 | 出版社 | 出版时间 | 主要涉及地区 |
|---|---|---|---|---|
| 《傈僳语教程》 | 李教昌 | 云南大学出版社 | 2014年4月1日 | 怒江傈僳族自治州 |
| 《纳西语教程》 | 和学光、和金光 | 云南大学出版社 | 2014年4月1日 | 丽江市 |
| 《德宏傣语教程》 | 蔡荣男、金岩团林、蔡小晃 | 云南大学出版社 | 2014年4月1日 | 德宏傣族景颇族自治州 |
| 《彝语教程》 | 周德才 | 云南大学出版社 | 2014年4月1日 | 楚雄彝族自治州 |
| 《苗语教程》 | 熊玉有 | 云南大学出版社 | 2014年1月1日 | 文山壮族苗族自治州 |
| 《云南少数民族语言文字概况》 | 戴庆夏 | 云南民族出版社 | 1980年1月 | 云南省 |
| 《云南德宏州景颇族语言使用现状及其演变》 | 戴庆夏 | 商务印书馆 | 2011年10月1日 | 德宏傣族景颇族自治州 |
| 《云南里山乡彝族语言使用现状及其演变》 | 戴庆夏 | 商务印书馆 | 2009年8月1日 | 玉溪市通海县里山乡 |
| 《云南绿春县哈尼族语言使用现状及其演变》 | 戴庆夏 | 商务印书馆 | 2012年12月1日 | 红河哈尼族彝族自治州绿春县 |
| 《基诺族语言使用现状及其演变》 | 戴庆夏 | 商务印书馆 | 2007年6月1日 | 西双版纳傣族自治州 |
| 《阿昌族语言使用现状及其演变》 | 戴庆夏 | 商务印书馆 | 2008年4月1日 | 德宏傣族景颇族自治州 |
| 《云南蒙古族喀卓人使用现状及其演变》 | 戴庆夏 | 商务印书馆 | 2008年11月1日 | 玉溪市通海县兴蒙乡 |
| 《云南玉龙县九河白族乡少数民族的语言生活》 | 戴庆夏 | 商务印书馆 | 2014年11月1日 | 丽江市玉龙县九河乡 |
| 《耿马县景颇族语言使用现状及其演变》 | 戴庆夏 | 商务印书馆 | 2010年12月1日 | 临沧市耿马傣族佤族自治县 |
| 《澜沧拉祜族语言使用现状及其演变》 | 戴庆夏 | 商务印书馆 | 2011年7月1日 | 普洱市澜沧拉祜族自治县 |
| 《勐腊县克木语及其使用现状》 | 戴庆夏 | 商务印书馆 | 2012年4月1日 | 西双版纳傣族自治州 |
| 《元江县羊街乡语言使用现状及其演变》 | 戴庆夏 | 商务印书馆 | 2009年9月1日 | 玉溪市元江县 |
| 《文化与语言：云南少数民族语言与汉语的语言文化比较研究》 | 骆小所 | 云南人民出版社 | 2010年12月1日 | 云南省 |
| 《云南少数民族三语教育》 | 胡德映 | 云南大学出版社 | 2007年5月1日 | 云南省 |

（二）民族古籍的抢救、整理与出版

民族古籍是记录和承载民族文化的主要载体，也是开展民族文化传承区域教育的重要资源，没有这些古籍对民族文化的记载，民族文化传承的区域教育就变成了无源之水、无本之木。云南民族文化丰富多样，异彩纷呈，在长期的历史发展过程中，众多少数民族通过口耳相传和文字记录等形式，留下了民族文化珍贵的遗产——民族古籍。为了保护和继承好这份珍贵的文化遗产，为民族文化区域教育开发多样化的文化教育资源，一些专门进行民族古籍抢救、整理和出版的文化机构在云南省民族宗教事务委员会（简称民委）和地、州、市、县民委的关注和帮助下相继成立，这些文化机构组织专业人才对散落在民族民间的文化古籍进行了大规模的抢救和整理工作。

云南省古籍保护中心初步统计出，云南各民族文献古籍总量达 10 万余册（卷），口碑古籍上万种。已抢救保护整理成册的文献古籍有数万余册（卷），口碑古籍有数千种；傣族、回族、哈尼族、白族、彝族、纳西族、藏族、普米族、傈僳族、景颇族、苗族、瑶族、基诺族等民族的数百册几千种古籍被整理、翻译和出版；丽江集数十人历时 20 年的心血，翻译整理出版了《纳西东巴古籍译注全集》，全集共有 100 卷，5000 多万字，其规模之大，在古籍整理行业堪称全国第一，并荣获国家图书奖荣誉奖，在海内外引起了轰动；云南省编写出版的《中国少数民族古籍总目提要》之云南卷的各项编纂出版工作于 2007 年已经全部完成。

2014 年 5 月 1 日，《中国少数民族大辞典系列·佤族卷》（云南师范大学周本贞教授主编）、《佤汉大词典》（云南民族大学王敬骝教授主编）、《经典佤族歌曲MTV 专辑》首发式暨《沧源佤族自治县成立 50 周年纪念邮册》发行式在临沧市沧源佤族自治县隆重举行。《中国少数民族大辞典系列·佤族卷》是佤族历史文化建设史上一件值得庆贺的大事，它是佤族文化建设事业中具有划时代意义的里程碑，填补了我国民族文化建设事业的一项空白，丰富了"中华民族多元一体格局"中少数民族文化的内容，为后代留下了一笔非常丰厚的文化遗产，对其他兄弟民族、专家、学者及国际友人了解、认识、研究佤文化都具有重要的意义和参考价值。所有这些都标志着云南少数民族古籍的抢救、整理工作已走在全国前列，为云南民族文化传承奠定了深厚的文化资源基础。在民族古籍的存量及保护方面，云南 8 个少数民族自治州和 8 个地级市均有大量分布，本章不再一一举例说明。

（三）民族民间文化传承人的认定与培养

民族文化传承人是所在民族的民族文化的重要传承者和文化载体，保护好文化传承人对民族文化传承非常重要。为此，近年来，云南省文化厅和省民委组织全省民族工作者和文化部门，开展了大规模的民族民间文化传承人和民族文化资源的调查。与此同时，云南省社会科学院、云南师范大学、云南民族大学、云南大学、丽江东巴文化研究院、丽江市非物质文化遗产保护中心等从事民族文化研究、保护、教育和传承的科研院所和大专院校，也结合各自的研究课题开展了大量的民族文化调查研究，积累了丰富的研究资料。地方民族文化传承研习机构也相继开展，例如，2014 年 9 月 12 日云南金平苗族瑶族傣族自治县傣文传习所正式挂牌成立，同时该县的曼棚新寨村也成立了民族乐器培训班；2014 年 12 月 27 日又在该县的勐拉乡陆官寨、金水河成立了文化传习所。地方民族文化传习研究机构蓬勃开展。截至 2010 年 9 月 30 日，云南省已有各级政府公布非物质文化遗产保护名录 8590 项，其中国家级保护名录 75 项，省级保护名录 217 项，州（市）级保护名录 3005 项，县（区）级保护名录 5293 项。此外，云南省已命名非物质文化遗产传承人 3542 人，其中国家级传承人 51 名，省级传承人 824 名，州市级传承人 814 名，县（区）级传承人 1853 名。[①]这些传承人都是云南原住民，有师传或家传的传承谱系，对民族民间传统文化的传承起着关键作用。正式为其命名旨在更好地保护、传承云南省的非物质文化遗产，培养后继人才，弘扬云南各民族的传统文化。民族文化资源的摸底调查，为搞清楚云南到底有多少民族文化，以及云南民族文化教育奠定了深厚的文化资源积累。民族民间艺人的认定与培养，为民族文化教育的开展储备了丰富的知识人才，为多样化、多形式民族文化教育的开展奠定了良好的基础。

但是在命名和认定的同时，保护工作仍然有待继续深化，这些民族民间文化传承人大多在乡间，且年事已高，在民间乡村生活中基本上处于被边缘的地位。虽然得到了政府的命名，但是大多处于自生自灭的状态，面临着人亡歌息、人去艺绝的艰难困境，面临着后继无人的人才断档危机。

# 第二节　云南民族文化传承的基本特征

在长期的发展过程中，云南少数民族形成了以下特点。在民族种类方面，数量众多，现今 56 个民族都可以在云南这块红土地上找到身影，云南是中国民族种类最多、最全的省份。在民族文化传承方面，云南民族文化传承至今，民族文化种类丰富多彩，异彩纷呈。民居建筑各具特色、各式各样，民族服饰绚丽多彩、各具特色；民族语言源远流长，各有特色，各民族也有各自的语种和文字；民族节日也丰富多彩，有的民族有许多节日，有的节日则是多民族所共有。在民族区域分布方面，云南形成了大杂居、小聚居，各民族交错居住而又能和谐相处的局

---

① 　根据云南省文化厅 2010 年 9 月 30 日公布调查数据整理。

面。在和内地文化交流方面，由于地处偏远、信息闭塞，其文化发展相对缓慢、滞后。多样性的生存环境和发展特点形成了云南民族文化传承的基本特征：民族文化传承具有区域性、类型性、和容性和时序性等特点。

## 一、基本特征Ⅰ：云南民族文化传承的区域性

区域性，即云南民族文化在传承中具有较多的本土特点，乡土气息浓厚，具有鲜明的地域特征。按照费孝通先生 20 世纪 40 年代提出的乡土性观点，云南民族文化的传承在这一特点上更加突出。所谓乡土性，即人与土地的关系非常密切，人口流动小，社会开放程度低，具有一定的地域特征。云南作为中国社会的局部，也同样适合费孝通先生的这一乡土性概念的总体描述，甚至云南省民族文化传承的区域性特征，较其他省份表现出更加参差不齐的状态。

中华人民共和国成立之初，云南省内的社会发育程度复杂多样，一些地区，如滇池和洱海地区处于封建地主时期，经济发展相对较快；一些地区，如西双版纳则处于封建领主经济向封建地主阶级过渡时期；还有部分地区的社会发展更是处在一种原始部落时期，如独龙江、怒江流域的部分地区。与内地发展相比，云南经济发展最快的地区也与之相差甚远。总之，用费孝通先生的乡土性观点来窥视云南这个多民族的省份的话，其社会的这种地域性即乡土性更加明显和突出。有些地区地处偏远，封闭性强，造成了其土地的利用是一种粗放耕种甚至是原始的刀耕火种方式。

日本学者佐佐木高明在 19 世纪 60 年代提出了"照叶树林文化带"的观点，"照叶树林文化带"是指西起印度阿萨姆、东至我国湖南省的半月形地带，其称之为"东亚半月弧"。地处中国第二阶梯高原地带的云南，正处于此文化带的中心位置，"照叶树林文化带"经历了三个发展时期，即前农耕阶段、刀耕火种阶段和以水稻种植为主的阶段，与之相适应的文化发展也经历了三个时期，即采集栽培文化时期、刀耕火种农耕文化时期和水田稻作农耕文化时期。而云南的刀耕火种这种原始社会农业种植方式正是照叶树林文化的典型代表。

至今，刀耕火种这种传统的农耕方式在云南，尤其是在居住在山区的民族中仍然被不同程度地保留着。一些民族仍以刀耕火种的种植耕作方式为主，保留着狩猎、采集、捕捞等传统的生活方式，形成云南民族文化中特有的地域性，即浓厚的乡土性特点。这种乡土性更多地表现在与原生形态环境密切的接触很少或几乎没有技术成分，更加接近自然。然而，与内地民族与土地的关系相比，内地民族与田地的黏和性，即依赖性更强，而云南少数民族则具有更多的游离性，一些少数民族，如哈尼族、傈僳族、苗族、瑶族等习惯于沿着大山峡谷或某一山系远距离迁徙，如金沙江、澜沧江、怒江是傈僳族迁徙的必经之路，与此相应，云南少数民族在文化性格上也更加趋向于自由、奔放、自然的状态。

## 二、基本特征Ⅱ：云南民族文化传承的类型性

从文化圈的理论看，云南民族文化处于中原汉文化、藏族文化、印度文化和东南亚文化的交汇带。从政治结构的角度看，云南两千多年来都处于中原王朝统治的边缘地带。随着中原历代王朝势力的盛衰及政策的变化，云南的地方政权有着或大或小、若断若续的独立性。于是，一方面，汉文化随着汉族移民的迁入而广泛地传播进来，民族地方政权也积极到内地学习汉文化；另一方面在学习内地汉文化的同时，当地民众并没有完全抛弃自己本民族的文化，这样云南民族文化就保存着它相对的独立性，具有鲜明的民族特征，各民族不同，文化迥异，类型多样。这种独立性和类型性的表现之一，就是主流文化的色彩相对淡薄，同时会混杂进不同质的文化因子，如大理石宝山石窟，不仅受中原文化的影响，也受东南亚、南亚文化的影响。儒家的观念、汉传佛教的观念、藏传佛教的观念、本主崇拜的观念等都混杂在一起。又如白族的建筑、纳西族的建筑，虽有许多汉式建筑的特征，但同样加入了许多本族的原始观念。文化的独立性和类型性更重要的是表现在人们的意识、心态中，各民族具有很强的民族观念。

## 三、基本特征Ⅲ：云南民族文化传承的和容性

和容性首先是一种包容性，指在漫长的历史发展过程当中，各族人民不断汲取其他民族的优良文化来丰富自己本民族的文化，做到和而不同。云南各民族文化中都可以找到除却本民族文化之外其他民族文化的因子，如傣族文化中佛像设计便体现出东南亚上座部佛教的影响。受汉文化影响，其庙宇的建筑也有汉文化的因子。纳西族的民间信仰也受到诸如佛教、道教、藏传佛教和东巴教的影响。又如，白族的民间信仰是自然神灵的崇拜、图腾的崇拜及生殖的崇拜等，但又不乏佛教、密宗、禅宗和道教的融合。在民族文化和容性中，各民族对本族文化或多或少地进行改造，得到本民族成员的认可，成为其民族文化密不可分的一部分。

和容性的另一个特性是亲和性，即云南各民族对待其他民族文化是一种亲和、尊重的态度。这与云南各民族的价值观是吻合的，他们崇尚团结，热情、好客。这种态度与费孝通先生提出的"美我美，以及人之美"存在异曲同工之处。在居住方式上，云南各民族呈现出大杂居、小聚居的居住格局，一个地方或一座山上往往居住着若干个不同的民族。他们相互尊重，互不干扰，所谓的"十里不同天，一山不同族"的现象很普遍。总之，云南各民族之间的这种团结、和睦相处的社会形态应更多地归功于各民族民族文化的亲和性。

在云南各民族的神话故事当中，也存在着许多诸如各民族是一母所生、一神所造的神话故事。神话故事是一种集体意识的存在，广泛存在于各民族的历史记忆中，虽然说法不同，但都深刻影响着各民族人民的价值观。这些也说明了各民

族之间文化的亲和性和价值取向的同一性。

云南民族文化的亲和性不仅体现在对不同民族之间的亲和，还体现在对自然的亲和，典型表现在对自然的崇拜和对自然生态的保护。云南各民族把自然视为知己，并作为与自己有着亲缘、能造福人类的神灵。有些民族会把神物或神山作为本民族的保护神，例如，云南弥勒西山、路南圭山等地的彝族所居住的每一个寨子都有一片树木茂盛的"密枝林"，"密枝林"是他们的神林。每年的农历十一月十日左右，各村男子都要杀绵羊到林中祭祝，由毕摩诵祭神经，祈求庄稼丰收，这就是密枝节。白族的绝大多数地区都盖有山神庙，农历三月十六日举行敬山神会，请山神保佑一年风调雨顺、六畜兴旺。哈尼族村寨有龙树或龙林，龙林是神圣不可侵犯的，每年正月属龙日要到龙林祭龙。布朗族的自然崇拜以山林和山神为主要对象，每个村寨也都有一片树木繁茂的神林，禁止砍柴、放牧或狩猎，每年的傣历十二月，村社都要举行一次集体的祭祀山林活动。

## 四、基本特征Ⅳ：云南民族文化传承的时序性

时序性，即云南民族文化传承过程中本族文化与中心文化存在一定的时间差。正是由于这种时间差，在中心地带消失的文化在边缘地带可以很好地被保留下来，即孔子所说的"礼失而求诸野"现象。例如，在云南各民族文化当中，汉文化就被融合和保留在里面。纳西族的《白沙细乐》《纳西古乐》便是典型代表。白族建筑上的悬鱼挂失也是从汉文化建筑中保留下来的，现已经失传。又如，保山昌宁的汉方言仍保留入声的声调。云南作为文化存留带的边缘地带，许多中心文化被保留了下来，使得人们在意识行为上总是难以与中心文化保持同步，出现一定的时间差。

综上所述，云南民族文化在长期的传承过程中形成了区域性、类型性、和容性和时序性等基本特征，而区域性相对于其他特征来说又是云南民族文化传承最基本和最典型的特征。本书在人文地理学研究范式的指导下来研究云南民族文化的传承问题，区域性就成了首先且必须要考虑的因素，因此本书将从区域性展开对云南民族文化传承地域空间差异的分析，区域性是展开云南民族文化传承分区的重要依据。

云南民族文化传承的区域性特征与区域教育密切相关，区域教育是云南民族文化传承的重要途径。因此，云南民族文化的传承理应进行分区考量。本章运用地理区域与规划理论，结合云南民族文化传承的自然地理、人文地理和经济地理基础，在综合因素原则、行政区划相对完整性原则和主体民族文化主导原则的指导下，对云南民族文化传承进行相应分区，并对各分区的民族文化传承状况进行系统分析，从教育的角度对民族文化传承中存在的问题进行反思。

## 第一节　云南民族文化传承分区的地理基础

云南少数民族，从地理空间特征分布上来看，比较复杂，但突出的特点有两个。一是交错分布、大杂居、小聚居。点多、面广，比较分散。全省没有一个单一的民族县（市），也没有一个民族只住一个县（市），总的说来，在边疆地区分布居多。二是立体分布，与云南立体地形、立体气候相联系，总的看来，傣族、壮族两个民族主要居住在河谷地区，回族、满族、白族、纳西族、布依族、水族等民族主要聚居在坝区，哈尼族、拉祜族、佤族、景颇族、基诺族等民族居住在半山区，苗族、傈僳族、怒族、独龙族、藏族、普米族等民族主要聚居在高山区。由此而形成的民族文化分布也非常具有地域性特色。由此分析，云南民族文化传承的地理基础有以下几个方面。

### 一、自然地理基础

（一）云南自然环境的基本特征

神奇、富饶、美丽的云南（东经 97°31′39″～106°11′47″、北纬 21°8′32″～29°15′8″），地处祖国西南边陲；东西横跨 864.9 千米，南北纵长 990 千米，北回归线横贯本省南部。土地面积 39.41 万平方千米①，占全国总面积的 4.11%，在中国各省级行政区面积中排名第 8；总人口 4596.6 万人②。

云南省东面与贵州省、广西壮族自治区为邻；东北面以金沙江为界，与四川省隔江相望；西北紧靠西藏自治区；西面与缅甸相接；南部和老挝、越南毗邻。云南省占据的我国陆地边境线长达约 4060 千米，是全国陆地边境线较长的省份之一。

云南"全省地势由西北向东南呈阶梯状逐级下降，海拔高低相差极大，地貌类型多样，气候类型复杂，气温垂直高差异常显著"。境内高山耸立，河流纵横。"全省土地面积中，山地约占 84%，高原、丘陵约占 10%，盆地、河谷约占 6%"，个别县市的山地比重超过了 98%，平均海拔 2000 米左右，最高海拔 6740 米，位于西北部迪庆藏族自治州德钦县梅里雪山的卡瓦格博峰，最低海拔 76.4 米，位于河口瑶族自治县的元江河谷，最高海拔与最低海拔相差 6663.6 米。

受诸多因素的影响，云南省自然环境的基本特征是：①地貌、陆地、河流分布，气候、生物分布等都具有明显的地域色彩；②维度和海拔高度同向叠加，由于非地带因素作用，自然生态环境复杂多样，堪称全国自然环境的缩影；③高差悬殊、地形复杂，自然生态环境的垂直变化异常明显；④自然带幅窄，自然生态系统容量小，自我调节能力弱，易受外界干扰，自然灾害频繁。

（二）地形地貌特征

民族文化的生境即民族文化赖以生存的自然地理生态环境。越是在文化发生发展的早期，文化生境对文化的影响越大。云南民族文化传承的地理环境主要有以下几个方面的特征。

1. 地形地貌多样

云南是高原山区省份，地处青藏高原的南延部分，地势地貌复杂多样（表 4-1），地形一般以元江谷地和云岭山脉南段的宽谷为界，分为东西两大地形区。其地理环境具有以下几个基本特征。

**表 4-1　云南省地形地貌情况调查表**

| 地区 | 各地貌类型占比/% | | | 各海拔高度区域占比/% | | |
|---|---|---|---|---|---|---|
| | 平地 | 丘陵 | 山地 | <1000 米 | 1000~3000 米 | >3000 米 |
| 云南地区 | 5.0 | 14.2 | 80.8 | 10.1 | 81.7 | 8.2 |

资料来源：据云南省地质调查局网站公布调查数据整理，http://ddj.yndlr.gov.cn［2015-06-10］

（1）高原山地遍布全境，高山峡谷间盆地错落分布

云南内连西藏、四川、贵州、广西，外邻缅甸、老挝、越南，与印度、泰国

---

① 此资料来源于云南省人民政府网站。参见 http://www.yn.gov.cn/yn_yngk/gsgk/201509/t20150923_2228.html［2017-10-19］.

② 云南省统计局 2010 年第六次全国人口普查统计数据。

的距离也非常之近。高原山地占全省总面积的 94%，东部是云贵高原的主体，地形呈波状展开，丘陵圆浑，此起彼伏。南部为中低山宽谷盆地区，河谷开阔，地势趋缓。地势上，云南位于有"世界屋脊"之称的青藏高原东南面，属于中国地势三个梯级的第二阶梯的西南山原。西南山原也是新构造运动掀抬起来的高原，这个高原由高耸的山岭、低陷的盆地和深切的河谷所构成；从西北向东南，又可将其分为横断山脉区、云南高原区和滇南山间盆地区。在横断山脉区，高山夹峙着大河，南北纵列，依次展开的是：高黎贡山、怒江、碧罗雪山（怒山）、澜沧江、大雪山、金沙江、五龙山。这里地质构造复杂，褶皱紧密，断层成束。由于地质结构的变化，在广阔的高原上形成了多种大小不一、形态各异的山间断层盆地和高原台地，在云南俗称为"坝子"（表4-2）。云南全省 1 平方千米以上大小坝子共有 1440 个，总面积为 2.4 万平方千米，占全省土地总面积的 6%。

**表 4-2　云南省主要坝子概况一览表（30 平方千米以上）**

| 县（市） | 坝子名 | 海拔高度/米 | 面积/平方千米 | 县（市） | 坝子名 | 海拔高度/米 | 面积/平方千米 |
|---|---|---|---|---|---|---|---|
| 昭通 | 昭鲁坝 | 1907 | 524.8 | | 者海坝 | 2036 | 70.4 |
| 鲁甸 | 龙树坝 | 2125 | 53.2 | 会泽 | 会泽坝 | 2130 | 71.1 |
| 永善 | 永善坝 | 800 | 46.1 | | 鹧鸡坝 | 2161 | 53.2 |
| 巧家 | 巧家坝 | 627 | 36.6 | | 树角坝 | 890 | 35.5 |
| | 沾曲坝 | 1863 | 435.8 | 寻甸 | 寻甸坝 | 1867 | 85.9 |
| | 大坡坝 | 2023 | 45.2 | | 鸡街坝 | 2034 | 52.4 |
| | 卡郎坝 | 2040 | 34.0 | 嵩明 | 嵩明坝 | 1961 | 414.6 |
| | 菱角塘坝 | 1945 | 75.4 | | 白邑村坝 | 1960 | 31.5 |
| 曲靖 | 城方桥坝 | 1935 | 100.6 | 富源 | 寨子口坝 | 2057 | 31.7 |
| | 刘麦地坝 | 2088 | 36.5 | 宜良 | 宜良坝 | 1510 | 152.6 |
| | 永安坝 | 2090 | 63.4 | 路南 | 路南坝 | 1683 | 111.7 |
| | 色卡坝 | 2155 | 74.4 | | 师宗坝 | 1890 | 177.2 |
| | 马龙坝 | 2032 | 46.5 | 师宗 | 亮龙滩坝 | 1827 | 132.7 |
| 马龙 | 小海子坝 | 2087 | 41.4 | 罗平 | 罗平坝 | 1495 | 147.8 |
| | 马鸣坝 | 2019 | 37.3 | | 干得坝 | 1928 | 105.0 |
| | 高寨坝 | 2137 | 32.5 | 东川 | 新村坝 | 1228 | 40.7 |
| | 宣威坝 | 1961 | 264.1 | 昆明 | 昆明坝 | 1887 | 1071.4 |
| 宣威 | 述迤坝 | 2048 | 39.6 | | 安宁坝 | 1832 | 71.6 |
| | 海岱坝 | 1860 | 31.4 | 安宁 | 八街坝 | 1885 | 91.5 |
| 陆良 | 陆良坝 | 1834 | 772.0 | | 草铺坝 | 1887 | 39.4 |

续表

| 县（市） | 坝子名 | 海拔高度/米 | 面积/平方千米 | 县（市） | 坝子名 | 海拔高度/米 | 面积/平方千米 |
|---|---|---|---|---|---|---|---|
| 通海 | 通海坝 | 1794 | 158.3 | 玉溪 | 玉溪坝 | 1623 | 147.7 |
| 元江 | 元江坝 | 368 | 54.1 | 富民 | 富民坝 | 1685 | 30.5 |
| 蒙自 | 蒙自坝 | 1293 | 369.1 | 江川 | 江川坝 | 1729 | 286.8 |
| 开远 | 开远坝 | 1062 | 42.1 | 澄江 | 阳宗坝 | 1765 | 44.3 |
| 石屏 | 石屏坝 | 1425 | 61.6 | 澜沧 | 上允坝 | 883 | 37.3 |
| 建水 | 建水坝 | 1303 | 206.6 | | 景洪坝 | 535 | 76.1 |
| | 曲溪坝 | 1335 | 72.4 | | 勐龙坝 | 605 | 79.2 |
| 弥勒 | 弥勒坝 | 1440 | 230.5 | | 勐罕坝 | 523 | 84.0 |
| | 竹园坝 | 1158 | 95.6 | | 普文坝 | 854 | 41.9 |
| | 虹溪坝 | 1455 | 41.3 | 勐腊 | 勐腊坝 | 610 | 34.6 |
| 泸西 | 泸西坝 | 1704 | 78.1 | | 勐捧坝 | 545 | 47.9 |
| | 爵册坝 | 1836 | 248.7 | | 勐满坝 | 583 | 34.0 |
| 砚山 | 平远街坝 | 1483 | 406.9 | | 勐润坝 | 547 | 38.2 |
| | 砚山坝 | 1539 | 84.2 | 勐海 | 勐海坝 | 1104 | 50.6 |
| | 红舍克坝 | 1545 | 40.0 | | 勐遮坝 | 1159 | 229.4 |
| 文山 | 文山坝 | 1241 | 33.6 | 大理 | 大理坝 | 1965 | 601.0 |
| 丘北 | 丘北坝 | 1460 | 184.8 | 洱源 | 洱源坝 | 2055 | 141.4 |
| | 树皮坝 | 1600 | 33.6 | | 凤羽坝 | 2188 | 43.2 |
| | 天星坝 | 1530 | 31.3 | | 乔后井坝 | 1816 | 38.0 |
| 广南 | 广南坝 | 1230 | 55.5 | 祥云 | 祥云坝 | 1965 | 338.8 |
| | 八宝坝 | 1131 | 30.1 | 宾川 | 宾川坝 | 1422 | 322.2 |
| 禄丰 | 碧城坝 | 1846 | 144.5 | | 杨保坝 | 1665 | 44.3 |
| 楚雄 | 楚雄坝 | 1773 | 113.8 | 弥渡 | 弥渡坝 | 1679 | 142.1 |
| | 法邑坝 | 1847 | 87.9 | 巍山 | 巍山坝 | 1715 | 167.7 |
| 华南 | 南华坝 | 1857 | 101.2 | 鹤庆 | 鹤庆坝 | 2193 | 183.8 |
| 牟定 | 牟定坝 | 1800 | 93.3 | | 朵美坝 | 1181 | 72.5 |
| 姚安 | 姚安坝 | 1873 | 119.4 | | 松桂坝 | 1937 | 35.7 |
| 元谋 | 元谋坝 | 1075 | 125.0 | | 七坪坝 | 2200 | 38.2 |
| 普洱 | 普洱坝 | 1267 | 36.3 | | 新街坝 | 1330 | 42.3 |

续表

| 县（市） | 坝子名 | 海拔高度/米 | 面积/平方千米 | 县（市） | 坝子名 | 海拔高度/米 | 面积/平方千米 |
|---|---|---|---|---|---|---|---|
| 景东 | 川河坝 | 1130 | 78.7 | 剑川 | 剑川坝 | 2186 | 76.1 |
| 景谷 | 景谷坝 | 894 | 44.0 | | 马登坝 | 2418 | 198.6 |
| | 勐夏坝 | 1063 | 60.6 | 丽江 | 丽江坝 | 2466 | 198.6 |
| | 景谷街坝 | 1304 | 160.7 | | 拉市坝 | 2450 | 56.6 |
| 永胜 | 永胜坝 | 2140 | 34.2 | | 太安坝 | 2800 | 50.3 |
| | 金官坝 | 1560 | 57.3 | | 白汉场坝 | 2303 | 34.2 |
| 华坪 | 华坪坝 | 1155 | 36.2 | | 石鼓坝 | 1805 | 66.4 |
| 宁蒗 | 永宁坝 | 2644 | 56.5 | 永胜 | 斯纳坝 | 1400 | 143.2 |
| 中甸 | 中甸坝 | 3288 | 162.5 | 梁河 | 梁河坝 | 1100 | 74.6 |
| | 小中甸坝 | 3267 | 128.7 | 潞西 | 潞西坝 | 850 | 141.2 |
| | 打芝坝 | 1840 | 48.8 | 陇川 | 遮放坝 | 783 | 103.0 |
| 维西 | 维西坝 | 2168 | 35.6 | | 陇川坝 | 934 | 242.2 |
| | 保山坝 | 1646 | 173.0 | 瑞丽 | 户撒坝 | 1420 | 34.0 |
| | 潞江坝 | 636 | 73.6 | | 瑞丽坝 | 779 | 174.8 |
| | 芒宽坝 | 805 | 58.8 | 云县 | 云县坝 | 1063 | 37.3 |
| 腾冲 | 腾冲坝 | 1694 | 47.7 | 盈江 | 盈江坝 | 785 | 340.0 |
| | 界头坝 | 1555 | 172.0 | 耿马 | 耿马坝 | 1100 | 115.5 |
| | 固东坝 | 1671 | 432.8 | | 孟定坝 | 464 | 98.4 |
| | 芒棒坝 | 1400 | 76.1 | | 勐撒坝 | 1283 | 52.0 |
| | 古永坝 | 1727 | 39.2 | 双江 | 双江坝 | 998 | 30.9 |
| | 江苴坝 | 1619 | 34.6 | 小计 | 140 个坝子 | | 16 848.3 |
| 施甸 | 施甸坝 | 1484 | 59.0 | | | | |

注：①本资料根据云南省综合农业规划资料整理。②有些坝子地跨几县，表列县名为主要所在县，如大理坝，部分在洱源县。③坝区面积包括周围坡度8°以下的低丘台地，以及盆地中的湖泊面积

（2）高山峡谷相间，海拔高差悬殊

全省地势由西北向东南倾斜，滇西北形成著名的横断山脉纵谷区。碧罗雪山、高黎贡山、云岭、玉龙雪山等高山耸立，怒江、澜沧江、金沙江等大江奔腾而下，山巅和谷底相对高差在1000米以上，山高谷深，雄奇险峻，形成高山峡谷相间的地貌形态。相对高差在6000米以上。金沙江上的"虎跳涧"峡谷，玉龙雪山与哈巴雪山矗立于江面之上，相对高差达3000余米，是世界著名的高山峡谷之一。高

山顶部终年积雪，形成奇异、雄伟的山岳冰川地貌，而谷底气候却干燥湿热，形成极大的反差。

（3）地势呈阶梯递降

全省地势北高南低，自西北向东南分三大阶梯递降。滇西北的德钦、中甸一带是地势最高的一级梯层，滇中高原为第二梯层，南部、东南和西南部为第三梯层，从北到南，平均每1千米降低6米。

（4）江河纵横，湖泊盆地星罗棋布

云南省有大小河流600多条，其中重要河流180条，分属于独龙江、怒江、澜沧江、金沙江、元江、珠江等6大水系。云南还多断层陷落湖，有淡水湖泊40多个，湖泊总面积1000平方千米，占全省总面积的2.3%，是我国西南地区湖泊最多的省份，总蓄水量290亿立方米。

2. 立体型气候

云南的气候类型丰富多样。受印度洋和太平洋季风高山深谷纵横交错的影响，云南形成全国独特的气候类型。一是年温差小，日温差大。全省处于低纬度高原，空气干燥稀薄。各地所得到的太阳光热的多少，随太阳高度角的变化而增减。加之海拔较高，气温随地势升高而下降。二是干季与湿季界限分明。雨量充沛而分布不均，降雨量在季节和地域上差别很大。三是气候垂直变化明显，呈现出同一纬度热、温、寒带气候兼有的"立体型气候"。云南省内不仅具有从黑龙江到海南岛的多种气候特征，而且具有一个地区从谷底到山顶，由于海拔上升而产生"一山分四季，十里不同天"的独特风貌。

（三）自然灾害频发

自然灾害的频繁发生，严重威胁到了民族文化的传承。自然灾害主要表现为地震和地质灾害等对民族文化传承的危害。云南属于地震多发区，据不完全统计，从1925年3月至2015年8月共发生地震40次。地震给云南省的经济、文化等造成不同程度的损失，如表4-3所示。受灾最为严重的一次是1996年2月3日，丽江地区发生7.0级地震，波及4个少数民族地区，受灾人口约100万，其中重灾民达30多万，伤亡人数达1.4万多，给当地人民群众的生命财产造成巨大损失。在这次地震中，作为国家级历史文化名城的丽江纳西族自治州纳西县的民族风貌和人文景观也受到地震的严重危害。尤其是2014年10月7日，云南省普洱市景谷傣族彝族自治县发生6.6级地震，云南全境均有震感。截至2014年10月8日，地震已造成景谷傣族自治县1人死亡，323人受伤，房屋倒塌2169户6507间。景谷县共有92 700人受灾，其中需要紧急转移安置人口56 880人。据云南省地震局数据，此次地震发生的普洱市历史上就属于地震高发地区，1990年以来，当地已发生过20次5级以上地震。近年来，云南境内更是地震频繁，数次震级为6级以上。历次地震多发生在边疆少数民族聚集程度较高的地区，在给少数民族人民财产和生命造成严重损害的同时，对民族文化造成的危害不可估量。

表4-3　2003—2014年云南地震统计表

| 震区 | 时间 | 震级/级 | 破坏程度 |
|---|---|---|---|
| 保山市腾冲县 | 2015年8月20日 | 3.1 | 无重大财产损失、人员伤亡报道 |
| 玉溪市峨山彝族自治县 | 2015年6月11日 | 3.1 | 无重大财产损失、人员伤亡报道 |
| 楚雄彝族自治州双柏县 | 2015年6月10日 | 3.0 | 无重大财产损失、人员伤亡报道 |
| 红河哈尼族彝族自治州建水县 | 2015年4月13日 | 4.0 | 无重大财产损失、人员伤亡报道 |
| 昆明市嵩明县 | 2015年3月9日 | 4.5 | 无重大财产损失、人员伤亡报道 |
| 临沧市沧源佤族自治县 | 2015年3月1日 | 5.5 | 6.2万人受灾，20人受伤 |
| 普洱市景谷傣族彝族自治县 | 2014年12月6日 | 5.9 | 1人死亡，15人受伤，具体灾情正在进一步核查中 |
| | 2014年10月7日 | 6.6 | 1人死亡，323人受伤，房屋倒塌2169户6507间。景谷县共有92700人受灾，其中需要紧急转移安置人口56880人 |
| 昭通市永善县 | 2014年8月17日 | 5.0 | 永善县5个乡镇41个村（社区）101个村民小组2165户7589人受灾 |
| 昭通市鲁甸县 | 2014年8月3日 | 6.5 | 地震已造成巧家县26人死亡、2人失踪、79人受伤（其中7人重伤），具体灾情正在进一步统计之中 |
| | | | 地震已造成鲁甸县至少617人死亡，112人失踪，3143人受伤，108.84万人受灾，22.97万人紧急转移 |
| 德宏傣族景颇族自治州盈江县 | 2014年5月30日 | 6.1 | 地震致多人受伤，多处房屋倒塌，受灾群众达15万人 |
| 昭通市永善县 | 2014年4月5日 | 5.3 | 造成民房倒塌或受损4093户11977间，累计6.86万人受灾 |
| 香格里拉县、德钦县 | 2013年8月31日 | 5.9 | 该次地震累计发生余震1590次 |
| 丽江市永胜县 | 2013年2月22日 | 4.2 | 造成该县8个乡镇13504人受灾，直接经济损失3368万元 |
| 昭通市巧家县 | 2013年2月19日 | 4.9 | 造成14个乡镇2070户8031人受灾，10人受伤，442户1576人需转移安置 |
| 昭通市盐津县 | 2013年2月7日 | 4.2 | 导致1人受轻伤，1间房屋倒塌、90余间房屋受损 |
| 楚雄彝族自治州禄丰县 | 2012年10月15日 | 4.4 | 共造成10个乡镇42个村委会123个村民小组1112户3873人受灾，合计直接经济损失8285万元 |
| 昆明市东川区 | 2012年10月13日 | 3.1 | 震源深度10千米 |
| 昭通市彝良县 | 2012年9月7日 | 5.7 | 造成18.3万户74.4万人受灾，因灾死亡81人，受伤821人 |

续表

| 震区 | 时间 | 震级/级 | 破坏程度 |
|---|---|---|---|
| 德宏傣族景颇族自治州盈江县 | 2011 年 3 月 10 日 | 5.8 | 受灾户数 3.72 万户,受灾人口 14.8 万人,紧急避险群众 8.59 万人,其中需要紧急转移安置群众 5.4 万人 |
| 楚雄彝族自治州姚安县 | 2009 年 06 月 30 日 | 6.0 | 楚雄、大理、丽江等 3 个州市共 205.9 万人受灾,死亡 1 人,300 多人受伤 |
| 瑞丽市 | 2008 年 12 月 26 日 | 4.9 | 共造成 9 人受伤,其中重伤 2 人,轻伤 7 人 |
| 普洱市 | 2007 年 06 月 03 日 | 6.4 | 3 人死亡,300 余人受伤,余震 300 多次 |
| 昭通市盐津县 | 2006 年 08 月 25 日 | 5.1 | 至少造成 1 人死亡,31 人受伤,共计 31.7 万人受灾 |
| | 2006 年 7 月 22 日 | 5.1 | 至少造成 22 人死亡,百余人受伤,铁路中断 |
| 昭通市鲁甸县、昭阳区 | 2004 年 8 月 10 日 | 5.6 | 至少导致 4 人死亡,594 人受伤 |
| 楚雄彝族自治州大姚县 | 2003 年 10 月 16 日 | 6.1 | 造成 3 人死亡,14 人重伤,32 人轻伤,42 万人受灾 |
| 楚雄彝族自治州大姚县 | 2003 年 07 月 21 日 | 6.2 | 造成 138 个乡(镇)、125 万人受灾,因灾死亡 16 人,重伤 104 人,轻伤 480 人 |

资料来源:根据云南防震减灾网、云南网等资料整理

　　对民族文化造成危害的另一种自然灾害是火灾。据不完全统计,2013—2016 年全国各地发生多起火灾,并对民族文化遗产造成了严重的损害,云南共计发生火灾 4 次,如图 4-1 所示。2013 年 3 月 11 日云南丽江古城光义街现文巷 41 号发生火灾,造成 13 户 107 间古建筑被烧毁,过火面积 2243.46 平方米。在这场大火中,大量具有历史意义的古建筑、文物付之一炬,消失殆尽。2014 年 1 月 11 日,云南香格里拉古城四方街发生火灾,大火烧毁房屋 242 栋,总受灾户数 335 户,受灾面积为 4 万平方米左右。除造成房屋、商铺、基础设施等受灾外,部分文物、唐卡及其他佛教文化艺术品被烧。这座始建于唐朝,曾是茶马古道上的重镇,经历历史沧桑的古城,未能逃脱火灾的厄运,拥有 1300 多年历史的古城几乎毁于一旦。2014 年 4 月 6 日凌晨,云南省丽江市束河古镇一商铺发生火灾,导致 10 间铺面损毁。2015 年 1 月 3 日凌晨 3 点,云南大理白族自治州巍山县南诏镇拱辰楼发生火灾,过火面积约 300 平方米,截至当日 4 时 48 分,明火已扑灭,城楼上半部分被烧毁,没有造成人员伤亡。该城楼始建于明洪武二十三年(1390 年),距今有 600 多年历史,属于云南省级文物保护单位。2016 年刚刚到来,火灾又接踵而至。2016 年 2 月 20 日下午 5 点多,贵州省黔东南苗族侗族自治州剑河县温泉村苗寨发生火灾。该村 2011 年被评为"贵州 30 个最具魅力民族村寨",是当地著名旅游景点。而就在 2014 年 12 月 12 日,该县的久吉苗寨发生火灾,60 余栋房屋被毁,该村曾入选《中国世界文化遗产预备名单》。由于大火,众多承载历史记

忆和文化脉络的古城、古寨，就在一场场火灾中消逝着历史的风华与沧桑，给民族传统文化造成不可挽回的损失。

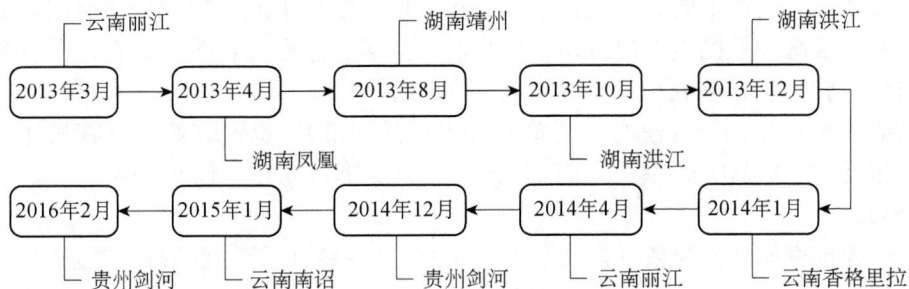

图 4-1　2013—2016 年火灾对民族文化造成的损失示意图

## 二、人文地理基础

### （一）社会文化因素

民族文化传承的社会文化因素，主要表现为民族分布情况。云南各民族受到其独特的地理环境、生产生活方式、经济水平等方面多样性与差异性特征的影响，在漫长的人地历史演变中呈现以下特征：一方面，各自然地理单元地理环境的差异性及区域整体环境的多样性孕育了区域内民族的多样性，以及各地理单元之间同一民族的差异性；另一方面，从人地因果关系和演变机制来看，民族多样化和差异性反映了各民族世居居民对地理环境多样化的适应程度，进而推动该民族自身经济、文化活动方式的异化。总之，在各种条件的作用下，云南这块土地上形成了历史的、特有的民族空间格局分布特征，民族分布特征影响着该民族文化的传承。民族文化传承的社会文化因素主要有以下几个方面。

1. 民族分布特征

云南，雪域高原与热带雨林共存，高山深谷和阔坝平湖相间，集结了全国二分之一的动植物种类。由于有温暖的气候、丰富的物产和众多的高山河谷，云南从远古以来就是人类生息繁衍的地方、民族迁徙流动的走廊，全国 56 个民族同胞的身姿都能在这块红土地上找到。

在漫长的历史发展过程中，各民族经过不断的交流、融合与分化，并以各自的生产生活方式为基调，形成了同一民族大分散、小聚居，有规律分布，同一地区不同民族交错杂居，却又界限分明、井然有序的和谐共处的格局。云南为全世界提供了一个人的发展、经济的发展可以与自然和谐共处、与文化和谐共处、与各民族和谐共处的示范点和示范区。

云南由于独特的地理位置和地貌结构，以及族别和数量较多的少数民族，形成了诸多类型和各具特色的少数民族人口分布。云南少数民族人口主要分布在 8

个自治州、29个自治县、163个民族乡，具有西部多、东部少，南部多、北部少，山区多、坝区少，边疆多、内地少的总特征。同时，以聚居、混居、散居等多种类型存在，居住在不同的地域范围和海拔高度，形成不同民族的分布层次。从总体上看，云南少数民族人口分布，以聚居、杂居、散居三种类型并存，具有平面分布以边疆为主、垂直分布以山区为主的明显特征，具体来讲：一是交错分布，大杂居，小聚居，全省没有一个单一的民族县（市），也没有哪个民族只住一个县（市）；二是沿山区立体分布，与云南立体地形、立体气候相联系；三是沿边疆分布。

以地理空间区位为依据，从平面上来划分，少数民族主要居住在边疆，即边境一线和腹地的广大地区；汉族遍及全省靠近内地的地区。具体来讲，汉族、白族、彝族、纳西族、壮族、回族、蒙古族等民族多居住和分布在内地及坝区；滇西北边疆，藏族、傈僳族、怒族、独龙族、普米族等民族较集中；滇西边沿一线，傣族、景颇族、阿昌族、德昂族等民族较多；滇西南国境边缘，有佤族、拉祜族、布朗族、傣族等民族聚居区；滇东南以壮族、苗族、瑶族等民族为主。

根据云南的立体地形，从地理空间层次上来划分，各民族又可分为居住在坝子和河谷地区的、居住在半山区的、居住在高山区的三种类型。主要或完全居住在坝子或河谷地区的有白族、回族、纳西族、蒙古族、壮族、傣族、阿昌族、布依族、水族、满族和少部分彝族共11个少数民族。主要居住在半山区的有哈尼族、瑶族、佤族、景颇族、布朗族、德昂族、拉祜族、基诺族和部分彝族共9个少数民族。居住在高山、高寒山区的有苗族、傈僳族、藏族、普米族、怒族、独龙族和部分彝族共7个少数民族。回族、彝族在全省绝大多数县都有分布。各民族呈现出大杂居、小聚居的分布格局。各民族人民在漫长的历史长河中，相互融合，又独立发展，创造出了五彩缤纷的民族文化。

2. 族群空间集聚

从集聚规模和集聚强度，即纵向和横向两个方面比较不同民族的空间分布差异也是分析人口地域空间分布格局的一种有效方法。集聚规模反映的是某一民族在各地区分布的绝对规模，是某一民族在不同地区之间人口的纵向比较；集聚强度反映的是各民族在某一地区所占的比例情况，是某一地区不同民族之间的横向比较，我们从集聚强度可以看出某种民族是这一地区的主体民族，还是次要民族。总体而言，云南民族分布中，仅有汉族和彝族人口的分布较均匀；回族、傣族、满族、傈僳族、布依族、苗族、蒙古族、白族8个民族的分布基本上集中在某几个地区；剩余的藏族、壮族、瑶族、哈尼族、佤族、拉祜族、水族、纳西族、景颇族、布朗族、阿昌族、普米族、怒族、德昂族、独龙族、基诺族16个民族高度集中分布在云南省的少数几个地区，集聚程度较高。

为了进一步比较各民族的集散程度，我们将全省26个主要民族的集聚状况分为以下三种类型。

（1）均衡分布的民族

该类民族仅有汉族和彝族。据 2010 年第五次全国人口普查数据，云南省汉族人口为 3062.9 万人，占全省总人口的 66.63%，彝族人口为 502.8 万人，占全省总人口的 10.94%。它们在云南省各县的分布相对均匀，集聚强度和规模也都比较平均，其中汉族为云南省的主体民族，除在滇中、滇东北和滇西南的集聚强度略大以外，在其余各县的分布都较为均衡；彝族是云南省的第一大少数民族，在全省大范围内均有较多人口分布，以楚雄彝族自治州、红河哈尼族彝族自治州、文山壮族苗族自治州三州的集聚强度和规模最大，其余的零星分布于其他各县。

（2）集聚分布的民族

该类民族主要有傣族、回族、布依族、傈僳族、满族、白族、蒙古族、苗族 8 个民族。这些民族的集聚强度在 85% 左右，在全省的分布主要集中在两三个地州，分布范围相对较集中，除满族由于人口数量较少不是当地的主要民族以外，其余 7 个民族在各自的主要集聚区均为当地的主要民族。以回族为例，它主要分布在滇中、滇东北地区。其中，它们在寻甸县、朝阳区和鲁甸县的分布最集中，集聚强度均在 85% 以上，集聚总规模达到 18 万人，占全省回族总人口的 28%；但是，大的市镇商业区都有回族的生产、生活场所，而且从具体居住区来看，回族的居住聚集度要比县区的聚集度高得多。

（3）高度集聚分布的民族

该类民族主要有藏族、壮族、瑶族、佤族、水族、拉祜族、哈尼族、景颇族、纳西族、布朗族、阿昌族、德昂族、怒族、普米族、独龙族、基诺族 16 个民族。这些民族的集聚强度均在 90% 以上，在全省的分布主要集中在 3～5 个县（区），除水族分布在滇东地区以外，其余民族的分布高度集中在滇西、滇南两个地区，其中藏族、佤族、怒族、德昂族、独龙族、阿昌族、普米族、纳西族、景颇族 9 个民族以滇西地区为主要集聚区，哈尼族、拉祜族、壮族、瑶族、布朗族 5 个民族则以滇南为主要集聚区。这些民族大部分居住于滇西和滇南的山区，由于地理环境相对较差、民族文化背景独特及人口数量较少等，他们的分布呈高度集聚特征，某些民族甚至有更加集聚的趋势。以藏族为例，它高度集聚在迪庆藏族自治州的三个县，少量零星分布于怒江傈僳族自治州和丽江市，在这三个地区的集聚规模达 11.71 万人，占全省藏族总人口的 91.2%。其中，在迪庆藏族自治州的分布特别集中，三县的集聚总规模高达 11.6 万人，占全省藏族总人口的 90%，集聚强度在 95% 以上。

3. 行政区划

2013 年云南省行政区划面积为 39.41 万平方千米，民族自治地方的土地面积为 27.67 万平方千米，约占全省总面积的 70.2%。全省人口为 4686.60 万人，比

2012 年末增加 27.6 万人。<sup>①</sup>全省 4686.60 万总人口中，城镇人口 1897.10 万人，占全省人口比重的 40.48%，乡村人口 2789.50 万人，占全省人口比重的 59.52%。全省共有 16 个地级行政区划单位（其中包括 8 个地级市、8 个自治州），129 个县级行政区划单位（其中包括 13 个市辖区、12 个县级市、75 个县、29 个自治县），1478 个乡级行政区划单位（其中包括 742 个乡，163 个民族乡，573 个镇）。

第六次全国人口普查数据显示，云南省少数民族人口和汉族人口比例如图 4-2 所示。其中少数民族人口占总人口的 33.37%，是全国少数民族人口超过千万的三个省份（广西、云南、贵州）之一。中华 56 个民族同胞散布全省各地。

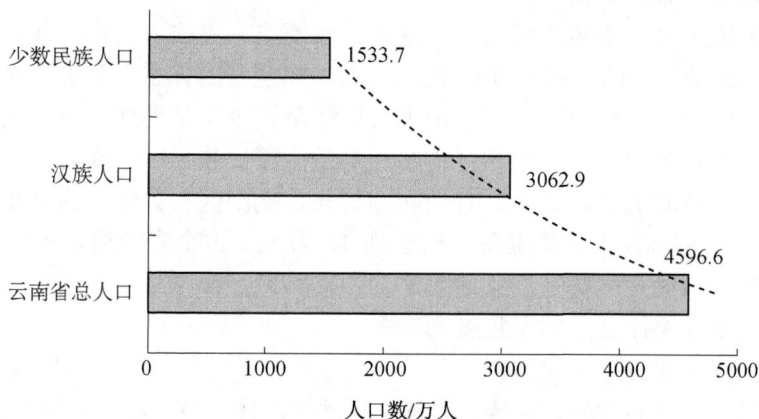

图 4-2　云南省各少数民族人口和汉族人口比例示意图
资料来源：第六次全国人口普查数据

以行政区划来划分少数民族居住的分布空间有以下三种类型。

（1）以地级行政单位划分的少数民族分布

除 8 个地级市有大量少数民族分布之外，以自治州命名的少数民族分布有楚雄彝族自治州、红河哈尼族彝族自治州、文山壮族苗族自治州、西双版纳傣族自治州、大理白族自治州、德宏傣族景颇族自治州、怒江傈僳族自治州、迪庆藏族自治州。

（2）以县级行政单位划分的少数民族分布

云南省 129 个县均有大量少数民族人口分布，在 129 个县级行政单位中，以民族自治县命名的少数民族分布有 29 个。其中 5 个省辖市里拥有 20 个民族自治县，分布如下。

昆明市所属：禄劝彝族苗族自治县、石林彝族自治县、寻甸回族自治县。

玉溪市所属：峨山彝族自治县、新平彝族傣族自治县、元江哈尼族彝族傣族自治县。

---

① 资料来源于《云南省 2013 年国民经济和社会发展统计公报》。

丽江市所属：玉龙纳西族自治县、宁蒗彝族自治县。

普洱市所属：宁洱哈尼族彝族自治县、景东彝族自治县、景谷傣族彝族自治县、墨江哈尼族自治县、孟连傣族拉祜族佤族自治县、澜沧拉祜族自治县、西盟佤族自治县、江城哈尼族彝族自治县、镇沅彝族哈尼族拉祜族自治县。

临沧市所属：双江拉祜族佤族布朗族傣族自治县、耿马傣族佤族自治县、沧源佤族自治县。

其余 9 个自治县，分布如下。

大理白族自治州：南涧彝族自治县、巍山彝族回族自治县、漾濞彝族自治县。

红河哈尼族彝族自治州：金平苗族瑶族傣族自治县、河口瑶族自治县、屏边苗族自治县。

怒江傈僳族自治州：兰坪白族普米族自治县、贡山独龙族怒族自治县。

迪庆藏族自治州：维西傈僳族自治县。

（3）以乡级行政单位划分的少数民族分布

云南省 1478 个乡级行政区划单位中均有大量少数民族人口分布。由于近年来，云南省行政区划多次变动[①]，截至 2013 年最近一次的行政区划调整方案，经过多次调整，以民族乡命名的少数民族分布有 163 个，因数目较多和篇幅所限，不再赘述。

云南省各州、市民族构成概况、云南省部分世居少数民族情况如表 4-4、表 4-5 所示。

表 4-4　云南省各州、市民族构成概况统计表

| 地区 | 总人口数/万人 | 少数民族人口数/万人 | 少数民族人口比重/% | 民族种类构成 |
|---|---|---|---|---|
| 楚雄彝族自治州 | 268.4174 | 88.7322 | 33.1 | 彝族、苗族、傈僳族、回族、白族、哈尼族、傣族和汉族等 25 个民族 |
| 红河哈尼族彝族自治州 | 450.09 | 257.23 | 57.15 | 哈尼族、彝族、苗族、壮族、傣族、瑶族、回族、拉祜族等 10 个民族 |
| 文山壮族苗族自治州 | 351.7941 | 201.6089 | 57.31 | 汉族、壮族、苗族、彝族、瑶族、回族、傣族、白族等 20 多个民族 |
| 西双版纳傣族自治州 | 113.3515 | 79.3084 | 69.97 | 傣族、汉族、哈尼族、布朗族、拉祜族、基诺族、瑶族等 13 个民族 |

---

① 2001 年，云南省共有 183 个民族乡；2002 年，云南省共有 175 个民族乡；2003 年，云南省共有 175 个民族乡；2005 年，云南省共有 163 个民族乡；截至 2005 年 10 月，云南省共有民族乡 158 个；截至 2005 年 12 月 12 日，云南省民族乡有 156 个；截至 2006 年，云南省共有民族乡 150 个。资料来源于云南行政区划网。

| 地区 | 总人口数/万人 | 少数民族人口数/万人 | 少数民族人口比重/% | 民族种类构成 |
|---|---|---|---|---|
| 大理白族自治州 | 345.63 | 170.44 | 49.31 | 汉族、白族、彝族、回族、傈僳族、苗族、纳西族、壮族等 26 个民族 |
| 德宏傣族景颇族自治州 | 121.1440 | 58.2293 | 48.07 | 彝族、白族、傣族、壮族、苗族、回族、傈僳族、拉祜族等 26 个民族 |
| 怒江傈僳族自治州 | 53.4337 | 46.8342 | 87.65 | 傈僳族、怒族、独龙族、普米族、白族、藏族、纳西族等 22 个民族 |
| 迪庆藏族自治州 | 40.0182 | 32.6789 | 81.66 | 藏族、傈僳族、汉族、纳西族、白族、彝族、回族、普米族等 26 个民族 |
| 昆明市 | 643.2212 | 88.9898 | 13.84 | 彝族、回族、白族、苗族、傈僳族、壮族等 52 个民族 |
| 曲靖市 | 585.5055 | 41.2924 | 7.05 | 汉族、彝族、回族、壮族、苗族、布依族、水族、瑶族等 39 个民族 |
| 昭通市 | 521.3533 | 53.0055 | 10.39 | 汉族、苗族、彝族、回族等 24 个民族 |
| 玉溪市 | 230.3511 | 74.3232 | 32.27 | 汉族、彝族、哈尼族、傣族、回族、白族、蒙古族、苗族等 26 个民族 |
| 保山市 | 250.6491 | 25.8351 | 10.31 | 汉族、彝族、傣族、傈僳族、回族、苗族、布朗族等 37 个民族 |
| 丽江市 | 124.4769 | 70.6876 | 56.79 | 汉族、纳西族、彝族、傈僳族等 20 余个民族 |
| 普洱市 | 254.2898 | 155.1313 | 61.01 | 汉族、哈尼族、彝族、傣族、拉祜族、佤族、布朗族、瑶族等 37 个民族 |
| 临沧市 | 242.9505 | 90.5838 | 37.28 | 汉族、回族、拉祜族、景颇族、德昂族、苗族、傈僳族等 24 个民族 |

资料来源：云南省统计局 2010 年第六次全国人口普查公布数据

表 4-5  云南省部分世居少数民族情况统计表

| 民族 | 人口数/人 | 占总人口比重/% | 主要分布地区 | 所属语系 |
|---|---|---|---|---|
| 彝族 | 5 041 210 | 10.97 | 遍布云南各州市 | 藏缅语族，彝语支 |
| 哈尼族 | 1 629 508 | 3.54 | 红河哈尼族彝族自治州和普洱市 | 藏缅语族，彝语 |
| 白族 | 1 564 901 | 3.40 | 大理白族自治州 | 藏缅语族（彝语支） |

续表

| 民族 | 人口数/人 | 占总人口比重/% | 主要分布地区 | 所属语系 |
|---|---|---|---|---|
| 傣族 | 1 222 836 | 2.66 | 德宏傣族景颇族自治州和西双版纳傣族自治州 | 侗台语族（汉藏语系） |
| 壮族 | 1 215 260 | 2.64 | 文山壮族苗族自治州 | 侗台语族 |
| 苗族 | 1 202 705 | 2.62 | 文山壮族苗族自治州、红河哈尼族彝族自治州和昭通市 | 苗瑶语族（汉藏语系） |
| 回族 | 698 265 | 1.52 | 分布全省 | 通用汉语 |
| 傈僳族 | 668 336 | 1.45 | 怒江傈僳族自治州、丽江市和迪庆藏族自治州 | 藏缅语族 |
| 拉祜族 | 475 011 | 1.03 | 普洱市和临沧市 | 藏缅语族 |
| 佤族 | 400 814 | 0.87 | 临沧市和普洱市 | 孟高棉语族（南亚语系） |
| 纳西族 | 309 858 | 0.67 | 丽江市和迪庆藏族自治州 | 藏缅语族 |
| 瑶族 | 219 914 | 0.48 | 红河哈尼族彝族自治州和文山壮族苗族自治州 | 苗瑶语 |
| 藏族 | 142 257 | 0.31 | 迪庆藏族自治州和丽江市 | 藏缅语族 |
| 景颇族 | 142 956 | 0.31 | 德宏傣族景颇族自治州 | 藏缅语族 |
| 布朗族 | 116 573 | 0.25 | 西双版纳傣族自治州 | 孟高棉语族 |
| 布依族 | 58 790 | 0.13 | 曲靖市东部 | 侗台语族 |
| 普米族 | 42 043 | 0.09 | 丽江市和怒江傈僳族自治州 | 藏缅语族 |
| 阿昌族 | 38 059 | 0.08 | 德宏傣族景颇族自治州 | 藏缅语族 |
| 怒族 | 31 821 | 0.07 | 怒江傈僳族自治州 | 侗台语族 |
| 蒙古族 | 22 624 | 0.05 | 玉溪市通海县 | 蒙古语族（阿尔泰语系） |
| 基诺族 | 22 759 | 0.05 | 西双版纳傣族自治州 | 藏缅语族，彝语支 |
| 德昂族 | 20 186 | 0.04 | 德宏傣族景颇族自治州芒市三台山乡和临沧市镇康县军弄乡 | 孟高棉语族 |
| 水族 | 8 834 | 0.02 | 曲靖市东部 | 侗台语族 |
| 满族 | 13 490 | 0.03 | 昆明市、曲靖市和玉溪市等地有少量分布 | 通用汉语 |
| 独龙族 | 6 353 | 0.01 | 怒江傈僳族自治州贡山县独龙江流域 | 藏缅语族 |

资料来源：云南省统计局 2010 年第六次全国人口普查调查数据

### 4. 各州、市、县、区民族构成分析[①]

依据陈慧琳等（2013）对文化区的定义，文化区指某种文化特征或属于某

---

① 本部分数据，除特别注明外，均为云南省各州、市、县、区统计局 2011 年 4—7 月公布的 2010 年第六次全国人口普查数据。

一文化系统的人在空间上的分布，因此详细分析各地区的民族构成概况是进行云南民族文化传承分区的重要基础和依据。

（1）楚雄彝族自治州

楚雄彝族自治州民族构成概况：全州 10 个县（市）总人口 2 684 174 人，汉族 1 796 852 人，占总人口[1]的 66.9%；各少数民族 887 322 人，占总人口的 33.1%。其中，彝族 716 627 人，占总人口的 26.7%；傈僳族 53 114 人，占总人口的 2.0%；苗族 46 295 人，占总人口的 1.7%；傣族 21 521 人，占总人口的 0.8%；回族 21 127 人，占总人口的 0.8%；白族 16 474 人，占总人口的 0.6%；哈尼族 6176 人，占总人口的 0.2%；壮族 1287 人，占总人口的 0.1%；其他少数民族人口共计 4701 人，占总人口的 0.2%（图 4-3、表 4-6）。

楚雄市民族构成概况：全市总人口 588 620 人，汉族 459 541 人，占总人口的 78.07%；各少数民族 129 079 人，占总人口的 21.93%。其中，彝族 107 546 人，占总人口的 18.27%；白族 5010 人，占总人口的 0.85%；哈尼族 641 人，占总人口的 0.11%；壮族 621 人，占总人口的 0.11%；傣族 968 人，占总人口的 0.16%；苗族 1740 人，占总人口的 0.30%；傈僳族 893 人，占总人口的 0.15%；回族 9097 人，占总人口的 1.55%；其他少数民族人口共计 2563 人，占总人口的 0.44%。

双柏县民族构成概况：全县总人口 159 867 人，汉族 82 362 人，占总人口的 51.52%；各少数民族 77 505 人，占总人口的 48.48%。其中，彝族 71 865 人，占总人口的 44.95%；白族 791 人，占总人口的 0.49%；哈尼族 3881 人，占总人口的 2.43%；壮族 41 人，占总人口的 0.03%；傣族 93 人，占总人口的 0.06%；苗族 399 人，占总人口的 0.25%；傈僳族 40 人，占总人口的 0.03%；回族 253 人，占总人口的 0.16%；其他少数民族人口共计 142 人，占总人口的 0.09%。

牟定县民族构成概况：全县总人口 208 726 人，汉族 165 661 人，占总人口的 79.37%；各少数民族 43 065 人，占总人口的 20.63%。其中，彝族 41 823 人，占总人口的 20.04%；白族 211 人，占总人口的 0.1%；哈尼族 126 人，占总人口的 0.06%；傣族 80 人，占总人口的 0.04%；回族 180 人，占总人口的 0.09%；壮族 39 人，占总人口的 0.02%；其他少数民族人口共计 606 人，占总人口的 0.29%。

南华县民族构成概况：2014 年末总人口 241 936 人。各少数民族 105 183 人，占总人口的 43.5%。其中，彝族 92 668 人，占总人口的 38.3%；白族 9395 人，占总人口的 3.9%；回族 2104 人，占总人口的 0.9%；其他少数民族人口共计 1016 人，占总人口的 0.4%。[2]

姚安县民族构成概况：全县总人口 197 676 人，汉族 144 734 人，占总人口的

---

① 指占该州、市、县、区总人口的比重，以下均同，不再一一说明。

② 数据来自《南华县 2014 年国民经济和社会发展统计公报》。

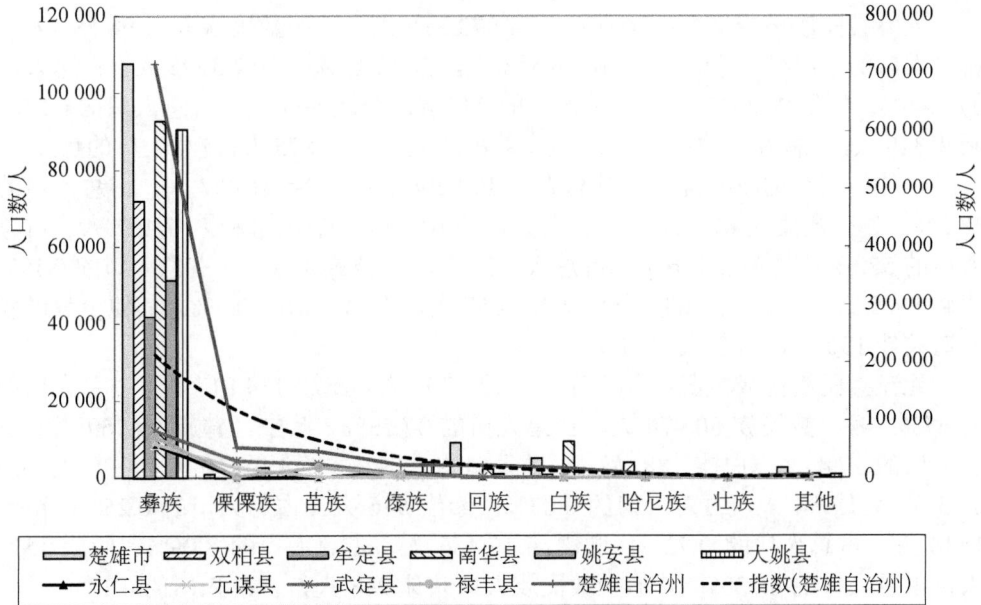

图 4-3　楚雄彝族自治州各市、县少数民族情况示意图

注：南华县数据来自《南华县 2014 年国民经济和社会发展统计公报》。

左边纵轴为柱形的数值，右边为折线的数值，后同

表 4-6　楚雄彝族自治州各市、县少数民族情况分析表

| 地级市 | 行政区划 | 少数民族人口/万人 | 人口较多少数民族 | 人口/万人 | 比重/% |
|---|---|---|---|---|---|
| 楚雄彝族自治州 | 全州 | 88.7322 | 彝族 | 71.6627 | 80.76 |
| | 楚雄市 | 12.9079 | 彝族 | 10.7546 | 83.32 |
| | 双柏县 | 7.7505 | 彝族 | 7.1865 | 92.72 |
| | 牟定县 | 4.3065 | 彝族 | 4.1823 | 97.12 |
| | 南华县 | 10.5183 | 彝族 | 9.2668 | 88.10 |
| | 姚安县 | 5.2942 | 彝族 | 5.1291 | 96.88 |
| | 大姚县 | 9.8781 | 彝族 | 9.0513 | 91.63 |
| | 永仁县 | 6.7447 | 彝族 | 5.7457 | 85.19 |
| | 元谋县 | 8.0978 | 彝族 | 5.9269 | 73.19 |
| | 武定县 | 14.3486 | 彝族 | 8.1725 | 56.96 |
| | 禄丰县 | 9.9719 | 彝族 | 7.1564 | 71.77 |

注：比重指人口较多少数民族人口数占本州、市、县、区少数民族人口总数比重。下同，不再一一说明。南华县数据来自《南华县 2014 年国民经济和社会发展统计公报》

73.22%；各少数民族 52 942 人，占总人口的 26.78%。其中，彝族 51 291 人，占总人口的 25.95%；白族 208 人，占总人口的 0.11%；回族 905 人，占总人口的 0.46%；其他少数民族人口共计 583 人，占总人口的 0.29%。

大姚县民族构成概况：全县总人口 273 315 人，各少数民族人口 98 781 人，占总人口的 36.14%。其中，彝族 90 513 人，占 33.12%；傣族 3992 人，占总人口的 1.46%；傈僳族 2517 人，占总人口的 0.92%；苗族 565 人，占总人口的 0.2%，回族 319 人，占总人口的 0.12%；其他少数民族人口共计 875 人，占总人口的 0.32%。

永仁县民族构成概况：全县总人口 109 304 人，汉族 41 857 人，占总人口的 38.3%；各少数民族 67 447 人，占总人口的 61.7%。其中，彝族 57 457 人，占总人口的 52.6%；傈僳族 136 人，占总人口的 0.1%；苗族 138 人，占总人口的 0.1%；傣族 8909 人，占总人口的 8.2%；回族 657 人，占总人口的 0.6%；其他少数民族人口共计 150 人，占总人口的 0.1%。

元谋县民族构成概况：全县总人口 215 795 人，汉族 134 817 人，占总人口的 62.47%；各少数民族 80 978 人，占总人口的 37.53%。其中，彝族 59 269 人，占总人口的 27.47%；白族 188 人，占总人口的 0.09%；哈尼族 60 人，占总人口的 0.03%；壮族 54 人，占总人口的 0.03%；傣族 546 人，占总人口的 0.25%；苗族 1548 人，占总人口的 0.72%；傈僳族 17 466 人，占总人口的 8.09%；回族 1579 人，占总人口的 0.73%；其他少数民族人口共计 268 人，占总人口的 0.12%。

武定县民族构成概况：全县总人口 271 963 人，汉族 128 477 人，占总人口的 47.24%；各少数民族 143 486 人，占总人口的 52.76%。其中，彝族 81 725 人，占总人口的 30.05%；白族 153 人，占总人口的 0.06%；哈尼族 751 人，占总人口的 0.28%；壮族 96 人，占总人口的 0.04%；傣族 6512 人，占总人口的 2.39%；苗族 23 592 人，占总人口的 8.67%；傈僳族 29 421 人，占总人口的 10.82%；回族 1005 人，占总人口的 0.37%；其他少数民族人口共计 231 人，占总人口的 0.08%。

禄丰县民族构成概况：全县总人口 422 770 人，汉族 323 051 人，占总人口的 76.41%；各少数民族 99 719 人，占总人口的 23.59%。其中，彝族 71 564 人，占总人口的 16.93%；傈僳族 2518 人，占总人口的 0.60%；苗族 17 890 人，占总人口的 4.23%；傣族 450 人，占总人口的 0.11%；回族 5035 人，占总人口的 1.19%；白族 1020 人，占总人口的 0.24%；哈尼族 386 人，占总人口的 0.09%；壮族 217 人，占总人口的 0.05%；其他少数民族人口共计 1089 人，占总人口的 0.26%。

由以上分析可知，从少数民族的角度来考察，楚雄彝族自治州无论在民族分布还是在民族人口数量上，都是一个以彝族为主体少数民族的地区。

（2）红河哈尼族彝族自治州

红河哈尼族彝族自治州民族构成：全州 13 个县（市）普查实际登记总人口 450.09 万人，汉族 192.86 万人，占总人口的 42.8%；各少数民族 257.23 万人，占总人口的 57.15%。其中，哈尼族 78.97 万人，占总人口的 17.55%；彝族 104.33 万人，占总人口的 23.18%；壮族 11.12 万人，占总人口的 2.47%；傣族 10.62 万人，占总人口的 2.36%；苗族 32.61 万人，占总人口的 7.25%；回族 7.48 万人，占总人口的 1.66%；瑶族 9.28 万人，占总人口的 2.06%；拉祜族 1.14 万人，占总人口的 0.25%；其他少数民族人口共计 1.68 万人，占总人口的 0.37%（图 4-4、表 4-7）。

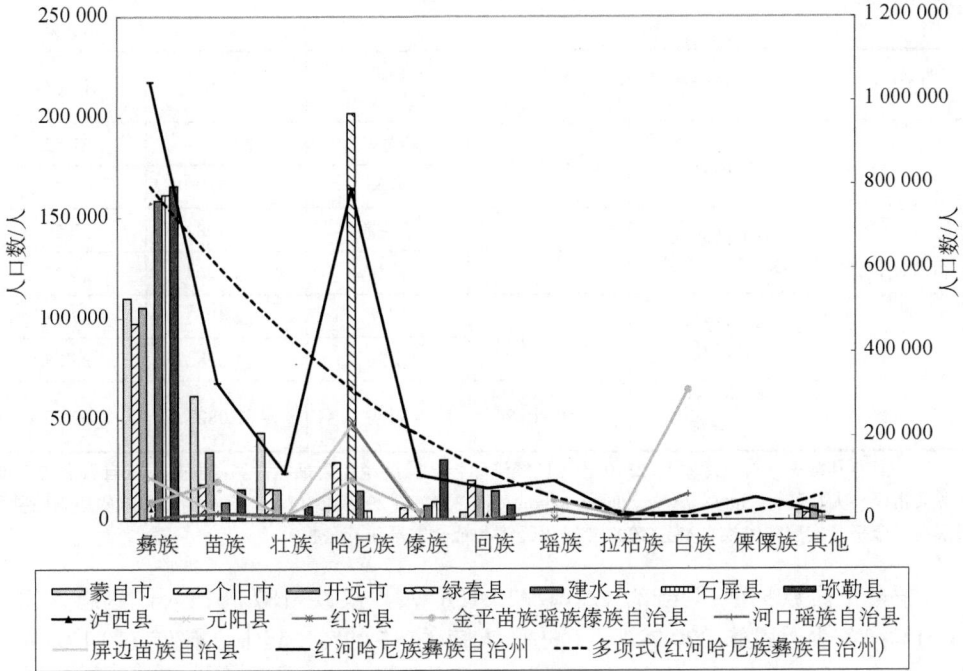

图 4-4  红河哈尼族彝族自治州各市、县少数民族情况示意图

注：绿春县数据来自《绿春县 2010 年国民经济和社会发展统计公报》。泸西县数据来自云南省 2001 年
各县市民族人口统计. http://www.datatang.com/data/31999［2015-06-17］。金平苗族瑶族傣族自治县
数据来自《金平苗族瑶族傣族自治县 2008 年国民经济和社会发展统计公报》

表 4-7  红河哈尼族彝族自治州各市、县少数民族情况分析表

| 地级市 | 行政区划 | 少数民族人口/万人 | 人口较多少数民族 | 人口/万人 | 比重/% |
|---|---|---|---|---|---|
| 红河哈尼族彝族自治州 | 全州 | 257.23 | 哈尼族 | 78.97 | 30.70 |
| | | | 彝族 | 104.33 | 40.56 |
| | 蒙自市 | 22.9794 | 彝族 | 11.0172 | 47.94 |
| | 个旧市 | 18.8186 | 彝族 | 9.7523 | 51.82 |
| | | | 哈尼族 | 2.8555 | 15.17 |
| | 开远市 | 17.7967 | 彝族 | 10.5515 | 59.29 |
| | 绿春县 | 22.7809 | 哈尼族 | 20.1850 | 88.60 |
| | 建水县 | 20.5452 | 哈尼族 | 1.4431 | 7.03 |
| | | | 彝族 | 15.8428 | 77.11 |
| | 石屏县 | 17.7048 | 彝族 | 16.1335 | 91.13 |
| | 弥勒县 | 22.6200 | 彝族 | 16.5745 | 73.27 |
| | 泸西县 | 4.8226 | 彝族 | 2.7517 | 57.06 |
| | 元阳县 | 37.6018 | 哈尼族 | 22.8765 | 60.84 |
| | | | 彝族 | 9.9520 | 26.47 |

续表

| 地级市 | 行政区划 | 少数民族人口/万人 | 人口较多少数民族 | 人口/万人 | 比重/% |
|---|---|---|---|---|---|
| 红河哈尼族彝族自治州 | 红河县 | 28.3465 | 哈尼族 | 23.1919 | 81.82 |
| | | | 彝族 | 4.0517 | 14.29 |
| | 金平苗族瑶族傣族自治县 | 31.1380 | 哈尼族 | 9.4983 | 30.50 |
| | | | 苗族 | 9.1404 | 29.35 |
| | 河口瑶族自治县 | 6.4414 | 瑶族 | 2.4013 | 37.28 |
| | | | 苗族 | 1.6282 | 25.28 |
| | 屏边苗族自治县 | 10.1616 | 苗族 | 7.0823 | 69.70 |

注：绿春县数据来自《绿春县 2010 年国民经济和社会发展统计公报》。泸西县数据来自云南省 2001 年各县市民族人口统计. http://www.datatang.com/data/31999［2015-06-17］。金平苗族瑶族傣族自治县数据来自《金平苗族瑶族傣族自治县 2008 年国民经济和社会发展统计公报》

蒙自市民族构成：全市总人口 417 156 人，汉族 187 362 人，占总人口的 44.91%；各少数民族 229 794 人，占总人口的 55.09%。其中，彝族 110 172 人，占总人口的 26.41%；苗族 61 751 人，占总人口的 14.80%；壮族 43 312 人，占总人口的 10.38%；哈尼族 6060 人，占总人口的 1.45%；回族 3750 人，占总人口的 0.90%；其他少数民族 4749 人，占总人口的 1.14%。

个旧市民族构成：全市总人口 459 782 人，汉族 271 596 人，占总人口的 59.07%；各少数民族 188 186 人，占总人口的 40.93%。其中，彝族 97 523 人，占总人口的 21.21%；哈尼族 28 555 人，占总人口的 6.21%；回族 19 509 人，占总人口的 4.24%；苗族 17 758 人，占总人口的 3.86%；壮族 15 284 人，占总人口的 3.32%；傣族 6194 人，占总人口的 1.35%；其他少数民族人口共计 3363 人，占总人口的 0.73%。

开远市民族构成：全市总人口 322 693 人，汉族 144 726 人，占总人口的 44.85%；各少数民族 177 967 人，占总人口的 55.15%。其中，彝族 105 515 人，占总人口的 32.70%；苗族 33 664 人，占总人口的 10.43%；回族 16 460 人，占总人口的 5.10%；壮族 14 968 人，占总人口的 4.64%；其他少数民族人口共计 7360 人，占总人口的 2.28%。

绿春县民族构成：2010 年全县户籍总人口为 230 879 人，各少数民族 227 809 人，占总人口的 98.67%。其中，哈尼族 201 850 人，占总人口的 87.42%；其他少数民族人口共计 3070 人，占总人口的 1.33%。[①]

建水县民族构成：全县总人口 53.15 万人，汉族 326 004 人，占总人口的 61.34%；各少数民族 205 452 人，占总人口的 38.66%。其中，哈尼族 14 431 人，

---

① 数据来自《绿春县 2010 年国民经济和社会发展统计公报》。

占总人口的 2.72%；彝族 158 428 人，占总人口的 29.81%；壮族 978 人，占总人口的 0.18%；傣族 7073 人，占总人口的 1.33%；苗族 8730 人，占总人口的 1.64%；回族 14 233 人，占总人口的 2.68%；瑶族 274 人，占总人口的 0.05%；拉祜族 112 人，占总人口的 0.02%；其他少数民族人口共计 1193 人，占总人口的 0.22%。

石屏县民族构成：全县总人口 29.91 万人，汉族 122 066 人，占总人口的 40.81%；各少数民族 177 048 人，占总人口的 59.19%。其中，彝族 161 335 人，占总人口的 53.94%；哈尼族 4709 人，占总人口的 1.57%；傣族 8928 人，占总人口的 2.98%；壮族 281 人，占总人口的 0.09%；苗族 241 人，占总人口的 0.08%；回族 854 人，占总人口的 0.29%；瑶族 91 人，占总人口的 0.03%；拉祜族 85 人，占总人口的 0.03%；其他少数民族人口共计 523 人，占总人口的 0.17%。

弥勒县民族构成：全县总人口 53.97 万人，汉族 313 525 人，占总人口的 58.09%；各少数民族 226 200 人，占总人口的 41.91%。其中，彝族 165 745 人，占总人口的 30.71%；哈尼族 635 人，占总人口的 0.12%；白族 324 人，占总人口的 0.06%；傣族 29 688 人，占总人口的 5.50%；壮族 6689 人，占总人口的 1.24%；苗族 15175 人，占总人口的 2.81%；回族 7270 人，占总人口的 1.35%，傈僳族 24 人，占总人口的 0.004%；其他少数民族人口共计 650 人，占总人口的 0.12%。

泸西县民族构成：2010 年末，全县户籍人口为 416 202 人，各少数民族 59 507 人，占总人口的 14.3%。2014 年末，全县户籍人口为 425 012 人，各少数民族人口 63 732 人，占总人口的 15%。2001 年全县总人口 370 404 人，汉族 322 178 人，占总人口的 86.98%；各少数民族 48 226 人，占总人口的 13.02%。其中，彝族 27 517 人，占总人口的 7.43%；回族 12 814 人，占总人口的 3.46%；其他少数民族人口共计 7895 人，占总人口的 2.13%。[①]

元阳县民族构成：2010 年末，全县总人口为 424 284 人，汉族 48 266 人，占总人口的 11.38%；各少数民族 376 018 人，占总人口的 88.62%。其中，哈尼族 228 765 人，占总人口的 53.92%；彝族 99 520 人，占总人口的 23.46%；傣族 19 224 人，占总人口的 4.53%；苗族 14 803 人，占总人口的 3.49%；瑶族 9548 人，占总人口的 2.25%；壮族 3931 人，占总人口的 0.93%；其他少数民族共计人口 227 人，占总人口的 0.05%。

红河县民族构成：全县总人口 29.65 万人，汉族 13 015 人，占总人口的 4.39%；各少数民族 283 465 人，占总人口的 95.61%。其中，哈尼族 231 919 人，占总人口的 78.22%；彝族 40 517 人，占总人口的 13.67%；傣族 7982 人，占总人口的 2.69%；瑶族 2749 人，占总人口的 0.93%；其他少数民族人口共计 298 人，占总人口的 0.1%。

金平苗族瑶族傣族自治县民族构成：金平苗族瑶族傣族自治县 2010 年全县人

---

① 数据来自云南省 2001 年各县市民族人口统计. http://www.datatang.com/data/31999 [2015-06-17]。

口 356 227 人，汉族 51 522 人，占总人口的 14.46%；各少数民族 304 705 人，占总人口的 85.54%。2008 年，全县总人口 360 109 人，各少数民族 311 380 人，占总人口的 86.5%。其中，哈尼族 94 983 人，苗族 91 404 人，瑶族 47 327 人，彝族 42 470 人，傣族 19 012 人，壮族 7625 人，拉祜族 7545 人；其他少数民族人口共计 1014 人，占总人口的 0.28%。①

河口瑶族自治县民族构成：全县总人口为 104 609 人，汉族 40 195 人，占总人口的 38.42%；各少数民族 64 414 人，占总人口的 61.58%。其中，哈尼族 1575 人，占总人口的 1.51%；彝族 5062 人，占总人口的 4.84%；壮族 11 967 人，占总人口的 11.44%；傣族 2315 人，占总人口的 2.21%；苗族 16 282 人，占总人口的 15.56%；回族 132 人，占总人口的 0.13%；瑶族 24 013 人，占总人口的 22.96%；拉祜族 14 人，占总人口的 0.01%；其他少数民族人口共计 3054 人，占总人口的 2.92%。

屏边苗族自治县民族构成：全县总人口为 153 964 人，各少数民族人口占总人口的 66%。其中，苗族占总人口的 46%；其他少数民族人口共计 30 793 人，占总人口的 20%。

由以上分析可知，从少数民族的角度来考察，红河哈尼族彝族自治州无论在民族分布还是在民族人口数量上，都是一个以哈尼族和彝族为主体少数民族的地区。

（3）文山壮族苗族自治州

文山壮族苗族自治州民族构成：全州 8 个县（市）总人口 3 517 941 人，汉族 1 501 852 人，占总人口的 42.69%；各少数民族 2 016 089 人，占总人口的 57.31%。其中，壮族 1 027 270 人，占总人口的 29.20%；苗族 481 239 人，占总人口的 13.68%；彝族 351 318 人，占总人口的 9.98%；瑶族 87 709 人，占总人口的 2.49%；回族 24 774 人，占总人口的 0.70%；傣族 15 776 人，占总人口的 0.45%；布依族 7257 人，占总人口的 0.21%；蒙古族 5655 人，占总人口的 0.16%；白族 9130 人，占总人口的 0.26%；仡佬族 1787 人，占总人口的 0.05%；其他少数民族人口共计 4174 人，占总人口的 0.12%（图 4-5、表 4-8）。

文山市民族构成：全市总人口 481 504 人，汉族 232 256 人，占总人口的 48.24%；各少数民族 249 248 人，占总人口的 51.76%。其中，壮族 95 421 人，占总人口的 19.82%；苗族 63 604 人，占总人口的 13.21%；彝族 75 247 人，占总人口的 15.63%；傣族 5456 人，占总人口的 1.13%；回族 5874 人，占总人口的 1.22%；其他少数民族人口共计 3646 人，占总人口的 0.76%。

砚山县民族构成：2014 年末全县总人口 487 187 人，其中，各少数民族 318 294 人，占总人口的 65.33%。2001 年全县总人口 434 811 人，汉族 154 123 人，占总人口的 35.45%；各少数民族 280 688 人，占总人口的 64.55%。其中，彝族 83 975 人，占总人口的 19.31%；壮族 133 780 人，占总人口的 30.77.2%；苗族 50 255 人，

---

① 数据来自《金平苗族瑶族傣族自治县 2008 年国民经济和社会发展统计公报》。

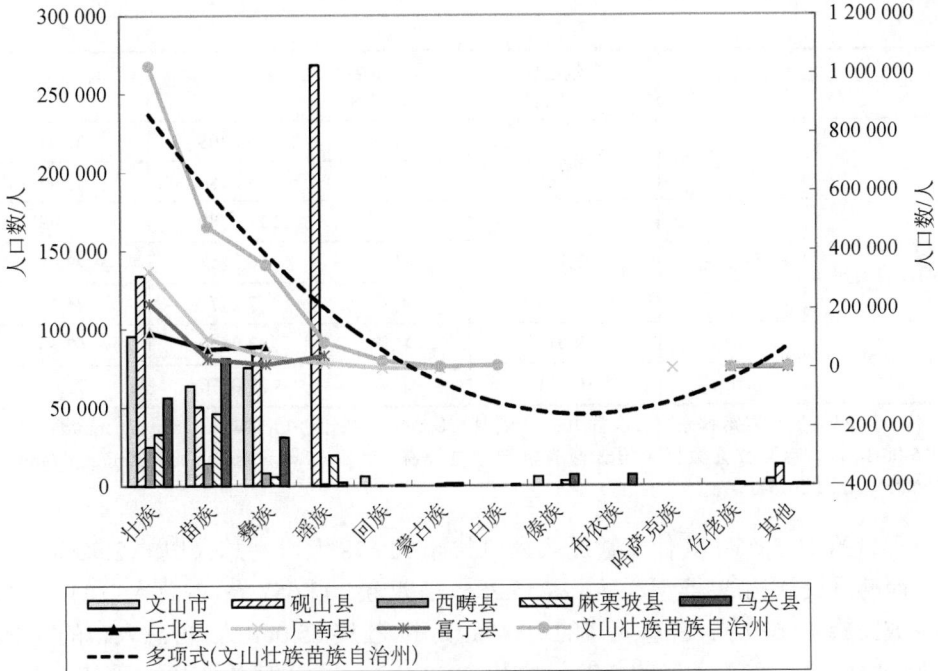

图 4-5 文山壮族苗族自治州各市、县少数民族情况示意图

注：砚山县、丘北县数据来自云南省 2001 年各县市民族人口统计.
http：//www.datatang.com/data/31999［2015-06-18］。麻栗坡县数据来自云南省麻栗坡县概况.
http：//www.sszzzxx.com/html/gdgk/gd/2011/0420/8021.html［2015-06-18］

表 4-8 文山壮族苗族自治州各市、县少数民族情况分析表

| 地级市 | 行政区划 | 少数民族人口/万人 | 人口较多少数民族 | 人口/万人 | 比重/% |
|---|---|---|---|---|---|
| 文山壮族苗族自治州 | 全州 | 201.6089 | 壮族 | 102.7270 | 50.95 |
| | | | 苗族 | 48.1239 | 23.87 |
| | | | 彝族 | 35.1318 | 17.43 |
| | 文山市 | 24.9248 | 壮族 | 9.5421 | 38.28 |
| | | | 苗族 | 6.3604 | 25.52 |
| | | | 彝族 | 7.5247 | 30.19 |
| | 砚山县 | 28.0688 | 壮族 | 13.3780 | 47.66 |
| | | | 苗族 | 5.0255 | 17.90 |
| | | | 彝族 | 8.3975 | 29.92 |
| | 西畴县 | 4.9629 | 壮族 | 2.5068 | 50.51 |
| | | | 苗族 | 1.4604 | 29.43 |
| | 麻栗坡县 | 10.9322 | 壮族 | 3.2859 | 30.06 |
| | | | 苗族 | 4.5954 | 40.04 |

续表

| 地级市 | 行政区划 | 少数民族人口/万人 | 人口较多少数民族 | 人口/万人 | 比重/% |
|---|---|---|---|---|---|
| 文山壮族苗族自治州 | 马关县 | 18.6374 | 壮族 | 5.6305 | 30.21 |
| | | | 苗族 | 8.0950 | 43.43 |
| | 丘北县 | 27.1704 | 壮族 | 12.0880 | 44.49 |
| | | | 苗族 | 6.3253 | 23.28 |
| | | | 彝族 | 7.2471 | 26.67 |
| | 广南县 | 49.0408 | 壮族 | 33.0450 | 67.38 |
| | 富宁县 | 30.6519 | 壮族 | 22.0870 | 72.06 |

注：砚山县、丘北县数据来自云南省 2001 年各县市民族人口统计. http：//www.datatang.com/data/31999〔2015-06-18〕。麻栗坡县数据来自云南省麻栗坡县概况. http：//www.sszzxx.com/html/gdgk/gd/2011/0420/8021.html〔2015-06-18〕

占总人口的 11.56%；其他少数民族人口共计 12 678 人，占总人口的 2.92%。①

西畴县民族构成：全县总人口 255 286 人，汉族 205 657 人，占总人口的 80.6%；各少数民族 49 629 人，占总人口的 19.4%。其中，壮族 25 068 人，占总人口的 9.8%；苗族 14 604 人，占总人口的 5.7%；彝族 7861 人，占总人口的 3.1%；瑶族 949 人，占总人口的 0.37%；回族 55 人，占总人口的 0.02%；傣族 68 人，占总人口的 0.03%；布依族 44 人，占总人口的 0.02%；蒙古族 734 人，占总人口的 0.29%；白族 88 人，占总人口的 0.03%；其他少数民族人口共计 158 人，占总人口的 0.06%。

麻栗坡县民族构成：2010 年第六次人口普查数据显示，全县常住总人口 277 960 人。2004 年总人口 273 136 人，各少数民族 109 322 人，占总人口的 40.1%。其中，壮族 32 859 人，占总人口的 12.03%；苗族 45 954 人，占总人口的 16.82%；瑶族 19 317 人，占总人口的 7.07%；彝族 5442 人，占总人口的 1.99%；傣族 2833 人，占总人口的 1.04%；仡佬族 1178 人，占总人口的 0.43%；蒙古族 1315 人，占总人口的 0.48%；其他少数民族人口共计 424 人，占总人口的 0.11%。②

马关县民族构成：全县总人口 367 507 人，汉族 181 133 人，占总人口的 49.29%；各少数民族 186 374 人，占总人口的 50.71%。其中，壮族 56 305 人，占总人口的 15.32%；苗族 80 950 人，占总人口的 22.03%；彝族 30 970 人，占总人口的 8.43%；瑶族 2038 人，占总人口的 0.55%；回族 314 人，占总人口的 0.09%；傣族 6812 人，占总人口的 1.85%；布依族 6509 人，占总人口的 1.77%；蒙古族 1289 人，占总人口的 0.35%；白族 487 人，占总人口的 0.13%；仡佬族 61 人，占总人口的 0.02%；其他少数民族人口共计 639 人，占总人口的 0.17%。

丘北县民族构成：2014 年末全县常住人口 48.76 万人，各少数民族人口 30.79

①　参见云南省 2001 年各县市民族人口统计. http：//www.datatang.com/data/31999〔2015-06-18〕。

②　参见云南省麻栗坡县概况. http：//www.sszzxx.com/html/gdgk/gd/2011/0420/8021.html〔2015-06-18〕。

万人，占总人口的 63.1%。[①] 2001 年全县总人口 437 703 人，汉族 165 999 人，占总人口的 37.93%；各少数民族 271 704 人，占总人口的 62.07%。其中，彝族 72 471 人，占总人口的 16.56%；壮族 120 880 人，占总人口的 27.62%；苗族 63 253 人，占总人口的 14.45%；其他少数民族人口共计 15 100 人，占总人口的 3.45%。[②]

广南县民族构成：全县总人口 787 449 人，汉族 297 401 人，占总人口的 37.77%；各少数民族 490 408 人，占总人口的 62.28%。其中，壮族 330 450 人，占总人口的 41.96%；苗族 99 856 人，占总人口的 12.68%；瑶族 17 446 人，占总人口的 2.22%；彝族 39 058 人，占总人口的 4.96%；回族 1378 人，占总人口的 0.17%；蒙古族 903 人，占总人口的 0.11%；哈萨克族 175 人，占总人口的 0.02%；其他少数民族人口共计 782 人，占总人口 0.1%。

富宁县民族构成：全县总人口 407 530 人，汉族 101 011 人，占总人口的 24.79%；各少数民族 306 519 人，占总人口的 75.21%。其中，壮族 220 870 人，占总人口的 54.2%；瑶族 42 047 人，占总人口的 10.32%；苗族 30 594 人，占总人口的 7.51%；彝族 12 320 人，占总人口的 3.02%；仡佬族 131 人，占总人口的 0.03%；其他少数民族人口共计 557 人，占总人口的 0.14%。

由以上分析可知，从少数民族的角度来考察，文山壮族苗族自治州无论在民族分布还是在民族人口数量上，都是一个以壮族和苗族为主体少数民族的地区。

（4）西双版纳傣族自治州

西双版纳傣族自治州民族构成：全州 2 县 1 市总人口 1 133 515 人，汉族 340 431 人，占总人口的 30.03%；各少数民族 793 084 人，占总人口的 69.97%。其中，傣族 316 151 人，占总人口的 27.89%；哈尼族 215 434 人，占总人口的 19.01%；拉祜族 61 504 人，占总人口的 5.43%；彝族 66 731 人，占总人口的 5.89%；布朗族 47 529 人，占总人口的 4.19%；瑶族 22 266 人，占总人口的 1.96%；基诺族 22 124 人，占总人口的 1.95%；苗族 19 055 人，占总人口的 1.68%；其他少数民族人口共计 22 290 人，占总人口的 1.97%（图 4-6、表 4-9）。

景洪市民族构成：全市总人口 519 935 人，汉族 200 850 人，占总人口的 38.63%。各少数民族 319 085 人，占总人口的 61.37%。其中，傣族 138 195 人，占总人口的 26.58%；哈尼族 83 704 人，占总人口的 16.10%；拉祜族 16 043 人，占总人口的 3.09%；彝族 30 741 人，占总人口的 5.91%；布朗族 8950 人，占总人口的 1.72%；瑶族 3364 人，占总人口的 0.65%；基诺族 20 730 人，占总人口的 3.99%；苗族 5999 人，占总人口的 1.15%；其他少数民族人口共计 11 359 人，占总人口的 2.18%。

勐海县民族构成：全县总人口 331 850 人，汉族 55 709 人，占总人口的

---

① 数据来自《丘北县 2014 年国民经济和社会发展统计公报》。

② 参见云南省 2001 年各县市民族人口统计. http://www.datatang.com/data/31999［2015-06-18］。

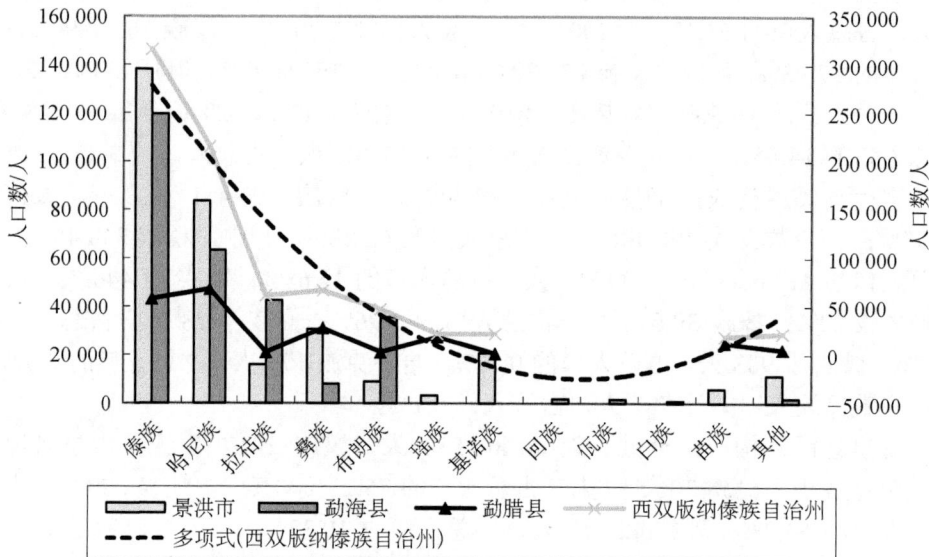

图 4-6　西双版纳傣族自治州各市、县少数民族情况示意图

表 4-9　西双版纳傣族自治州各市、县少数民族情况分析表

| 地级市 | 行政区划 | 少数民族人口/万人 | 人口较多少数民族 | 人口/万人 | 比重/% |
|---|---|---|---|---|---|
| 西双版纳傣族自治州 | 全州 | 79.3084 | 傣族 | 31.6151 | 39.86 |
| | | | 哈尼族 | 21.5434 | 27.16 |
| | 景洪市 | 31.9085 | 傣族 | 13.8195 | 43.31 |
| | | | 哈尼族 | 8.3704 | 26.23 |
| | 勐海县 | 27.6141 | 傣族 | 11.9723 | 43.36 |
| | | | 哈尼族 | 6.3357 | 22.94 |
| | 勐腊县 | 19.7858 | 傣族 | 5.8233 | 29.43 |
| | | | 哈尼族 | 6.8373 | 34.56 |

16.79%。各少数民族 276 141 人，占总人口的 83.21%。其中，傣族 119 723 人，占总人口的 36.08%；哈尼族 63 357 人，占总人口的 19.09%；拉祜族 42 751 人，占总人口的 12.88%；布朗族 35 708 人，占总人口的 10.76%；彝族 8052 人，占总人口的 2.43%；回族 1902 人，占总人口的 0.57%；佤族 1748 人，占总人口的 0.53%；白族 905 人，占总人口的 0.27%；其他少数民族人口共计 1995 人，占总人口的 0.60%。

勐腊县民族构成：全县总人口 281 730 人，汉族 83 872 人，占总人口的 29.77%。各少数民族 197 858 人，占总人口的 70.23%。其中，傣族 58 233 人，占总人口的 20.67%；哈尼族 68 373 人，占总人口的 24.27%；拉祜族 2710 人，占总人口的 0.96%；彝族 27 938 人，占总人口的 9.92%；布朗族 2871 人，占总人口的 1.02%；瑶族 18 746 人，占总人口的 6.65%；基诺族 1300 人，占总人口的 0.46%；苗族 12 382

人，占总人口的 4.39%；其他少数民族人口共计 5305 人，占总人口的 1.88%。

由以上分析可知，从少数民族的角度来考察，西双版纳傣族自治州无论在民族分布还是在民族人口数量上，都是一个以傣族和哈尼族为主体少数民族的地区。

（5）大理白族自治州

大理白族自治州民族构成：全州 12 个县（市）普查实际登记总人口 345.64 万人，汉族 175.2 万人，占总人口的 50.69%；各少数民族 170.44 万人，占总人口的 49.31%。其中，白族 111.2 万人，占总人口的 32.18%；彝族 45.0 万人，占总人口的 13.02%；回族 7.2 万人，占总人口的 2.08%；傈僳族 3.4 万人，占总人口的 0.98%；苗族 1.2 万人，占总人口的 0.35%；纳西族 0.5 万人，占总人口的 0.14%；傣族 0.4 万人，占总人口的 0.12%；阿昌族 0.3 万人，占总人口的 0.09%；壮族 0.2 万人，占总人口的 0.06%；藏族 0.1 万人，占总人口的 0.03%；布依族 0.1 万人，占总人口的 0.03%；拉祜族 0.1 万人，占总人口的 0.03%；其他少数民族人口共计 0.7 万人，占总人口的 0.20%（图 4-7、表 4-10）。

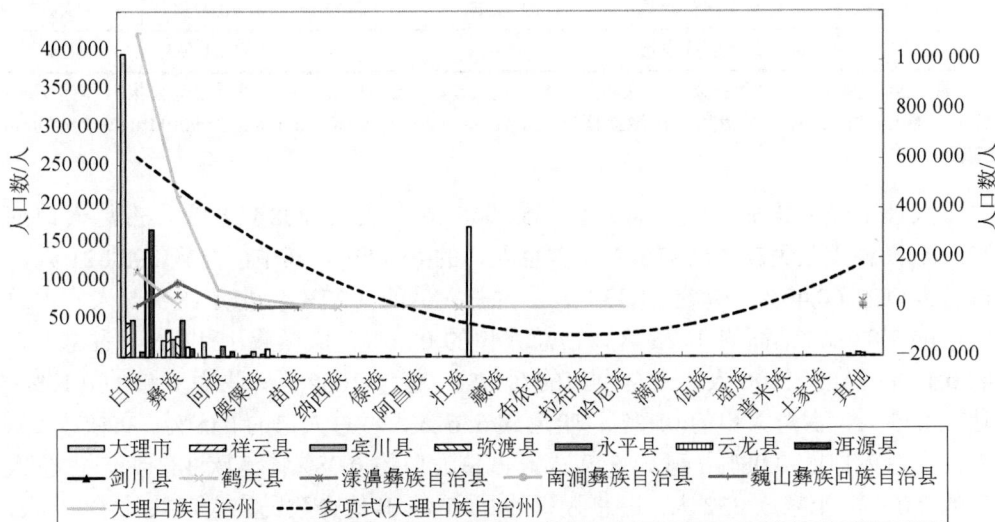

图 4-7　大理白族自治州各市、县少数民族情况示意图

注：漾濞彝族自治县数据来自《漾濞彝族自治县 2014 年国民经济和社会发展统计公报》。

南涧彝族自治县数据来自云南省南涧彝族自治县概况.

http://www.sszzxx.com/html/gdgk/gd/2011/0420/7946.html［2015-06-17］

表 4-10　大理白族自治州各市、县少数民族情况分析表

| 地级市 | 行政区划 | 少数民族人口/万人 | 人口较多少数民族 | 人口/万人 | 比重/% |
|---|---|---|---|---|---|
| 大理白族自治州 | 全州 | 170.44 | 白族 | 111.2 | 65.26 |
| | | | 彝族 | 45.0 | 26.41 |

续表

| 地级市 | 行政区划 | 少数民族人口/万人 | 人口较多少数民族 | 人口/万人 | 比重/% |
|---|---|---|---|---|---|
| 大理白族自治州 | 大理市 | 44.3936 | 白族 | 39.3821 | 88.71 |
| | 祥云县 | 8.18 | 白族 | 4.37 | 53.42 |
| | | | 彝族 | 3.43 | 41.93 |
| | 宾川县 | 8.2 | 白族 | 4.777 | 58.26 |
| | 弥渡县 | 3.12 | 彝族 | 2.65 | 84.94 |
| | 永平县 | 7.37 | 彝族 | 4.75 | 64.45 |
| | 云龙县 | 16.93 | 白族 | 14.0 | 82.69 |
| | 洱源县 | 18.52 | 白族 | 16.58 | 89.52 |
| | 剑川县 | 16.06 | 白族 | 14.98 | 93.28 |
| | 鹤庆县 | 16.73 | 白族 | 14.49 | 86.61 |
| | 漾濞彝族自治县 | 7.2300 | 彝族 | 5.2442 | 72.53 |
| | 南涧彝族自治县 | 10.7196 | 彝族 | 10.0214 | 93.49 |
| | 巍山彝族回族自治县 | 13.54 | 彝族 | 10.31 | 76.14 |

注：漾濞彝族自治县数据来自《漾濞彝族自治县 2014 年国民经济和社会发展统计公报》。南涧彝族自治县数据来自云南省南涧彝族自治县概况. http://www.sszzxx.com/html/gdgk/gd/2011/0420/7946.html [2015-06-17]

大理市民族构成：全市总人口 652 048 人，汉族 208 112 人，占总人口的 31.92%；各少数民族 443 936 人，占总人口的 68.08%。其中，白族 393 821 人，占总人口的 60.40%；彝族 21 334 人，占总人口的 3.27%；回族 18 515 人，占总人口的 2.84%；纳西族 1725 人，占总人口的 0.26%；傈僳族 1247 人，占总人口的 0.19%；苗族 1106 人，占总人口的 0.17%；傣族 1062 人，占总人口的 0.16%；壮族 875 人，占总人口的 0.13%；哈尼 556 人，占总人口的 0.09%；布依族 554 人，占总人口的 0.08%；藏族 549 人，占总人口的 0.08%；满族 383 人，占总人口的 0.06%；土家族 332 人，占总人口的 0.05%；其他少数民族人口共计 1877 人，占总人口的 0.29%。

祥云县民族构成：全县总人口 45.6 万人，汉族 37.38 万人，占总人口的 82.04%；各少数民族 8.18 万人，占总人口的 17.94%。其中，白族 4.37 万人，占总人口的 9.58%；彝族 3.43 万人，占总人口的 7.52%；傈僳族 0.13 万人，占总人口的 0.29%；苗族 0.08 万人，占总人口的 0.18%；回族 0.07 万人，占总人口的 0.15%；哈尼族 0.03 万人，占总人口的 0.07%；傣族 0.02 万人，占总人口的 0.04%；拉祜族 0.01 万人，占总人口的 0.02%；壮族 0.01 万人，占总人口的 0.02%；佤族 0.01 万人，占总人口的 0.02%；纳西族 0.01 万人，占总人口的 0.02%；其他少数民族人口共计 100 人，占总人口的 0.02%。

宾川县民族构成：全县总人口 348 754 人，各少数民族 8.2 万人，占人口总数的 23.51%。其中，白族 47 770 人，占总人口的 13.70%；彝族 22 498 人，占总人口的 6.45%；傣族 220 人，占总人口的 0.06%；苗族 542 人，占总人口的 0.16%；傈僳族 6478 人，占总人口的 1.86%；拉祜族 251 人，占总人口的 0.07%；瑶族 117 人，占总人口的 0.03%；其他少数民族人口共计 4124 人，占总人口的 1.18%。

弥渡县民族构成：全县总人口 31.3 万人，汉族 28.18 万人，占总人口的 90.03%；各少数民族 3.12 万人，占总人口的 9.97%。其中，彝族 2.65 万人，占总人口的 8.47%；回族 0.16 万人，占总人口的 0.51%；其他少数民族人口共计 3100 人，占总人口的 0.99%。

永平县民族构成：全县总人口 17.5 万人，汉族 10.15 万人，占总人口的 57.93%；各少数民族 7.37 万人，占总人口的 42.07%。其中，白族 0.63 万人，占总人口的 3.60%；彝族 4.75 万人，占总人口的 27.11%；回族 1.36 万人，占总人口的 7.76%；傈僳族 0.31 万人，占总人口的 1.77%；苗族 0.22 万人，占总人口的 1.26%；纳西族 0.01 万人，占总人口的 0.06%；傣族 0.03 万人，占总人口的 0.17%；其他少数民族人口共计 600 人，占总人口的 0.34%。

云龙县民族构成：全县总人口 20.0 万人，汉族 3.07 万人，占总人口的 15.35%；各少数民族 16.93 万人，占总人口的 84.65%。其中，白族 14.00 万人，占总人口的 70.00%；彝族 1.29 万人，占总人口的 6.45%；回族 0.05 万人，占总人口的 0.25%；傈僳族 1.01 万人，占总人口的 5.05%；苗族 0.16 万人，占总人口的 0.80%；傣族 0.11 万人，占总人口的 0.55%；阿昌族 0.25 万人，占总人口的 1.25%；其他少数民族人口共计 600 人，占总人口的 0.30%。

洱源县民族构成：全县总人口 26.83 万人，汉族 8.31 万人，占总人口的 30.97%；各少数民族 18.52 万人，占总人口的 69.03%。其中，白族 16.58 万人，占总人口的 61.80%；彝族 1.06 万人，占总人口的 3.95%；回族 0.65 万人，占总人口的 2.42%；傈僳族 0.11 万人，占总人口的 0.41%；纳西族 0.04 万人，占总人口的 0.15%；藏族 0.02 万人，占总人口的 0.07%；傣族 0.01 万人，占总人口的 0.04%；普米族 0.01 万人，占总人口的 0.04%；其他少数民族人口共计 400 人，占总人口的 0.15%。

剑川县民族构成：2010 年全县总人口 17.00 万人，各少数民族人口 16.06 万人，占全县总人口的 94.47%；白族 14.98 万人，占总人口的 88.12%以上。[1] 剑川县是全国白族人口比例最高的县份。

鹤庆县民族构成：全县总人口 25.53 万人，汉族 8.80 万人，占总人口的 34.47%；各少数民族 16.73 万人，占总人口的 65.53%。其中，白族 14.49 万人，占总人口的 56.76%；彝族 1.38 万人，占总人口的 5.41%；傈僳族 0.46 万人，占总人口的

---

[1]　剑川县 2010 年第六次全国人口普查主要数据公报. 剑川时讯，2011-07-05（03）.

1.80%；苗族 0.13 万人，占总人口的 0.51%；纳西族 0.06 万人，占总人口的 0.24%；壮族 0.08 万人，占总人口的 0.31%；其他少数民族人口共计 1300 人，占总人口的 0.5%。

漾濞彝族自治县民族构成：2014 年末，全县户籍总人口 105 069 人，各少数民族 72 300 人，占总人口的 68.81%。其中，彝族 52 442 人，占总人口的 49.91%；其他少数民族人口共计 19 858 人，占总人口的 18.89%。[①]

南涧彝族自治县民族构成：2004 年末，全县总人口 21.7064 万人。其中，彝族 100 214 人，汉族 109 868 人，其他少数民族人口共计 6982 人，分别占总人口的 46.17%、50.61% 和 3.22%。[②]

巍山彝族回族自治县民族构成：全县总人口 30.44 万人，汉族 16.90 万人，占总人口的 55.52%；各少数民族 13.54 万人，占总人口的 44.48%。其中，彝族 10.31 万人，占总人口的 33.87%；回族 2.27 万人，占总人口的 7.46%；白族 0.70 万人，占总人口的 2.30%；苗族 0.16 万人，占总人口的 0.53%；傈僳族 0.05 万人，占总人口的 0.16%；其他少数民族人口共计 0.05 万人，占总人口的 0.16%。

由以上分析可知，从少数民族的角度来考察，大理白族自治州无论在民族分布还是在民族人口数量上，都是一个以白族为主体少数民族的地区，彝族在该州也占有一定的份额。随着各个地区的不同，民族种类和数量也略有差别，例如，弥渡县、永平县、漾濞彝族自治县、南涧彝族自治县、巍山彝族回族自治县在民族种类和民族人口数量上则以彝族为主，虽然这几个县在行政上隶属于大理白族自治州，但在民族文化传承分区上宜划分到以楚雄为主的彝族主体文化区。

（6）德宏傣族景颇族自治州

德宏傣族景颇族自治州民族构成：全州 5 个县（市）总人口 1 211 440 人，其中汉族 629 147 人，占总人口的 51.93%，各少数民族 582 293 人，占总人口的 48.07%。其中，傣族 349 840 人，占总人口的 28.88%，景颇族 134 373 人，占总人口的 11.09%，傈僳族 31 530 人，占总人口的 2.60%，阿昌族 30 389 人，占总人口的 2.51%，德昂族 14 436 人，占总人口的 1.19%；其他少数民族人口共计 21 725 人，占总人口的 1.79%（图 4-8、表 4-11）。

芒市民族构成：全市总人口 389 891，汉族人口为 204 083 人，占总人口的 52.34%；各少数民族 185 808 人，占总人口的 47.66%。其中，傣族 132 421 人，占总人口的 33.96%；景颇族 29 208 人，占总人口的 7.49%；傈僳族 3781 人，占总人口的 0.97%；阿昌族 2524 人，占总人口的 0.65%；德昂族 9986 人，占总人口的 2.56%；其他少数民族人口共计 7888 人，占总人口的 2.02%。

瑞丽市民族构成：全市总人口 180 627，汉族 104 108 人，占总人口的 57.64%；

---

① 数据来自《漾濞彝族自治县 2014 年国民经济和社会发展统计公报》。

② 参见云南省南涧彝族自治县概况. http://www.sszzxx.com/html/gdgk/gd/2011/0420/7946.html［2015-06-17］。

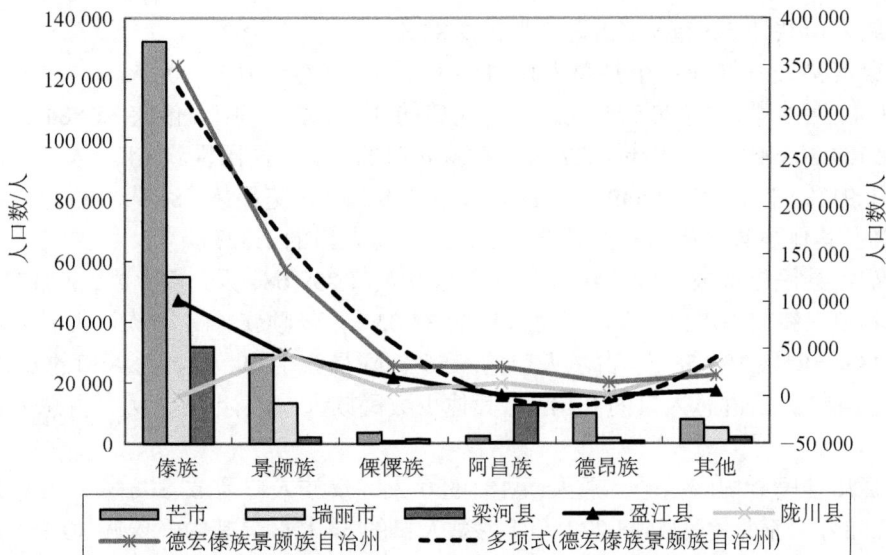

图 4-8 德宏傣族景颇族自治州各市、县少数民族情况示意图

注：盈江县数据来自《盈江县 2009 年国民经济与社会发展统计公报》

**表 4-11　德宏傣族景颇族自治州各市、县少数民族情况分析表**

| 地级市 | 行政区划 | 少数民族人口/万人 | 人口较多少数民族 | 人口/万人 | 比重/% |
|---|---|---|---|---|---|
| 德宏傣族景颇族自治州 | 全州 | 58.2293 | 傣族 | 34.9840 | 60.08 |
| | | | 景颇族 | 13.4373 | 23.08 |
| | 芒市 | 18.5808 | 傣族 | 13.2421 | 71.27 |
| | | | 景颇族 | 2.9208 | 15.72 |
| | 瑞丽市 | 7.6519 | 傣族 | 5.5007 | 71.89 |
| | | | 景颇族 | 1.3361 | 17.46 |
| | 梁河县 | 5.0985 | 傣族 | 3.1884 | 62.54 |
| | | | 景颇族 | 0.2227 | 4.37 |
| | 盈江县 | 17.2979 | 傣族 | 10.1983 | 58.96 |
| | | | 景颇族 | 4.4170 | 25.53 |
| | 陇川县 | 9.8272 | 傣族 | 3.0556 | 31.09 |
| | | | 景颇族 | 4.4844 | 45.63 |

注：盈江县数据来自《盈江县 2009 年国民经济与社会发展统计公报》

各少数民族 76 519 人，占总人口的 42.36%。其中，傣族 55 007 人，占总人口的 30.45%；景颇族 13 361 人，占总人口的 7.40%；傈僳族 837 人，占总人口的 0.46%；阿昌族 440 人，占总人口的 0.24%；德昂族 1783 人，占总人口的 0.99%；其他少

数民族人口共计 5091 人，占总人口的 2.82%。

梁河县民族构成：全县总人口 154 175 人，汉族 103 190 人，占总人口的66.93%；各少数民族 50 985 人，占总人口的 33.07%。其中，傣族 31 884 人，占总人口的 20.68%，景颇族 2227 人，占总人口的 1.44%，傈僳族 1406 人，占总人口的 0.91%，阿昌族 12 639 人，占总人口的 8.20%，德昂族 787 人，占总人口的0.51%；其他少数民族人口共计 2 042 人，占总人口的 1.32%。

盈江县民族构成：2009 年末全县常住总人口 299 681 人，各少数民族 172 979人。其中，傣族 101 983 人，占总人口的 34.03%；景颇族 44 170 人，占总人口的14.74%；傈僳族 19 658 人，占总人口的 6.56%；阿昌族 1109 人，占总人口的 0.37%；德昂族 417 人，占总人口的 0.14%；其他少数民族人口共计 5642 人，占总人口的1.88%。[①]

陇川县民族构成：全县总人口 181 580 人，汉族人口为 83 308 人，占总人口的 45.88%；各少数民族 98 272 人，占总人口的 54.12%。其中，傣族 30 556 人，占总人口的 16.83%，景颇族 44 844 人，占总人口的 24.70%，傈僳族 5324 人，占总人口的 2.93%，阿昌族 13 483 人，占总人口的 7.43%，德昂族 1454 人，占总人口的 0.80%；其他少数民族人口共计 33 167 人，占总人口的 18.27%。

由以上分析可知，从少数民族的角度来考察，德宏傣族景颇族自治州无论在民族分布还是在民族人口数量上，都是一个以傣族和景颇族为主体少数民族的地区。

（7）怒江傈僳族自治州

怒江傈僳族自治州民族构成：全州 4 县总人口 534 337 人，汉族 65 995 人，占总人口的 12.35%；各少数民族 468 342 人，占总人口的 87.65%。其中，彝族11 758 人，占总人口的 2.20%；白族 139 164 人，占总人口的 26.04%；傈僳族 257 620人，占总人口的 48.21%；其他少数民族人口共计 59 800 人，占总人口的 11.19%。

泸水县民族构成：全县总人口 184 835 人，汉族 34 433 人，占总人口的 18.63%；各少数民族 150 402 人，占总人口的 81.37%。其中，彝族 3456 人，占总人口的1.87%；白族 40 255 人，占 21.78%；傈僳族 102 439 人，占总人口的 55.42%；其他少数民族人口共计 4252 人，占总人口的 2.30%（图 4-9、表 4-12）。

福贡县民族构成：全县总人口 98 616 人，汉族人口为 2922 人，占总人口的2.96%；各少数民族 95 694 人，占总人口的 97.04%。其中，白族 3961 人，占总人口的 4.02%；傈僳族 71 363 人，占总人口的 72.36%；怒族 19 581 人，占总人口的 19.86%；其他少数民族人口共计 789 人，占总人口的 0.80%。

贡山独龙族怒族自治县民族构成：全县总人口为 37 894 人，各少数民族 3.43万人，占总人口的 90.52%。其中，独龙族 0.54 万人，占总人口的 14.25%；怒族 0.70万人，占总人口的 18.47%；其他少数民族人口共计 21 900 人，占总人口的 57.79%。

---

① 数据来自《盈江县 2009 年国民经济与社会发展统计公报》。

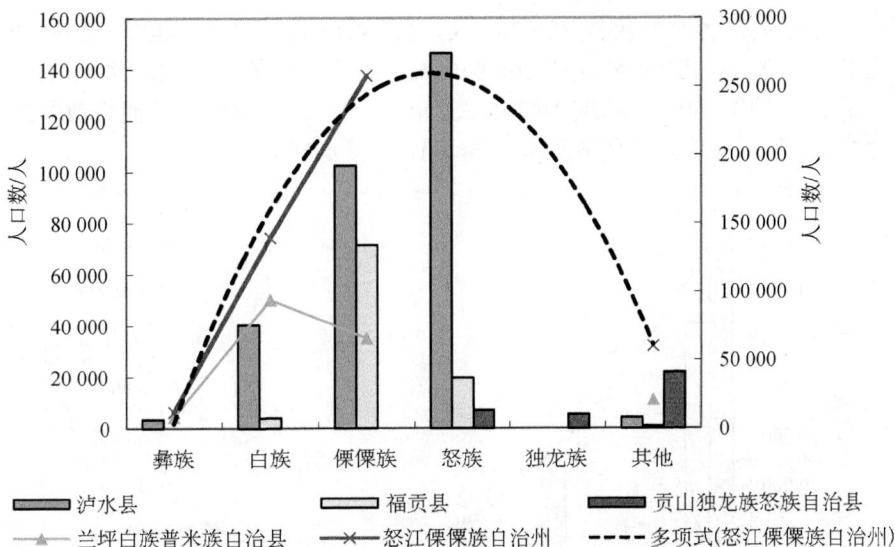

图 4-9 怒江傈僳族自治州各市、县少数民族情况示意图

表 4-12 怒江傈僳族自治州各市、县少数民族情况分析表

| 地级市 | 行政区划 | 少数民族人口/万人 | 人口较多少数民族 | 人口/万人 | 比重/% |
|---|---|---|---|---|---|
| 怒江傈僳族自治州 | 全州 | 46.8342 | 傈僳族 | 25.7620 | 55.01 |
| | 泸水县（六库镇） | 15.0402 | 傈僳族 | 10.2439 | 68.11 |
| | 福贡县 | 9.5694 | 傈僳族 | 7.1363 | 74.57 |
| | 贡山独龙族怒族自治县 | 3.43 | 独龙族 | 0.54 | 15.74 |
| | | | 怒族 | 0.70 | 20.41 |
| | 兰坪白族普米族自治县 | 18.7994 | 白族 | 9.3788 | 49.89 |
| | | | 傈僳族 | 6.5465 | 34.82 |

　　兰坪白族普米族自治县：全县总人口为 212 992 人。汉族 24 998 人，占总人口的 11.74%；各少数民族 187 994 人，占总人口的 88.26%。其中，白族 93 788 人，占总人口的 44.03%；傈僳族 65 465 人，占总人口的 30.74%；彝族 8071 人，占总人口的 3.79%；其他少数民族人口共计 20 670 人，占总人口的 9.70%。

　　由以上分析可知，从少数民族的角度来考察，怒江傈僳族自治州无论在民族分布还是在民族人口数量上，都是一个以傈僳族为主体少数民族的地区。随着各个地区的不同，民族种类和数量然也略有差别，例如，贡山独龙族怒族自治县以独龙族和怒族为主，兰坪白族普米族自治县白族的人口比傈僳族稍多一些，然而，这三个少数民族在该州少数民族总体数量上份额较小，因此这两个县仍然属于傈僳文化影响的地区。

　　（8）迪庆藏族自治州

　　迪庆藏族自治州民族构成：全州 3 县总人口 400 182 人，汉族 73 393 人，占总人口的 18.34%；各少数民族 326 789 人，占总人口的 81.66%。其中，藏族 129 496 人，占总人口的 32.36%；傈僳族 106 910 人，占总人口的 26.72%；纳西族 46 402 人，占总人口的 11.60%；彝族 16 765 人，占总人口的 4.19%；其他少数民族人口共计 27 216 人，占总人口的 6.80%（图 4-10、表 4-13）。

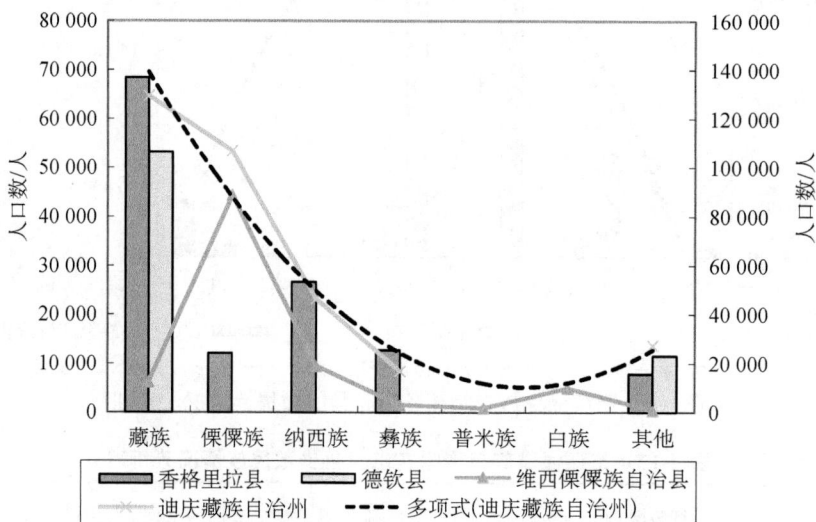

图 4-10　迪庆藏族自治州各市、县少数民族情况示意图

注：香格里拉县数据来自《香格里拉县 2014 年国民经济和社会发展统计公报》。
维西傈僳族自治数据来自《维西傈僳族自治 2014 年国民经济和社会发展统计公报》

表 4-13　迪庆藏族自治州各市、县少数民族情况分析表

| 地级市 | 行政区划 | 少数民族人口/万人 | 人口较多少数民族 | 人口/万人 | 比重/% |
|---|---|---|---|---|---|
| 迪庆藏族自治州 | 全州 | 32.6789 | 藏族 | 12.9496 | 39.63 |
| | | | 傈僳族 | 10.6910 | 32.72 |
| | 香格里拉县 | 12.7815 | 藏族 | 6.8474 | 53.57 |
| | 德钦县 | 6.4804 | 藏族 | 5.3275 | 82.21 |
| | 维西傈僳族自治县 | 13.5336 | 傈僳族 | 8.8736 | 65.57 |
| | | | 藏族 | 1.2394 | 9.16 |

注：香格里拉县数据来自《香格里拉县 2014 年国民经济和社会发展统计公报》。维西傈僳族自治数据来自《维西傈僳族自治 2014 年国民经济和社会发展统计公报》

香格里拉县民族构成：2014 年末全县户籍总人口为 148 387 人，各少数民族 127 815 人，占总人口的 86.14%。其中，藏族 68 474 人，占总人口的 46.15%；纳西族 26 712 人，占总人口的 18.00%；傈僳族 12 084 人，占总人口的 8.14%；彝族 12 702 人，占总人口的 8.56%；其他少数民族人口共计 7843 人，占总人口的 5.29%。[①]

---

① 数据来自《香格里拉县 2014 年国民经济和社会发展统计公报》。

德钦县民族构成：全县总人口为 66 589 人，境内有藏族、傈僳族、纳西族、白族、回族、彝族等 12 种少数民族，各少数民族占总人口 97.32%。其中，藏族 53 275 人，占总人口的 80.01%；其他少数民族人口共计 11 529 人，占总人口的 17.31%。

维西傈僳族自治县民族构成：2014 年末全县总人口为 155 331 人，各少数民族 135 336 人，占总人口的 87.13%。其中，傈僳族 88 736 人，占总人口的 57.13%，纳西族 18 874 人，藏族 12 394 人，白族 9951 人，彝族 2956 人，普米族 1738 人；其他少数民族人口共计 687 人，占总人口的 0.44%。[①]

由以上分析可知，从少数民族的角度来考察，迪庆藏族自治州无论在民族分布还是在民族人口数量上，都是一个以藏族和傈僳族为主体少数民族的地区，并且藏族和傈僳族的人口数量在该州占绝对主导地位，属于高度聚集分布的地区。

（9）昆明市

昆明市民族构成：全市 7 县 1 市 6 区常住人口 6 432 212 人，其中，汉族 5 542 314 人，占总人口的 86.16%；各少数民族 889 898 人，占总人口的 13.84%。其中，彝族 44.1 万人，占总人口的 6.86%；回族 15.8 万人，占总人口的 2.46%；白族 8.3 万人，占总人口的 1.29%；其他少数民族人口共计 20.7898 人，占总人口的 3.23%（图 4-11、表 4-14）。

呈贡区（含呈贡新区）民族构成：全区总人口 310 843 人，汉族 279 048 人，占总人口 89.77%；各少数民族 31 795 人，占总人口 10.23%。其中，彝族 11 045 人，占总人口的 3.55%；回族 6068 人，占总人口的 1.95%；白族 3696 人，占总人口的 1.19%；其他少数民族人口共计 10 986 人，占总人口的 3.53%。

盘龙区民族构成：全区常住人口 809 881 人，汉族 726 205 人，占总人口的 89.67%；各少数民族 83 676 人，占总人口的 10.33%。2001 年全区总人口 450 112 人，汉族 414 143 人，占总人口的 92.01%；各少数民族 35 969 人，占总人口的 7.99%。[②] 其中，彝族 5970 人，占总人口的 1.33%；回族 13 560 人，占总人口的 3.01%；白族 8154 人，占总人口的 1.81%；其他少数民族人口共计 8285 人，占总人口的 1.84%。

五华区民族构成：全区总人口 496 564 人[③]，其中汉族 433 620 人，占总人口的 87.32%，各少数民族 62 944 人，占总人口的 12.68%。其中，回族 17 059 人，占总人口的 3.44%，彝族 13 357 人，占总人口的 2.69%，白族 13 982 人，占总人口的 2.82%；其他少数民族人口共计 18 546 人，占总人口的 3.73%。

官渡区民族构成：2001 年全区总人口 588 841 人，其中，汉族 532 198 人，占总人口的 90.38%；各少数民族 56 643 人，占总人口的 9.62%。各少数民族人口

---

① 数据来自《维西傈僳族自治 2014 年国民经济和社会发展统计公报》。
② 参见云南省 2001 年各县市民族人口统计. http://www.datatang.com/data/31999［2015-06-18］。
③ 参见五华区人民政府网站 2015 年 7 月公布数据. http://www.kmwh.gov.cn/CMS/Content.gen?Id= 23469［2015-06-18］。

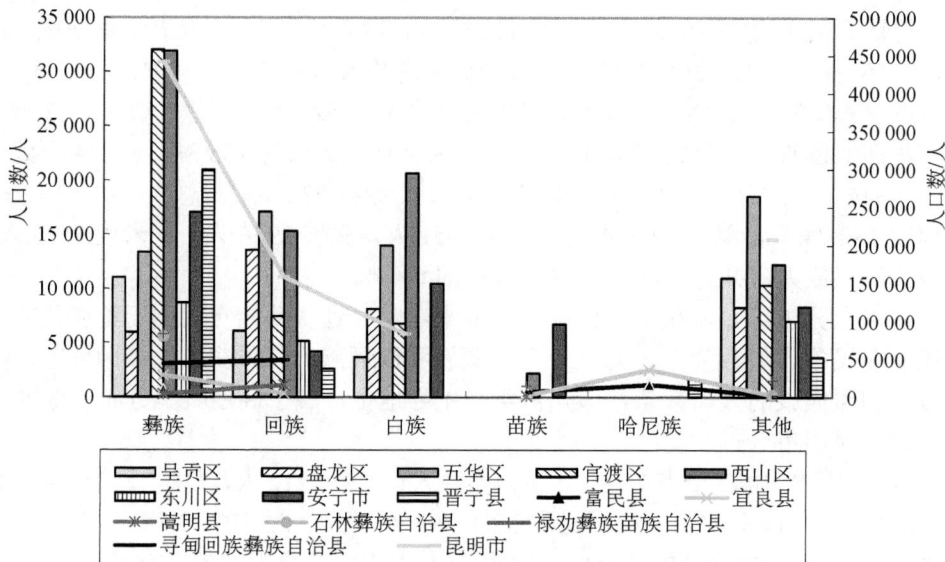

图 4-11 昆明各市、县、区少数民族情况示意图

注：盘龙区、官渡区、东川区、富民县数据来自云南省 2001 年各县市民族人口统计. http：//www.datatang. com/data/31999［2015-06-18］。五华区数据来自五华区人民政府网站 2015 年 7 月公布数据. http：//www.kmwh. gov.cn/CMS/Content.gen?Id=23469［2015-06-18］。西山区数据来自《昆明市西山区 2014 年国民经济和社会 发展统计公报》。宜良县数据来自宜良年鉴（2012）. http：//www.yiliang.gov.cn/info.asp?id=903&catid=562 ［2015-06-18］。嵩明县数据来自《2013 年嵩明县国民经济和社会发展统计公报》

表 4-14 昆明各市、县、区少数民族情况分析表

| 地级市 | 行政区划 | 少数民族人口/万人 | 人口较多少数民族 | 人口/万人 | 比重/% |
|---|---|---|---|---|---|
| 昆明市 | 全市 | 88.9898 | 彝族 | 44.1 | 49.56 |
| | 呈贡区（含呈贡新区） | 3.1795 | 彝族 | 1.1045 | 34.74 |
| | 盘龙区 | 3.5969 | 回族 | 1.3560 | 37.70 |
| | 五华区 | 6.2944 | 回族 | 1.7059 | 27.10 |
| | | | 彝族 | 1.3357 | 21.22 |
| | 官渡区 | 5.6643 | 彝族 | 3.2029 | 56.55 |
| | 西山区 | 8.2320 | 彝族 | 3.1915 | 38.77 |
| | 东川区 | 2.0921 | 彝族 | 0.8711 | 41.64 |
| | 安宁市 | 4.6785 | 彝族 | 1.7029 | 36.40 |
| | 晋宁县 | 2.8887 | 彝族 | 2.0967 | 72.58 |
| | 富民县 | 1.8405 | 彝族 | 0.9861 | 53.58 |
| | 宜良县 | 3.8548 | 彝族 | 2.8272 | 73.34 |
| | 嵩明县 | 2.3094 | 回族 | 1.5829 | 68.54 |
| | | | 彝族 | 0.3809 | 16.49 |

续表

| 地级市 | 行政区划 | 少数民族<br>人口/万人 | 人口较多<br>少数民族 | 人口/万人 | 比重/% |
|--------|----------|---------------------|---------------------|-----------|--------|
| 昆明市 | 石林彝族自治县 | 8.2634 | 彝族 | 7.9636 | 96.37 |
| | 禄劝彝族苗族自治县 | 11.8917 | 彝族 | 8.2794 | 69.62 |
| | 寻甸回族彝族自治县 | 9.9730 | 回族 | 4.8892 | 48.96 |
| | | | 彝族 | 4.3752 | 43.87 |

注：盘龙区、官渡区、东川区、富民县数据来自云南省 2001 年各县市民族人口统计. http://www.datatang.
com/data/31999［2015-06-18］。五华区数据来自五华区人民政府网站 2015 年 7 月公布数据. http://www.
kmwh.gov.cn/CMS/Content.gen?Id=23469［2015-06-18］。西山区数据来自《昆明市西山区 2014 年国民经济
和社会发展统计公报》。宜良县数据来自宜良年鉴（2012）. http://www.yiliang.gov.cn/info.asp?id=903&
catid=562［2015-06-18］。嵩明县数据来自《2013 年嵩明县国民经济和社会发展统计公报》

中，**彝族** 32 029 人，占总人口的 5.44%；回族 7474 人，占总人口的 1.27%；白族
6803 人，占总人口的 1.16%；其他少数民族人口共计 110 337 人，占总人口的
18.74%。[1]

西山区民族构成：2014 年末全区户籍人口 528 002 人，各少数民族 82 320 人，
占总人口的 15.59%。其中，**彝族** 31 915 人，占总人口的 6.04%；白族 20 647 人，
占总人口的 3.91%；回族 15 315 人，占总人口的 2.90%；苗族 2205 人，占总人口
的 4.12%；其他少数民族人口共计 12 238 人，占总人口的 2.32%。[2]

东川区民族构成：2010 年全区总人口 271 917 人，少数民族约占总人口的 5%。
2011 年末，总人口 314 830 人，少数民族 22 980 人，占总人口的 7.3%。2001 年
全区总人口 299 197 人，汉族 278 276 人，各少数民族 20 921 人。其中，**彝族** 8711
人，回族 5153 人；其他少数民族人口共计 7057 人。[3]

安宁市民族构成：全市总人口 341 341 人，汉族人口为 294 556 人，占总人口
的 86.29%；各少数民族 46 785 人，占总人口的 13.71%。其中，**彝族** 17 029 人，
占总人口的 4.99%；白族 10 452 人，占总人口的 3.06%；苗族 6757 人，占总人口
的 1.98%；回族 4215 人，占总人口的 1.23%；其他少数民族人口共计 8332 人，
占总人口的 2.44%。

晋宁县民族构成：全县总人口 283 784 人，汉族 254 897 人，占总人口的
89.82%；各少数民族 28 887 人，占总人口的 10.18%。其中，**彝族** 20 967 人，占
总人口的 7.39%；回族 2615 人，占总人口的 0.92%；哈尼族 1633 人，占总人口
的 0.58%；其他少数民族人口共计 3672 人，占总人口的 1.29%。

富民县民族构成：全县常住人口 145 554 人，汉族 124 799 人，占总人口的
85.74%；各少数民族 20 755 人，占总人口的 14.26%。2001 年全县总人口 136 544

① 参见云南省 2001 年各县市民族人口统计. http://www.datatang.com/data/31999［2015-06-18］。
② 数据来自《昆明市西山区 2014 年国民经济和社会发展统计公报》。
③ 参见云南省 2001 年各县市民族人口统计. http://www.datatang.com/data/31999［2015-06-18］。

人，汉族 118 139 人，占总人口的 86.52%；各少数民族 18405 人，占总人口的 13.48%。其中，彝族人口 9861 人，占总人口的 7.22%；苗族人口 6706 人，占总人口的 4.91%；其他少数民族人口共计 1838 人，占总人口的 1.35%。[①]

宜良县民族构成：全县常住人口 419 400 人，汉族 383 392 人，占总人口的 91.41%；各少数民族 36 008 人，占总人口的 8.59%。2010 年末户籍总人口 423 516 人，各少数民族 38 548 人，占总人口的 9.10%。其中，彝族 28 272 人，占总人口的 6.68%；回族 5160 人，占总人口的 1.22%；苗族 2427 人，占总人口的 0.57%；其他少数民族人口共计 2689 人，占总人口的 0.64%。[②]

嵩明县民族构成：2013 年末，全县户籍人口 299 074 人，各少数民族 23 094 人，占总人口的 7.72%。其中，回族 15 829 人，占总人口的 5.29%；彝族 3809 人，占总人口的 1.27%；苗族 1359 人，占总人口的 0.45%；其他少数民族人口共计 2097 人，占总人口的 0.70%。[③]

石林彝族自治县民族构成：全县总人口 246 220 人，汉族 163 586 人，占总人口的 66.44%；各少数民族 82 634 人，占总人口的 33.56%。其中，彝族 79 636 人，占总人口的 32.34%；其他少数民族人口共计 2998 人，占总人口的 1.22%。

禄劝彝族苗族自治县民族构成：全县总人口 396 404 人，汉族 277 487 人，占总人口的 70%；各少数民族 118 917 人，占总人口的 30%。其中，彝族 82 794 人，占 20.89%；苗族 14 465 人，占总人口的 3.65%；其他少数民族人口共计 21 658 人，占总人口的 5.46%。

寻甸回族彝族自治县民族构成：全县总人口 457 068 人，汉族 357 338 人，占总人口的 78.18%；各少数民族 99 730 人，占总人口的 21.82%。其中，回族 48 892 人，占总人口的 10.70%；彝族 43 752 人，占总人口的 9.57%；苗族 6307 人，占总人口的 1.38%；其他少数民族人口共计 779 人，占总人口的 0.17%。

由以上分析可知，从少数民族的角度来考察，昆明市无论在民族分布还是在民族人口数量上，都是一个以彝族为主体少数民族的地区。除此之外，回族和白族也占有一定份额。

（10）玉溪市民族构成

玉溪市民族构成：全市 1 区 8 县普查实际登记总人口 2 303 511 人，汉族 1 560 279 人，占总人口的 67.73%；各少数民族 743 232 人，占总人口的 32.27%。其中，彝族 446 764 人，占总人口的 19.39%；哈尼族 130 279 人，占总人口的 5.66%；傣族 73 596 人，占总人口的 3.19%；回族 48 284 人，占总人口的 2.10%；白族 11 822 人，占总人口的 0.51%；苗族 10 306 人，占总人口的 0.45%；蒙古族 7139 人，占总人口的 0.31%；拉祜族 7027 人，占总人口的 0.31%；其他少数民族人口共计 8015 人，占总人口的 0.35%（图 4-12、表 4-15）。

① 参见云南省 2001 年各县市民族人口统计. http://www.datatang.com/data/31999 ［2015-06-18］。

② 参见宜良年鉴（2012）. http://www.yiliang.gov.cn/info.asp?id=903&catid=562 ［2015-06-18］。

③ 数据来自《2013 年嵩明县国民经济和社会发展统计公报》。

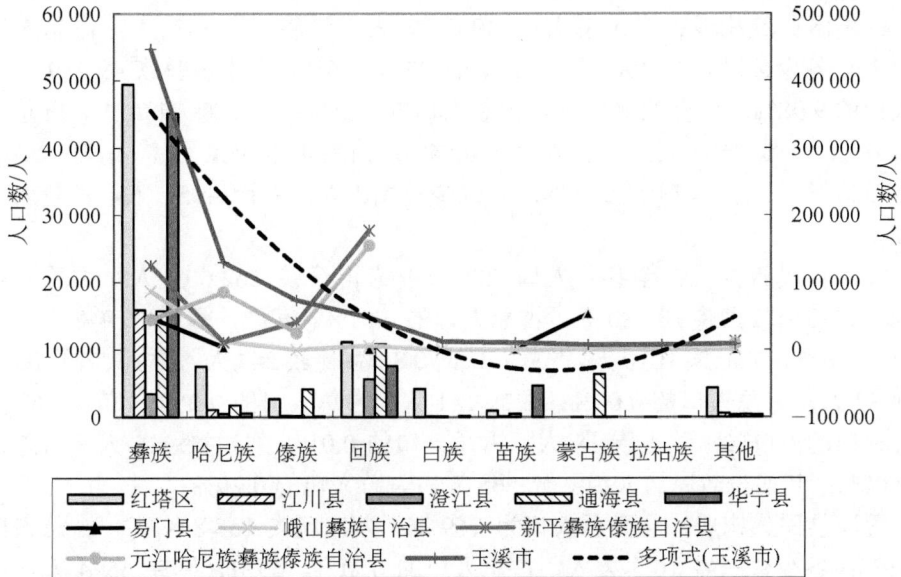

图 4-12　玉溪市各县、区少数民族情况示意图

注：通海县数据来自 http://www.liuxue360.com/it/city/tonghaixian/thxmzms.html［2015-06-19］。新平彝族傣族自治县数据来自云南省 2001 年各县市民族人口统计. http://www.datatang.com/data/31999［2015-06-18］。元江哈尼族彝族傣族自治县数据来自《元江哈尼族彝族傣族自治县 2010 年国民经济和社会发展统计公报》

表 4-15　玉溪市各县、区少数民族情况分析表

| 地级市 | 行政区划 | 少数民族人口/万人 | 人口较多少数民族 | 人口/万人 | 比重/% |
|---|---|---|---|---|---|
| 玉溪市 | 全市 | 74.3232 | 彝族 | 44.6764 | 60.11 |
| | 红塔区 | 7.9982 | 彝族 | 4.9419 | 61.79 |
| | 江川县 | 1.8280 | 彝族 | 1.5948 | 87.24 |
| | 澄江县 | 1.0522 | 回族 | 0.5594 | 53.16 |
| | | | 彝族 | 0.3400 | 32.31 |
| | 通海县 | 3.9023 | 彝族 | 1.5741 | 40.34 |
| | 华宁县 | 5.8450 | 彝族 | 4.5089 | 77.14 |
| | 易门县 | 5.4714 | 彝族 | 4.7821 | 87.40 |
| | 峨山彝族自治县 | 10.6906 | 彝族 | 8.7294 | 81.65 |
| | 新平彝族傣族自治县 | 18.3882 | 彝族 | 12.5271 | 68.13 |
| | | | 傣族 | 4.1020 | 22.31 |
| | 元江哈尼族彝族傣族自治县 | 16.4184 | 哈尼族 | 8.5729 | 52.22 |
| | | | 彝族 | 4.4797 | 27.28 |

注：通海县数据来自 http://www.liuxue360.com/it/city/tonghaixian/thxmzms.html［2015-06-19］。新平彝族傣族自治县数据来自云南省 2001 年各县市民族人口统计. http://www.datatang.com/data/31999［2015-06-18］。元江哈尼族彝族傣族自治县数据来自《元江哈尼族彝族傣族自治县 2010 年国民经济和社会发展统计公报》

红塔区民族构成：全区总人口 495 129 人，汉族 415 147 人，占总人口的83.85%；各少数民族 79 982 人，占总人口的 16.15%。其中，彝族 49 419 人，占总人口的 9.98%；回族 11 096 人，占总人口的 2.24%；哈尼族 7486 人，占总人口的 1.51%；傣族 2652 人，占总人口的 0.54%；白族 4144 人，占总人口的 0.84%；苗族 928 人，占总人口的 0.19%；其他少数民族人口共计 4257 人，占总人口的0.86%。

江川县民族构成：全县总人口 280 889 人，汉族 262 609 人，占总人口的93.49%；各少数民族 18 280 人，占总人口的 6.51%。其中，彝族 15 948 人，占总人口的 5.68%；哈尼族 1070 人，占总人口的 0.38%；傣族 244 人，占总人口的 0.09%；回族 87 人，占总人口的 0.03%；白族 141 人，占总人口的 0.05%；苗族 162 人，占总人口的 0.06%；蒙古族 18 人，占总人口的 0.01%；拉祜族 45 人，占总人口的 0.02%；其他少数民族人口共计 565 人，占总人口的 0.20%。

澄江县民族构成：全县总人口为 169 366 人，汉族 158 844 人，占总人口的93.79%；各少数民族 10 522 人，占总人口的 6.21%。其中，回族 5594 人，占总人口的 3.30%；彝族 3400 人，占总人口的 2.01%；苗族 477 人，占总人口的 0.28%；哈尼族 471 人，占总人口的 0.28%；傣族 141 人，占总人口的 0.08%；白族 104人，占总人口的 0.06%；其他少数民族人口共计 335 人，占总人口的 0.19%。

通海县民族构成：2010 年末全县户籍人口 280 145 人，各少数民族 43 904 人，占总人口的 15.7%。[①] 2004 年末全县总人口 270 434 人，汉族 231 411 人，占总人口的 85.57%；各少数民族 39 023 人，占总人口的 14.43%。其中，彝族 15 741 人，占总人口的 5.82%；回族 10 759 人，占总人口的 3.98%；蒙古族 6293 人，占总人口的 2.33%；傣族 4106 人，占总人口的 1.52%；哈尼族 1723 人，占总人口的 0.64%；其他少数民族人口 401 人，占总人口的 0.15%。[②]

华宁县民族构成：全县总人口 214 650 人，汉族 156 200 人，占总人口的72.77%；各少数民族 58 450 人，占总人口的 27.23%。其中，彝族 45 089 人，占总人口的 21.01%；回族 7508 人，占总人口的 3.50%；苗族 4621 人，占总人口的2.15%；哈尼族 528 人，占总人口的 0.25%；傣族 106 人，占总人口的 0.05%；白族 143 人，占总人口的 0.07%；蒙古族 77 人，占总人口的 0.04%；拉祜族 38 人，占总人口的 0.02%；其他少数民族人口共计 340 人，占总人口的 0.16%。

易门县民族构成：全县总人口 177 110 人，汉族 122 396 人，占总人口的69.11%；各少数民族 54 714 人，占总人口的 30.89%。其中，彝族 47 821 人，占总人口的 27.00%；哈尼族 3384 人，占总人口的 1.91%；回族 1271 人，占总人口的 0.72%；苗族 1157 人，占总人口的 0.65%；其他少数民族人口共计 1081 人，

①　数据来自《通海县 2010 年国民经济和社会发展统计公报》。
②　参见 http://www.liuxue360.com/it/city/tonghaixian/thxmzms.html［2015-06-19］。

占总人口的 0.61%。

峨山彝族自治县民族构成：全县总人口 162 831 人，汉族 55 925 人，占总人口的 34.35%；各少数民族 106 906 人，占总人口的 65.65%。其中，彝族 87 294 人，占总人口的 53.61%；哈尼族 12 054 人，占总人口的 7.40%；傣族 365 人，占总人口的 0.22%；回族 5883 人，占总人口的 3.61%；白族 189 人，占总人口的 0.12%；苗族 266 人，占总人口的 0.16%；蒙古族 312 人，占总人口的 0.19%；拉祜族 50 人，占总人口的 0.03%；其他少数民族人口共计 493 人，占总人口的 0.30%。

新平彝族傣族自治县：2010 年全县常住总人口 285 344 人，其中彝族、傣族 176 829 人。2011 年末，户籍人口 273 611 人，彝族、傣族 177 579 人，占全县总人口的 64.9%。[1] 2001 年全县总人口 265 336 人，汉族 81 454 人，占总人口的 30.69%；各少数民族 183 882 人，占总人口的 29.31%。其中，彝族 125 271 人，占总人口的 47.21%；哈尼族 11 059 人，占总人口的 4.17%；傣族 41 020 人[2]，占总人口的 15.46%；其他少数民族人口共计 12 532 人，占总人口的 4.72%。

元江哈尼族彝族傣族自治县：2010 年末全县户籍人口为 203 807 人，各少数民族 164 184 人，占总人口的 80.6%。其中，哈尼族 85 729 人，占总人口的 42.06%；彝族 44 797 人，占总人口的 21.98%；傣族 24 829 人，占总人口的 12.18%；其他少数民族人口共计 8829 人，占总人口的 4.33%。[3]

由以上分析可知，从少数民族的角度来考察，玉溪市无论在民族分布还是在民族人口数量上，都是一个以彝族为主体少数民族的地区。除此之外，哈尼族、傣族和回族等少数民族也占有一定份额。

（11）曲靖市

曲靖市民族构成：全市 1 区 1 市 7 县总人口 5 855 055 人，汉族 5 442 131 人，占总人口的 92.95%；各少数民族 412 924 人，占总人口的 7.05%。其中，彝族 223 733 人，占总人口的 3.82%；回族 68 117 人，占总人口的 1.16%；苗族 33 618 人，占总人口的 0.57%；壮族 30 773 人，占总人口的 0.53%；布依族 30 090 人，占总人口的 0.51%；水族 6718 人，占总人口的 0.11%；白族 5572 人，占总人口的 0.1%；哈尼族 2114 人，占总人口的 0.04%；傣族 1507 人，占总人口的 0.04%；傈僳族 556 人，占总人口的 0.01%；其他少数民族人口共计 556 人，占总人口的 0.01%（图 4-13、表 4-16）。

麒麟区民族构成：全区总人口 740 747 人，汉族 704 474 人，占总人口的 95.1%；各少数民族 36 273 人，占总人口的 4.9%。其中，彝族 17 734 人，占总人口的 2.39%；白族 2204 人，占总人口的 0.3%；哈尼族 723 人，占总人口的 0.1%；壮族 1247 人，占总人口的 0.17%；傣族 609 人，占总人口的 0.08%；苗族 1670 人，占总人

① 数据来自《新平彝族傣族自治县 2011 年国民经济和社会发展统计公报》。
② 参见云南省 2001 年各县市民族人口统计. http：//www.datatang.com/data/31999［2015-06-19］。
③ 数据来自《元江哈尼族彝族傣族自治县 2010 年国民经济和社会发展统计公报》。

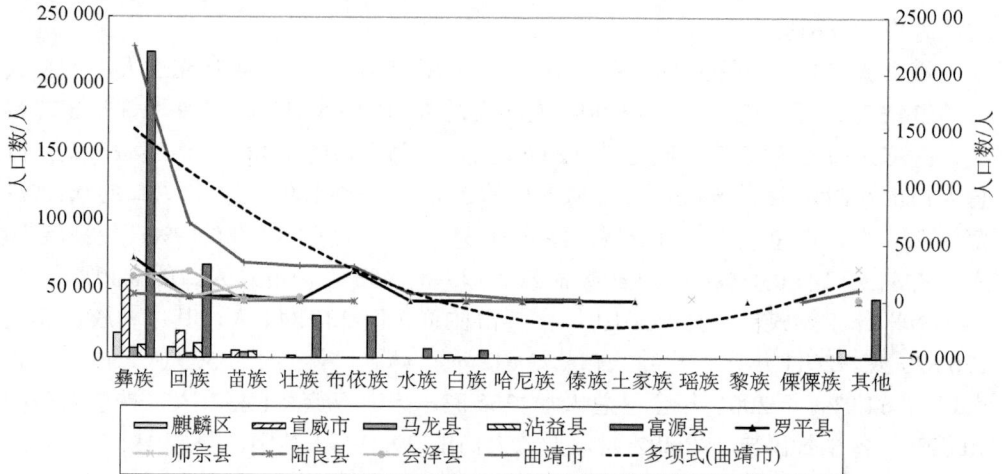

图 4-13 曲靖市各市、县、区少数民族情况示意图

注：师宗县数据来自《师宗县 2012 年国民经济和社会发展统计公报》。会泽县数据来自
会泽县民族宗教侨务事务局 2012 年上半年工作总结及下半年工作计划.
http://www. hzdwgk.gov.cn/news/a/201209/043100326.htm［2015-06-19］

表 4-16 曲靖市各市、县、区少数民族情况分析表

| 地级市 | 行政区划 | 少数民族人口/万人 | 人口较多少数民族 | 人口/万人 | 比重/% |
|---|---|---|---|---|---|
| 曲靖市 | 全市 | 41.2924 | 彝族 | 22.3733 | 54.18 |
| | 麒麟区 | 3.6273 | 彝族 | 1.7734 | 48.89 |
| | 宣威市 | 8.4576 | 彝族 | 5.6196 | 66.44 |
| | 马龙县 | 1.4181 | 彝族 | 0.6574 | 46.36 |
| | 沾益县 | 2.5815 | 彝族 | 0.8992 | 34.83 |
| | 富源县 | 41.2924 | 彝族 | 22.3733 | 54.18 |
| | 罗平县 | 7.3380 | 彝族 | 3.8014 | 51.80 |
| | 师宗县 | 7.6911 | 彝族 | 2.8763 | 37.40 |
| | 陆良县 | 1.0667 | 彝族 | 0.5974 | 56.00 |
| | 会泽县 | 5.4073 | 回族 | 2.6042 | 45.16 |
| | | | 彝族 | 2.1434 | 39.64 |

注：师宗县数据来自《师宗县 2012 年国民经济和社会发展统计公报》。会泽县数据来自会泽县民族宗教侨务事务局 2012 年上半年工作总结及下半年工作计划. http://www.hzdwgk.gov.cn/news/a/201209/043100326.htm［2015-06-19］

口的 0.23%；傈僳族 191 人，占总人口的 0.03%；回族 7306 人，占总人口的 0.99%；其他少数民族人口共计 6559 人，占总人口的 0.89%。

宣威市民族构成：全市总人口 1 302 891 人，汉族 1 218 315 人，占总人口的 93.51%；各少数民族 84 576 人，占总人口的 6.49%。其中，彝族 56 196 人，占总人口的 4.31%；白族 584 人，占总人口的 0.04%；回族 19 200 人，占总人口的 1.47%；壮族 1501 人，占总人口的 0.12%；傣族 183 人，占总人口的 0.01%；苗族 5165 人，占总人口的 0.40%；哈尼族 371 人，占总人口的 0.03%；布依族 171 人，占总人口的 0.01%；其他少数民族人口共计 1205 人，占总人口的 0.09%。

马龙县民族构成：全县总人口 184 989 人，汉族 170 808 人，占总人口的 92.33%；各少数民族 14 181 人，占总人口的 7.67%。其中，彝族 6574 人，占总人口的 3.55%；苗族 4143 人，占总人口的 2.24%；回族 2833 人，占总人口的 1.53%；白族 117 人，占总人口的 0.06%；布依族 91 人，占总人口的 0.05%；壮族 74 人，占总人口的 0.04%；傣族 57 人，占总人口的 0.03%；其他少数民族人口共计 292 人，占总人口的 0.16%。

沾益县民族构成：全县总人口 431 058 人，汉族 405 243 人，占总人口的 94.01%；各少数民族 25 815 人，占总人口的 5.99%。其中，彝族 8992 人，占总人口的 2.09%；白族 276 人，占总人口的 0.06%；哈尼族 189 人，占总人口的 0.04%；壮族 217 人，占总人口的 0.05%；傣族 217 人，占总人口的 0.05%；苗族 4510 人，占总人口的 1.05%；傈僳族 109 人，占总人口的 0.03%；回族 10 367 人，占总人口的 2.41%；其他少数民族人口共计 938 人，占总人口的 0.22%。

富源县民族构成：全市总人口 722 640 人，汉族 309 716 人，占总人口的 42.86%；各少数民族 412 924 人，占总人口的 57.14%。其中，彝族 223 733 人，占总人口的 30.96%；回族 68 117 人，占总人口的 9.43%；苗族 33 618 人，占总人口的 4.65%；壮族 30 773 人，占总人口的 4.26%；布依族 30 090 人，占总人口的 4.16%；水族 6718 人，占总人口的 0.93%。白族 5572 人，占总人口的 0.77%；哈尼族 2114 人，占总人口的 0.29%；傣族 1507 人，占总人口的 0.21%；傈僳族 556 人，占总人口的 0.08%；其他少数民族人口共计 43 744 人，占总人口的 6.05%。

罗平县民族构成：全县总人口 549 680 人，汉族 476 300 人，占总人口的 86.65%；各少数民族 73 380 人，占总人口的 13.35%。其中，彝族 38 014 人，占总人口的 6.92%；布依族 26 168 人，占总人口的 4.76%；苗族 4328 人，占总人口的 0.79%；回族 3040 人，占总人口的 0.55%；壮族 697 人，占总人口的 0.13%；白族 371 人，占总人口的 0.07%；土家族 188 人，占总人口的 0.03%；哈尼族 118 人，占总人口的 0.02%。傣族 68 人，占总人口的 0.01%；黎族 66 人，占总人口的 0.01%；水族 64 人，占总人口的 0.01%；其他少数民族人口共计 258 人，占总人口的 0.05%。

师宗县民族构成：2012 年末全县各少数民族 76 911 人，其中，彝族 28 763 人；壮族 28 035 人；苗族 13 639 人；回族 3150 人；瑶族 2318 人；其他少数民族人口共计 29 041 人。①

陆良县民族构成：全县总人口 622 397 人，汉族 611 730 人，占总人口的 98.29%；各少数民族 10 667 人，占总人口的 1.71%。其中，彝族 5974 人，占总人口的 0.95%；回族 3643 人，占总人口的 0.59%；苗族 113 人，壮族 138 人，布依族 134 人，白族 158 人，哈尼族 107 人；其余 24 个少数民族人口共计 400 人，占总人口的 0.06%。

会泽县民族构成：2010 年全县少数民族 54 073 人，占全县总人口的 5.3%。其中，回族 26 042 人，彝族 21 434 人，壮族 3481 人，苗族 1221 人，其他少数民族人口共计 1895 人。②

由以上分析可知，从少数民族的角度来考察，曲靖市无论在民族分布还是在民族人口数量上，都是一个以彝族为主体少数民族的地区。除此之外，回族、苗族、壮族、布依族等少数民族也占有一定份额。

（12）丽江市

丽江市民族构成：全市 5 个县（区）总人口 1 244 769 人，汉族 537 893 人，占总人口的 43.21%；各少数民族 706 876 人，占总人口的 56.79%。其中，彝族 243 282 人，占总人口的 19.54%；纳西族 240 580 人，占总人口的 19.33%；傈僳族 115 730 人，占总人口的 9.30%；其他少数民族人口共计 107 284 人，占总人口的 8.62%（图 4-14、表 4-17）。

古城区民族构成：2010 年末，全区户籍总人口 152 315 人，各少数民族 120 030 人，占总人口的 78.8%。其中，纳西族 90 409 人，占总人口的 59.4%，白族 20 827 人，占总人口的 13.7%；其他少数民族人口共计 8794 人，占总人口的 5.77%。

永胜县民族构成：2006 年末，全县各少数民族 126 685 人。其中，傈僳族 49 695 人、彝族 48 903 人、纳西族 9420 人、白族 6925 人、傣族 4176 人、回族 2737 人、藏族 1062 人、普米族 1056 人、苗族 887 人、壮族 885 人、怒族 17 人、独龙族 14 人、蒙古族 69 人、基诺族 1 人、水族 12 人、满族 24 人、布依族 75 人、哈尼族 30 人、拉祜族 13 人、佤族 59 人、景颇族 2 人、瑶族 4 人、布朗族 14 人，其他少数民族人口共计 839 人。③

华坪县民族构成：全县总人口 168 028 人。其中，汉族 113 324 人，占总人口的 67.44%；各少数民族 54 704 人，占总人口的 32.56%。其中，彝族 15 199 人，占总人口的 9.05%；傈僳族 27 699 人，占总人口的 16.48%；其他少数民族人口共计 11 806 人，占总人口的 7.03%。

玉龙纳西族自治县民族构成：2013 年末全县户籍人口 218 694 人，各少数民

---

① 数据来自《师宗县 2012 年国民经济和社会发展统计公报》。

② 参见会泽县民族宗教侨务事务局 2012 年上半年工作总结及下半年工作计划. http：//www.hzdwgk. gov.cn/news/a/201209/043100326.htm［2015-06-19］。

③ 参见丽江永胜县数字乡村新农村建设信息网. http：//www.ynszxc.gov.cn/CountyModel/Show Document.aspx?DepartmentId=857&Did=857&id=2257432［2015-06-19］。

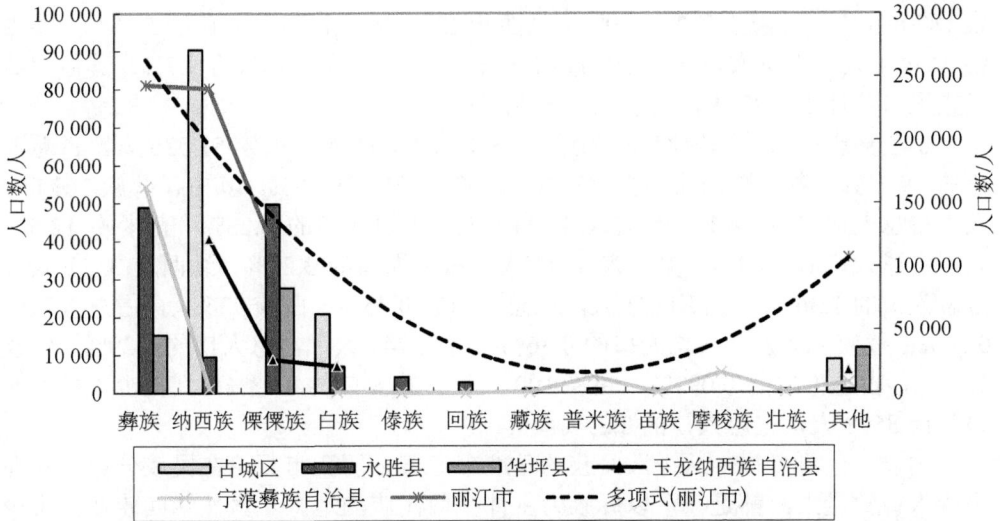

图 4-14　丽江市各县、区少数民族情况示意图

注：永胜县数据来自丽江永胜县数字乡村新农村建设信息网. http ：//www.ynszxc.gov.cn/CountyModel/ShowDocument.aspx?DepartmentId=857&Did=857&id=2257432 ［2015-06-19］。玉龙纳西族自治县数据来自《玉龙纳西族自治县 2013 年国民经济和社会发展统计公报》。宁蒗彝族自治县数据来自《2010 年宁蒗彝族自治县第六次全国人口普查主要数据公报》

表 4-17　丽江市各县、区少数民族情况分析表

| 地级市 | 行政区划 | 少数民族人口/万人 | 人口较多少数民族 | 人口/万人 | 比重/% |
|---|---|---|---|---|---|
| 丽江市 | 全市 | 70.6876 | 彝族 | 24.3282 | 34.42 |
| | | | 纳西族 | 24.0580 | 34.03 |
| | 古城区 | 12.0030 | 纳西族 | 9.0409 | 75.32 |
| | | | 白族 | 2.0827 | 17.35 |
| | 永胜县 | 12.6685 | 傈僳族 | 4.9695 | 39.23 |
| | | | 彝族 | 4.8903 | 38.60 |
| | 华坪县 | 5.4704 | 傈僳族 | 2.7699 | 50.63 |
| | | | 彝族 | 1.5199 | 27.78 |
| | 玉龙纳西族自治县 | 18.7864 | 纳西族 | 12.2024 | 64.95 |
| | | | 傈僳族 | 2.6494 | 14.10 |
| | 宁蒗彝族自治县 | 20.7843 | 彝族 | 16.3059 | 78.45 |

注：永胜县数据来自丽江永胜县数字乡村新农村建设信息网. http ：//www.ynszxc.gov.cn/CountyModel/ShowDocument.aspx?DepartmentId=857&Did=857&id=2257432 ［2015-06-19］。玉龙纳西族自治县数据来自《玉龙纳西族自治县 2013 年国民经济和社会发展统计公报》。宁蒗彝族自治县数据来自《2010 年宁蒗彝族自治县第六次全国人口普查主要数据公报》

族 187 864 人，占总人口的 85.9%，纳西族 122 024 人，占总人口的 55.8%，傈僳族 26 494 人，占总人口的 12.1%；白族 21 167 人，占总人口的 9.7%；其他少数民族人口共计 18 179 人，占总人口的 8.31%。①

宁蒗彝族自治县民族构成：全县总人口 258 869 人，汉族 51 026 人，占总人口的 19.71%；各少数民族 207 843 人，占总人口的 80.29%。其中，彝族 163 059 人，占总人口的 62.99%；摩梭人 16 119 人，占总人口的 6.23%；普米族 12 526 人，占总人口的 4.84%；傈僳族 8303 人，占总人口的 3.21%；纳西族 3521 人，占总人口的 1.36%；壮族 1173 人，占总人口的 0.45%；白族 936 人，占总人口的 0.36%；藏族 922 人，占总人口的 0.36%；苗族 741 人，占总人口的 0.29%；傣族 238 人，占总人口的 0.092%；回族 100 人，占总人口的 0.03%；其他少数民族人口共计 8508 人，占总人口的 3.29%。

由以上分析可知，从少数民族的角度来考察，丽江市无论在民族分布还是在民族人口数量上，都是一个以彝族为主体少数民族的地区。虽然纳西族在该市少数民族中也占有较多份额，但是，纳西族分布相对集中在玉龙纳西族自治县和古城区两个地区，影响范围较小，总体上该州受彝族文化和藏-傈文化影响较大。除此之外，傈僳族等少数民族也占有一定份额。

（13）保山市

保山市民族构成：全市 1 区 4 县普查实际登记总人口 2 506 491 人，汉族 2 248 140 人，占总人口的 89.69%；少数民族 258 351 人，占总人口的 10.31%。其中，彝族 81 524 人，占总人口的 3.25%；白族 45 890 人，占总人口的 1.83%；傣族 43 049 人，占总人口的 1.72%；傈僳族 34 423 人，占总人口的 1.37%；回族 12 436 人，占总人口的 0.50%；苗族 10 580 人，占总人口的 0.42%；布朗族 9834 人，占总人口的 0.39%；其他少数民族人口共计 20 615 人，占总人口的 0.82%（图 4-15、表 4-18）。

隆阳区民族构成：全区总人口 935 618 人，汉族 805 353 人，占总人口的 86.08%；各少数民族 130 265 人，占总人口的 13.92%。其中，彝族 42 320 人，占总人口的 4.52%；白族 40 401 人，占总人口的 4.32%；傣族 20 133 人，占总人口的 2.15%；傈僳族 12 728 人，占总人口的 1.36%；苗族 4596 人，占总人口的 0.49%；回族 3496 人，占总人口的 0.37%；满族 1413 人，占总人口的 0.15%；德昂族 1075 人，占总人口的 0.11%；其他少数民族人口共计 4103 人，占总人口的 0.44%。

施甸县民族构成：全县总人口 305 223 人，汉族 281 529 人，占总人口的 92.24%；各少数民族 23 694 人，占总人口的 7.76%。其中，彝族 10 990 人，占总人口的 3.6%；白族 923 人，占总人口的 0.3%；傣族 844 人，占总人口的 0.28%；傈僳族 294 人，占总人口的 0.1%；回族 898 人，占总人口的 0.29%；布朗族 7602 人，占总人口的 2.49%；其他少数民族人口共计 2143 人，占总人口的 0.70%。

腾冲县民族构成：全县总人口 644 765 人，汉族 595 955 人，占总人口的

---

① 数据来自《玉龙纳西族自治县 2013 年国民经济和社会发展统计公报》。

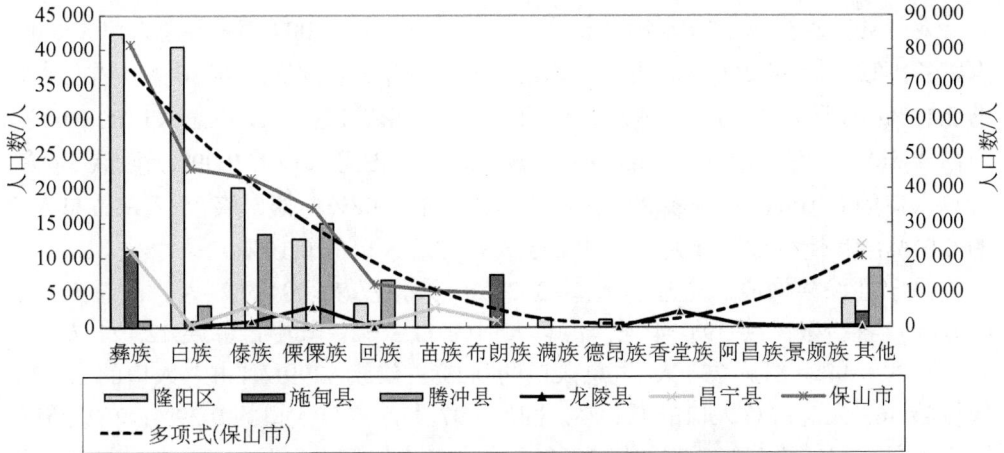

图 4-15　保山市各县、区少数民族情况示意图

注：龙陵县数据来自《龙陵县统计局 2007 年人口统计公报》

**表 4-18　保山市各县、区少数民族情况分析表**

| 地级市 | 行政区划 | 少数民族<br>人口/万人 | 人口较多<br>少数民族 | 人口/万人 | 比重/% |
|---|---|---|---|---|---|
| 保山市 | 全市 | 25.8351 | 彝族 | 8.1524 | 31.56 |
| | | | 白族 | 4.5890 | 17.76 |
| | | | 傣族 | 4.3049 | 16.66 |
| | 隆阳区 | 13.0265 | 彝族 | 4.2320 | 32.49 |
| | | | 白族 | 4.0401 | 31.02 |
| | | | 傣族 | 2.0133 | 15.46 |
| | 施甸县 | 2.3694 | 彝族 | 1.0990 | 46.38 |
| | | | 布朗族 | 0.7602 | 32.08 |
| | 腾冲县 | 4.8810 | 傣族 | 1.3434 | 27.52 |
| | | | 傈僳族 | 1.4911 | 30.55 |
| | 龙陵县 | 1.4266 | 傈僳族 | 0.6086 | 42.66 |
| | 昌宁县 | 3.9014 | 彝族 | 2.2121 | 56.70 |
| | | | 傣族 | 0.6299 | 16.15 |

注：龙陵县数据来自《龙陵县统计局 2007 年人口统计公报》

92.43%；各少数民族 48 810 人，占总人口的 7.57%。其中，彝族 1024 人，占总人口的 0.16%；白族 3208 人，占总人口的 0.50%；傣族 13 434 人，占总人口的 2.08%；傈僳族 14 911 人，占总人口的 2.31%；回族 6776 人，占总人口的 1.05%；其他少数民族人口共计 9 457 人，占总人口的 14.67%。

龙陵县民族构成：2010 年全县总人口 277 319 人。2007 年全县总人口 278 082 人，各少数民族 14 266 人，占总人口的 5.13%。其中，傈僳族 6086 人，占总人口的 2.19%；香堂族 4685 人，占总人口的 1.68%；傣族 1799 人，占总人口的 0.65%；阿昌族 868 人，占总人口的 0.31%；白族 262 人，占总人口的 0.09%；回族 34 人，占总人口的 0.01%；景颇族 222 人，占总人口的 0.08%；德昂族 35 人，占总人口的 0.01%；其他少数民族人口共计 275 人，占总人口的 0.10%。[①]

昌宁县民族构成：全县总人口 343 566 人，汉族 304 552 人，占总人口的 88.64%；各少数民族 39 014 人，占总人口的 11.36%。其中，彝族 22 121 人，占总人口的 6.44%；白族 794 人，占总人口的 0.23%；傣族 6299 人，占总人口的 1.83%；傈僳族 465 人，占总人口的 0.14%；回族 997 人，占总人口的 0.29%；苗族 5586 人，占总人口的 1.63%；布朗族 1929 人，占总人口的 0.56%；其他少数民族人口共计 823 人，占总人口的 0.24%。

由以上分析可知，从少数民族的角度来考察，保山市无论在民族分布还是在民族人口数量上，都是一个以彝族为主体少数民族的地区。除此之外，白族、傣族、傈僳族、回族和苗族等少数民族也占有一定份额。

（14）普洱市

普洱市民族构成：全市 10 个县（区）总人口为 2 542 898 人，汉族 991 585 人，占总人口的 38.99%；各少数民族 1 551 313 人，占总人口的 61.01%。其中，哈尼族 454 666 人，占总人口的 17.88%；彝族 421 052 人，占总人口的 16.56%；拉祜族 303 937 人，占总人口的 11.95%；佤族 150 164 人，占总人口的 5.91%；傣族 144 117 人，占总人口的 5.67%；布朗族 15 543 人，占总人口的 0.61%；其他少数民族人口共计 61 834 人，占总人口的 2.43%（图 4-16、表 4-19）。

思茅区民族构成：全区总人口 296 565 万人，汉族 187 971 人，占总人口的 63.38%；各少数民族 108 594 人，占总人口的 36.62%。其中，彝族 40 323 人，占总人口的 13.6%；哈尼族 27 393 人，占总人口的 9.24%；傣族 10 241 人，占总人口的 3.45%；苗族 8259 人，占总人口的 2.78%；拉祜族 6021 人，占总人口的 2.03%；白族 3439 人，占总人口的 1.16%；傈僳族 3183 人，占总人口的 1.07%；其他少数民族人口共计 9735 人，占总人口的 3.28%。

宁洱哈尼族彝族自治县民族构成：全县总人口 18.57 万人，汉族 88 101 人，占总人口的 47.44%；各少数民族 97 618 人，占总人口的 52.56%。其中，哈尼族 45 998 人，占总人口的 24.77%；彝族 35 726 人，占总人口的 19.24%；拉祜族 1911 人，占总人口的 1.03%；佤族 361 人，占总人口的 0.02%；傣族 6442 人，占总人口的 3.47%；布朗族 223 人，占总人口的 0.01%；其他少数民族人口共计 6957 人，占总人口的 3.75%。

---

① 数据来自《龙陵县统计局 2007 年人口统计公报》。

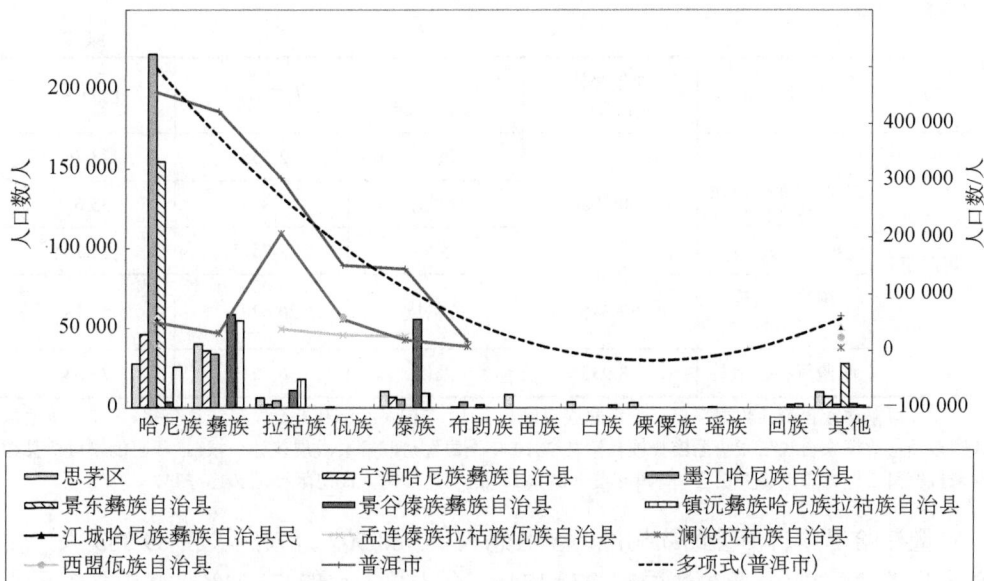

图 4-16　普洱市各县、区少数民族情况示意图

注：景东彝族自治县数据来自《景东彝族自治县 2012 年国民经济和社会发展统计公报》。江城哈尼族彝族
自治县数据来自《江城哈尼族彝族自治县 2010 年国民经济和社会发展统计公报》。西盟佤族自治县数据来
自普洱市地方志编纂委员会. 普洱年鉴（2016）. 昆明：云南人民出版社，2016：347

表 4-19　普洱市各县、区少数民族情况分析表

| 地级市 | 行政区划 | 少数民族人口/万人 | 人口较多少数民族 | 人口/万人 | 比重/% |
|---|---|---|---|---|---|
| 普洱市 | 全市 | 155.1313 | 哈尼族 | 45.4666 | 29.31 |
| | 思茅区 | 10.8594 | 彝族 | 4.0323 | 37.13 |
| | 宁洱哈尼族彝族自治县 | 9.7618 | 哈尼族 | 4.5998 | 47.12 |
| | | | 彝族 | 3.5726 | 36.60 |
| | 墨江哈尼族自治县 | 27.1124 | 哈尼族 | 22.2174 | 81.95 |
| | 景东彝族自治县 | 18.21 | 彝族 | 15.45 | 84.84 |
| | 景谷傣族彝族自治县 | 13.4428 | 彝族 | 5.8574 | 43.57 |
| | | | 傣族 | 5.5642 | 41.39 |
| | 镇沅彝族哈尼族拉祜族自治县 | 11.1969 | 彝族 | 5.4826 | 48.97 |
| | 江城哈尼族彝族自治县 | 9.8779 | 哈尼族 | 5.7473 | 58.18 |

续表

| 地级市 | 行政区划 | 少数民族人口/万人 | 人口较多少数民族 | 人口/万人 | 比重/% |
|---|---|---|---|---|---|
| 普洱市 | 孟连傣族拉祜族佤族自治县 | 10.7086 | 傣族 | 2.5555 | 23.86 |
| | | | 拉祜族 | 3.8132 | 35.61 |
| | | | 佤族 | 2.7525 | 25.70 |
| | 澜沧拉祜族自治县 | 37.3862 | 拉祜族 | 20.6283 | 55.18 |
| | 西盟佤族自治县 | 8.9336 | 佤族 | 6.7519 | 75.58 |

注：景东彝族自治县数据来自《景东彝族自治县 2012 年国民经济和社会发展统计公报》。江城哈尼族彝族自治县数据来自《江城哈尼族彝族自治县 2010 年国民经济和社会发展统计公报》。西盟佤族自治县数据来自普洱市地方志编纂委员会. 普洱年鉴（2016）. 昆明：云南人民出版社，2016：347

墨江哈尼族自治县民族构成：全县总人口 36.0507 万人，汉族 89 383 人，占总人口的 24.79%；各少数民族 271 124 人，占总人口的 75.21%。其中，哈尼族 222 174 人，占总人口的 61.63%；彝族 33 624 人，占总人口的 9.33%；傣族 5161 人，占总人口的 1.43%；拉祜族 4273 人，占总人口的 1.19%；布朗族 3524 人，占总人口的 0.98%；瑶族 604 人，占总人口的 0.17%；其他少数民族人口共计 1764 人，占总人口的 0.49%。

景东彝族自治县民族构成：2012 年末全县户籍总人口 36.55 万人，各少数民族 18.21 万人，占总人口的 49.82%。其中，彝族人口 15.45 万人，占总人口的 42.3%；其他少数民族人口共计 27 600 人，占总人口的 7.55%。[①]

景谷傣族彝族自治县民族构成：全县总人口 291 672 万人，汉族 157 244 人，占总人口的 53.91%；各少数民族 134 428 人，占总人口的 46.09%。其中，傣族 55 642 人，占总人口的 19.08%；彝族 58 574 人，占总人口的 20.08%；拉祜族 10 802 人，占总人口的 3.70%；哈尼族 3483 人，占总人口的 1.19%；回族 1950 人，占总人口的 0.67%；布朗族 1719 人，占总人口的 0.59%；其他少数民族人口共计 2258 人，占总人口的 0.77%。

镇沅彝族哈尼族拉祜族自治县民族构成：全县总人口 208 606 万人，汉族 96 637 人，占总人口的 46.33%；各少数民族 111 969 人，占总人口的 53.67%。其中，彝族 54 826 人，占总人口的 26.28%；哈尼族 25 394 人，占总人口的 12.17%；拉祜族 17 906 人，占总人口的 8.58%；傣族 8875 人，占总人口的 4.25%；回族 2127 人，占总人口的 1.02%；白族 1558 人，占总人口的 0.75%；其他少数民族人口共计 1286 人，占总人口的 0.62%。

江城哈尼族彝族自治县民族构成：2010 年全县总人口 121 500 人，各少数民

---

① 数据来自《景东彝族自治县 2012 年国民经济和社会发展统计公报》。

族 98 779 人，占总人口比重的 81.30%。①其中，哈尼族 57 473 人，占总人口的 47.30%；其他少数民族人口共计 41 306 人，占总人口的 33.99%。

孟连傣族拉祜族佤族自治县民族构成：全县总人口 135 538 万人，汉族人口为 28 452 人，占总人口的 20.99%；各少数民族 107 086 人，占总人口的 79.01%。其中，傣族 25 555 人，占总人口的 18.85%；拉祜族 38 132 人，占总人口的 28.13%；佤族 27 525 人，占总人口的 20.31%；哈尼族 9585 人，占总人口的 7.07%；其他少数民族人口共计 6289 人，占总人口的 4.64%。

澜沧拉祜族自治县民族构成：全县总人口 491 884 万人，汉族 118 022 人，占总人口的 23.99%；各少数民族 373 862 人，占总人口的 76.01%。其中，拉祜族 206 283 人，占 41.94%；佤族 55 672 人，占总人口的 11.32%；哈尼族 49 715 人，占总人口的 10.11%；彝族 31 215 人，占总人口的 6.35%；傣族 18 757 人，占总人口的 3.81%；布朗族 7346 人，占总人口的 1.49%；其他少数民族人口共计 61 834 人，占总人口的 12.57%。

西盟佤族自治县民族构成：截至 2015 年，西盟佤族自治县有汉族、佤族、拉祜族、傣族、彝族、哈尼族等 24 个民族，其中少数民族人口 89 336 人，占总人口的 94.7%；民族自治地区主体自治民族（佤族）人口 67 519 人，占少数民族总人口的 75.6%。②

由以上分析可知，从少数民族的角度来考察，普洱市无论在民族分布还是在民族人口数量上，都是一个以哈尼族、彝族、拉祜族为主体少数民族的地区。除此之外，佤族、傣族和布朗族等少数民族也占有一定份额。

（15）临沧市

临沧市人口民族构成：全市 1 区 7 县普查实际登记总人口为 2 429 505 人，汉族 1 523 670 人，占总人口的 62.72%；各少数民族 905 835 人，占总人口的 37.28%。其中，彝族 355 266 人，占总人口的 14.62%；佤族 235 165 人，占总人口的 9.68%；傣族 114 312 人，占总人口的 4.71%；拉祜族 85 818 人，占总人口的 3.53%；布朗族 40 434 人，占总人口的 1.66%；白族 30 904 人，占总人口的 1.27%；回族 10 081 人，占总人口的 0.41%；傈僳族 9237 人，占总人口的 0.38%；苗族 8856 人，占总人口的 0.36%；其他少数民族人口共计 15 762 人，占总人口的 0.65%（图 4-17、表 4-20）。

临翔区民族构成：全区共有彝族、白族、傣族、壮族等 23 种少数民族分布。2010 年全区总人口 323 708 人，汉族 262 979 人，占总人口的 81.24%；各少数民族 60 729 人，占总人口的 18.76%。2014 年末常住人口为 33.23 万人，少数民族人口 68 683 人，占总人口的 21.3%。2001 年全区总人口为 273 834 人，其中汉族 222 342 人，占总人口的 81.20%；各少数民族 51 492 人，占总人口的 18.80%。其

---

① 数据来自《江城哈尼族彝族自治县 2010 年国民经济和社会发展统计公报》。
② 普洱市地方志编纂委员会. 普洱年鉴（2016）. 昆明：云南人民出版社，2016：347.

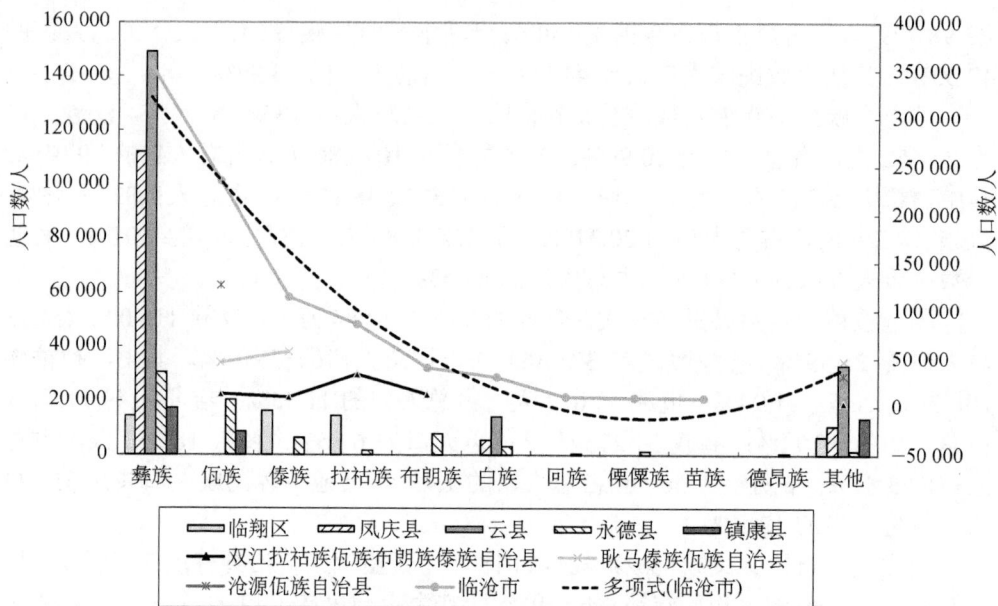

图 4-17　临沧市各县、区少数民族情况示意图

注：临翔区、凤庆县、云县、镇康县数据来自云南省 2001 年各县市民族人口统计.
http：//www.datatang.com/data/31999［2015-06-20］。双江拉祜族佤族布朗族傣族自治县数据来自
http：//www.sszzxx.com/html/gdgk/gd/2011/0419/7895.html［2015-06-20］

表 4-20　临沧市各县、区少数民族情况分析表

| 地级市 | 行政区划 | 少数民族人口/万人 | 人口较多少数民族 | 人口/万人 | 比重/% |
|---|---|---|---|---|---|
| 临沧市 | 全市 | 90.5835 | 彝族 | 35.5266 | 39.22 |
| | | | 佤族 | 23.5165 | 25.96 |
| | | | 傣族 | 11.4312 | 12.62 |
| | 临翔区 | 5.1492 | 彝族 | 1.4326 | 27.82 |
| | | | 傣族 | 1.6139 | 31.34 |
| | 凤庆县 | 12.8032 | 彝族 | 11.2019 | 87.49 |
| | 云县 | 19.6201 | 彝族 | 14.9030 | 75.96 |
| | 永德县 | 7.3015 | 彝族 | 3.0443 | 41.69 |
| | 镇康县 | 3.9378 | 彝族 | 1.7266 | 43.85 |
| | 双江拉祜族佤族布朗族傣族自治县 | 7.3424 | 拉祜族 | 3.3692 | 45.89 |
| | 耿马傣族佤族自治县 | 15.01 | 傣族 | 5.69 | 37.91 |
| | 沧源佤族自治县 | 15.8341 | 佤族 | 14.2813 | 90.19 |

注：临翔区、凤庆县、云县、镇康县数据来自云南省 2001 年各县市民族人口统计. http：//www.datatang.
com/data/31999［2015-06-20］。双江拉祜族佤族布朗族傣族自治县数据来自 http：//www.sszzxx.com/
html/gdgk/gd/2011/0419/7895.html［2015-06-20］

中，彝族 14 326 人，占总人口的 5.23%；傣族 16 139 人，占总人口的 5.89%；拉祜族 14 406 人，占总人口的 5.26%；其他少数民族人口共计 6621 人，占总人口的 2.42%。①

凤庆县民族构成：全县总人口 458 322 人，共有彝族、白族、苗族、回族、傣族、布朗族等 23 个少数民族分布，少数民族人口 134 114 人，占全县总人口的 29.3%。2001 年全县总人口 422 083 人，汉族 294 051 人，占总人口的 69.66%；其他少数民族共计 128 032 人，占总人口的 30.34%。其中，彝族 112 019 人，占总人口的 26.54%；白族 5434 人，占总人口的 1.29%；其他少数民族人口共计 10 579 人，占总人口的 2.51%。②

云县民族构成：全县总人口 449 460 人，其中少数民族人口约占总人口的 50%。2001 年全县总人口 402 044 人，汉族 205 843 人，占总人口的 51.20%；各少数民族 196 201 人，占总人口的 48.80%。其中，彝族 149 030 人，占总人口的 37.07%；白族 14 113 人，占总人口的 3.51%；其他少数民族人口共计 33 058 人，占总人口的 8.22%。③

永德县民族构成：全县总人口 369 702 人，汉族 296 687 人，占总人口的 80.25%，各种少数民族 73 015 人，占总人口的 19.75%。其中，彝族 30 443 人，占总人口的 8.23%；佤族 20 264 人，占 5.48%；布朗族 7735 人，占总人口的 2.09%；傣族 6196 人，占总人口的 1.68%；白族 3097 人，占总人口的 0.84%；拉祜族 1595 人，占总人口的 0.43%；傈僳族 1285 人，占总人口的 0.35%；回族 492 人，占总人口的 0.13%；德昂族 517 人，占总人口的 0.14%；其他少数民族人口共计 1391 人，占总人口的 0.38%。

镇康县民族构成：全县总人口为 176 356 人，县内聚居着彝族、佤族、傣族、傈僳族、苗族、德昂族、白族、拉祜族、布朗族等 22 种少数民族，各少数民族人口为 53 978 人，占全县总人口的 31.7%。2001 年全县总人口 155 997 人，汉族 116 619 人，占总人口的 74.76%；各少数民族 39 378 人，占总人口的 25.24%。其中，彝族 17 266 人，占总人口的 11.07%；佤族 8577 人，占总人口的 5.50%；其他少数民族人口共计 13 535 人，占总人口的 8.68%。④

双江拉祜族佤族布朗族傣族自治县民族构成：2013 年全县总人口 17 万人。有拉祜、佤、布朗、傣、白、彝等 23 种少数民族，少数民族人口占 45%。⑤2006 年全县少数民族人口 73 424 人，占全县总人口的 44.47%，其中拉祜族 33 692 人，佤族 13 246 人，布朗族 12 769 人，傣族 9659 人，分别占全县总人口的 20.4%、

---

① 参见云南省 2001 年各县市民族人口统计. http://www.datatang.com/data/31999〔2015-06-20〕。
② 参见云南省 2001 年各县市民族人口统计. http://www.datatang.com/data/31999〔2015-06-20〕。
③ 参见云南省 2001 年各县市民族人口统计. http://www.datatang.com/data/31999〔2015-06-20〕。
④ 参见云南省 2001 年各县市民族人口统计. http://www.datatang.com/data/31999〔2015-06-20〕。
⑤ 参见 http://baike.haosou.com/doc/6423800-6637472.html#6423800-6637472-5〔2015-06-20〕。

8%、7.7%、5.8%[①]；其他少数民族人口共计 4058 人，占总人口的 2.57%。

耿马傣族佤族自治县民族构成：全县总人口 296 302 万人，各少数民族 15.01 万人，占总人口的 50.66%。其中，傣族 5.69 万人，占总人口的 19.20%；佤族 4.58 万人，占总人口的 15.46%；其他少数民族人口共计 15 762 人，占总人口的 5.32%。

沧源佤族自治县民族构成：2010 年全县常住人口为 179 098 人。其中，汉族人口占 11.59%，各少数民族人口 158 341 人，占总人口的 88.41%，佤族人口 142 813 人，占总人口的 79.74%；其他少数民族人口共计 15 528 人，占总人口的 8.67%。

由以上分析可知，从少数民族的角度来考察，临沧市无论在民族分布还是在民族人口数量上，都是一个以彝族、佤族为主体少数民族的地区。除此之外，傣族、拉祜族和布朗族等少数民族也占有一定份额。

（16）昭通市

昭通市民族构成：全市 1 区 10 县常住总人口 5 213 533 人，汉族 4 683 478 人，占总人口的 89.83%；各少数民族 530 055 人，占总人口的 10.17%。其中，回族 180 962 人，占总人口的 3.47%；苗族 172 622 人，占总人口的 3.31%；彝族 161 302 人，占总人口的 3.09%；其他少数民族人口共计 15 169 人，占总人口的 0.29%（图 4-18、表 4-21）。

昭阳区民族构成：全区常住人口 787 845 人，汉族 656 519 人，占总人口的 83.33%；各少数民族 131 326 人，占总人口的 16.67%。其中，回族 102 999 人，占总人口的 13.07%；苗族 6644 人，占总人口的 0.84%；彝族 19 731 人，占总人口的 2.50%；其他少数民族人口共计 1952 人，占总人口的 0.25%。

鲁甸县民族构成：全县常住人口 390 654，汉族 309 323 人，占总人口的 79.18%；各少数民族 81 331 人，占总人口的 20.82%。其中，回族 69 124 人，占总人口的 17.69%；苗族 2 029 人，占总人口的 0.52%；彝族 9 205 人，占总人口的 2.36%；其他少数民族人口共计 973 人，占总人口的 0.25%。

巧家县民族构成：全县总人口 535 631 人（第六次全国人口普查数据），居住着汉、彝、苗、回、布依、壮、仲、白等 27 个民族。全县少数民族共有 27 641 人，其中彝族 16 327 人，苗族 6158 人，布依族 4429 人；其他少数民族人口共计 727 人。[②]

盐津县民族构成：全县总人口 369 881 人，汉族 355 893 人，占总人口的 96.22%；各少数民族 13 988 人，占总人口的 3.78%。其中，回族 177 人，占总人口的 0.05%；苗族 13 381 人，占总人口的 3.62%；彝族 148 人，占总人口的 0.04%；其他少数民族人口共计 282 人，占总人口的 0.08%。

大关县民族构成：全县总人口 263 225 人，汉族 241 522 人，占总人口的 91.76%；各少数民族 21 703 人，占总人口的 8.25%。其中，回族 5735 人，占总

---

① 参见 http://www.sszzzxx.com/html/gdgk/gd/2011/0419/7895.html［2015-06-20］。

② 参见巧家县民族宗教事务局 2013 年 5 月公布数据. http://www.bht.yn.gov.cn/Article/2013/2013050 8092832.html［2015-06-20］。

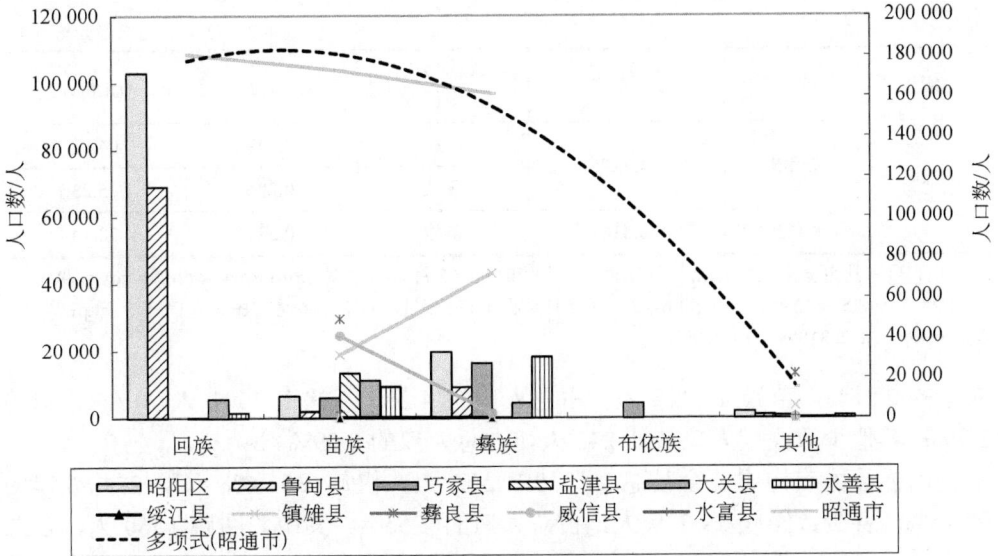

图 4-18 昭通市各县、区少数民族情况示意图

注：巧家县数据来自巧家县民族宗教事务局 2013 年 5 月公布数据. http：//www.bht.yn.gov.cn/
Article/2013/20130508092832.html［2015-06-20］。绥江县数据来自云南省 2001 年各县市民族人口统计.
http：//www.datatang.com/data/31999［2015-06-20］

表 4-21 昭通市各县、区少数民族情况分析表

| 地级市 | 行政区划 | 少数民族<br>人口/万人 | 人口较多<br>少数民族 | 人口/万人 | 比重/% |
|---|---|---|---|---|---|
| 昭通市 | 全市 | 53.0055 | 彝族 | 16.1302 | 30.43 |
| | | | 苗族 | 17.2622 | 32.57 |
| | | | 回族 | 18.0962 | 34.14 |
| | 昭阳区 | 13.1326 | 回族 | 10.2999 | 78.43 |
| | | | 彝族 | 1.9731 | 15.02 |
| | 鲁甸县 | 8.1331 | 回族 | 6.9124 | 84.99 |
| | | | 彝族 | 0.9205 | 11.32 |
| | 巧家县 | 2.7641 | 彝族 | 1.6327 | 59.07 |
| | 盐津县 | 1.3988 | 苗族 | 1.3381 | 95.66 |
| | 大关县 | 2.1703 | 苗族 | 1.1222 | 51.71 |
| | 永善县 | 2.9779 | 彝族 | 1.8171 | 61.02 |
| | 绥江县 | 0.0515 | 彝族 | 0.0100 | 19.42 |
| | | | 苗族 | 0.0344 | 66.80 |
| | 镇雄县 | 10.9305 | 彝族 | 7.1945 | 65.82 |
| | 彝良县 | 7.1336 | 苗族 | 4.9398 | 69.25 |

续表

| 地级市 | 行政区划 | 少数民族人口/万人 | 人口较多少数民族 | 人口/万人 | 比重/% |
|---|---|---|---|---|---|
| 昭通市 | 威信县 | 4.3278 | 苗族 | 4.0792 | 94.11 |
| | | | 彝族 | 0.2263 | 5.23 |
| | 水富县 | 0.4162 | 苗族 | 0.3277 | 78.74 |

注：巧家县数据来自巧家县民族宗教事务局 2013 年 5 月公布数据. http://www.bht.yn.gov.cn/Article/2013/20130508092832.html［2015-06-20］。绥江县数据来自云南省 2001 年各县市民族人口统计. http://www.datatang.com/data/31999［2015-06-20］

人口的 2.18%；苗族 11 222 人，占总人口的 4.26%；彝族 4501 人，占总人口的 1.7%；其他少数民族人口共计 245 人，占总人口的 0.09%。

永善县民族构成：全县总人口 394 267 人，汉族 364 488 人，占总人口的 92.45%，各少数民族 29 779 人，占总人口的 7.55%。其中，回族 1560 人，占总人口的 0.40%；苗族 9313 人，占总人口的 2.36%；彝族 18 171 人，占总人口的 4.61%；其他少数民族人口共计 735 人，占总人口的 0.19%。

绥江县民族构成：2010 年末全县户籍人口 166 182 人，各少数民族人口 970 人。[①] 2001 年全县总人口 154 449 人，汉族 153 934 人，占总人口的 99.67%；各少数 515 人，占总人口的 0.33%。其中，彝族 100 人，占总人口的 0.06%；苗族 344 人[②]，占总人口的 0.22%；其他少数民族人口共计 71 人，占总人口的 0.05%。

镇雄县民族构成：全县总人口 1 328 375 人，汉族 1 219 070 人，占总人口的 91.77%；各少数民族 109 305 人，占总人口的 8.23%。其中，彝族 71 945 人，占总人口的 5.42%；苗族 31 301 人，占总人口的 2.36%；其他少数民族人口共计 6059 人，占总人口的 0.46%。

彝良县民族构成：全县总人口 521 838 人，汉族 450 502 人，占总人口的 86.33%；各少数民族 71 336 人，占总人口的 13.67%。其中，苗族 49 398 人，占总人口的 9.47%；其他少数民族人口共计 21 938 人，占总人口的 4.20%。

威信县民族构成：全县总人口 385 865 人，汉族 342 587 人，占总人口的 88.78%；各少数民族 43 278 人，占总人口的 11.22%。其中，苗族 40 792 人，占总人口的 10.57%；彝族 2263 人，占总人口的 0.59%；其他少数民族人口共计 223 人，占总人口的 0.06%。

水富县民族构成：全县总人口 102 143 人，汉族人口为 97 981 人，占总人口的 95.93%；各少数民族 4162 人，占总人口的 4.07%。其中，苗族 3277 人，占总人口的 3.21%；其他少数民族人口共计 885 人，占总人口的 0.87%。

---

① 数据来自《绥江县 2010 年国民经济和社会发展统计公报》。

② 参见云南省 2001 年各县市民族人口统计. http://www.datatang.com/data/31999［2015-06-20］。

　　由以上分析可知，从少数民族的角度来考察，昭通市无论在民族分布上还是在民族人口数量上，都没有哪个少数民族能够占据绝对主导地位，且少数民族人口总量只占该州总人口 10.17%，份额较小。苗族、回族和彝族在民族分布和民族人口数量上都没有表现出较大的差距。在与该州相毗邻的昆明市、曲靖市、稍远的楚雄彝族自治州，彝族在众多少数民族中都占绝对主导地位，因此，昭通市总体上处于彝族文化的影响范围，当然，不同的地区有差异。例如，昭阳区、鲁甸县的回族人口聚集相对较为集中，盐津县、大关县、彝良县、威信县的苗族人口聚集相对较为集中，但人口数量较少，影响有限。

　　5. 区域教育发展

　　江泽民同志曾说过，"国运兴衰，系于教育"[1]。振兴民族的希望在教育，振兴教育的希望在教师。教师队伍和学校建设是民族文化传承区域教育发展的重要保障。云南省十分重视教师队伍，特别是民族师资队伍的建设。高等院校和中等师范学校为云南民族文化教育的开展培养了大批合格的师资。例如，云南师范大学，其前身是西南联合大学 1938 年在昆明组建时增设的西南联合大学师范学院，自建校至 2013 年已为国家培养各级各类人才 20 余万人，为云南民族文化教育的开展培养了大批、各类合格的人才，被誉为"红土高原上的教师摇篮"。此外，云南省还专门建立了 11 所中等民族师范学校，在 8 个民族自治州建立了 4 所高等民族师范专科学校，在 127 个县建立了教师进修学校，6 所教育学院，不断为民族文化教育事业输送合格的教师（图 4-19）。

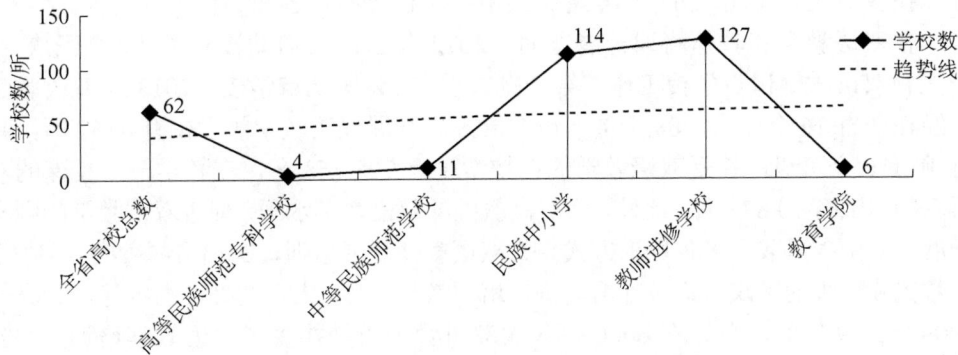

图 4-19　云南省民族教育力量情况示意图

　　中华人民共和国成立以来，云南教育事业特别是民族文化教育事业有了长足的发展。据云南省教育厅调查统计数据，截止到 2013 年[2]，云南共有 2.8 万余所

---

　　① 江泽民. 振兴民族的希望在教育. 1994. http://cpc.people.com.cn/GB/64184/64185/180137/10818710. html

　　② 2013 年各项教育发展情况调查数据，部分来源于云南省政府网站于 2014 年 4 月 30 日公布的《云南省 2013 年国民经济和社会发展统计公报》中的教育部分统计数据，部分来源于云南省教育厅民族教育处统计数据。

各级各类学校，在校学生数共计 935.6 万名，教职工 54.58 万人。全省人均受教育年限由 6.32 年提高到 8 年。

在高等教育发展方面，2013 年全省已有高等学校 62 所，其中普通本科院校 19 所，独立学院 7 所，高职（专科）学校 36 所，这 62 所高等学校包含成人高等学校 5 所。普通高校教职工 28 894 人，专任教师 16 819 人。普通高等教育在校生人数 77.45 万人[①]，高等教育毛入学率达 25.8%。

在中等教育发展方面，2013 年全省共有中等专业学校 143 所，中等技术学校 115 所，中等师范学校 28 所，职业中学 5474 所，普通中学 2242 所，其中中等职业学校在校生 59.53 万人，普通高中在校生 73.74 万人，普通初中在校生 187.33 万人。初中阶段学龄人口毛入学率达 95.55%，初中毕业生升学率达 77.9%，高中阶段毛入学率达 72.1%。

在初等教育发展方面，2013 年全省共有小学 24 078 所，小学教学点 27 864 个，小学在校生 392.10 万人。全省共有幼儿园 2247 个，专任教师 1.80 万人，在园幼儿 119.02 万人；小学学龄儿童毛入学率达 99.5%，学前教育毛入园率达 54.2%。全省少数民族适龄儿童入学率达到 97.35%，各级各类学校少数民族在校生比例稳步增长。

在民族寄宿制学校建设方面，全省共有 41 所省定寄宿制民族中小学（其中中学为 26 所、小学为 15 所），33 个县一中办有民族部，云南师范大学在其附属中学还举办了民族班专门招收少数民族学生，另外还有 5500 多所半寄宿制民族高小分布在各地区。除此之外，114 所民族中小学也分布在各州、市、县地区。

在双语教学和教师培训开展方面，2012 年云南省启动设立了 14 个民族 18 个文种双语教学试点学校工作，第一批共设立 32 所试点学校。2013 年双语教学已经在全省 16 个州市、88 个县（市）展开。开展双语教学的学校有 4167 所，共有 10 176 个班级，接受双语教学的在校学生有 208 768 名，在教学一线授课的双语教师总数有 10 872 人。此外，为提高教师的双语教学水平，促进双语教学的顺利开展，云南省采取了多种培训方式，为双语教师开展培训，2013 年共举办了 13 个少数民族语种的民汉双语教师培训班，培训教师 1050 人。此外，据统计，2001—2009 年的 9 年间，总计有 6000 多人次双语骨干教师接受了双语教学培训。2007 年，云南省还专门为 7 个人口较少的民族开办了双语教师培训班，有 300 多名教师参加了双语教学培训。这些培训班的开办，既从源头上大大提高了民族地区学校教师的教学技能和教学水平，打破了民族地区学校发展中教师教学水平不高的瓶颈，又从根本上提高了民族地区学校的办学质量，有力地推动了民族地区学校教育的发展，为民族文化传承教育在民族地区学校的顺利开展打下了良好的

---

① 据《春城晚报》2015 年 4 月 23 日消息，2014 年云南全省高等教育各级各类学生总数 82.4 万人，其中全日制本专科生达 57.7 万人，高等教育毛入学率达 28.3%。

基础。

在民族语言文字和教材制定方面，云南省抓住民文教材建设，民汉双语教师培训、双语教师试点学校建设三个重点，深入开展民汉双语教学工作。2013年全省共有14个民族18个语种的368本新课改教材被编译、审定并出版，这些出版的教材，特别关注了民族地区的幼儿教育和小学教育，幼儿学前班教材、小学一至五年级语文教材、小学一年级数学教材被顺利编定和出版。此外，全省编译审定"三生教育"（生命教育、生活教育、生存教育）民文教材5个民族6种文字共12本；为了减轻民族地区家庭的负担，所有修审印制的民文教材，均免费发行到各民族地区双语教学校、教学点，供民族地区学生使用，这项政策大大激发了民族地区学生学习的动力，进一步促进了民族地区双语教学质量的提高和民族文化教育在学校的顺利开展。民族教育教材的编定出版和免费使用在促进民族地区教育质量发展的同时，无疑对于促进民族团结和维护边疆稳定起到了良好的作用。

在教育经费投入方面，从2000年到2013年的14年间，全省累计投入教育经费4638.41亿元，仅"十一五"期间，全省累计投入教育经费1700亿元。农村义务教育经费保障机制改革顺利推进，2000—2009年的10年间累计投入义务教育保障资金达187.07亿元。2000年以来全省高校各级各类资助共投入36.48亿元，中等职业学校国家助学金投入19.57亿元。2013年，全省教育经费投入超过900亿元，全省12个区域性职教园区累计完成投资144.77亿元，如图4-20所示。

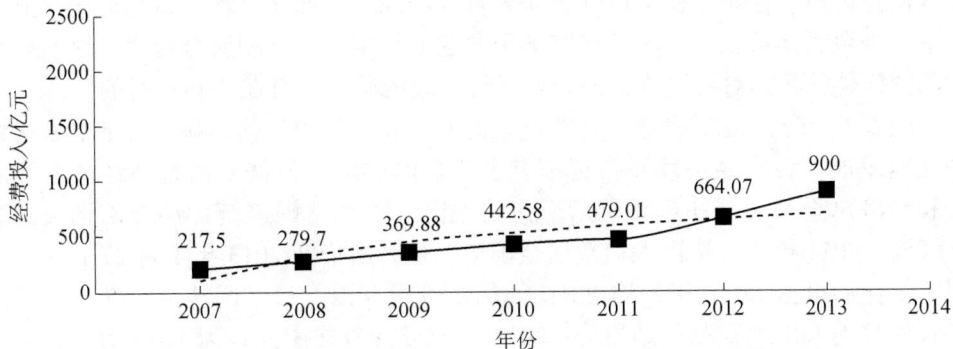

图4-20　云南省2007—2013年教育经费投入示意图

资料来源：《中国教育统计年鉴2007》《中国教育统计年鉴2008》《中国教育统计年鉴2009》《中国教育统计年鉴》《中国教育统计年鉴2011》《中国教育统计年鉴2012》《中国教育统计年鉴2013》

在"两基"目标实现方面，2013年，全省129个县（市、区）实现了"基本普及九年义务教育，基本扫除青壮年文盲"的"两基"目标，2013年学前三年毛入园率达54.2%，小学适龄儿童入学率达到98.29%，初中毛入学率达到103.12%；小学、初中在校生巩固率分别达到91.6%和98.09%，教师学历合格率分别达到

98.07%和98.25%。

在教育信息化建设方面，2013年6月14日召开的云南省教育信息化工作会指出，全省教育信息化经费投入已累计超过10亿，中小学生机比达到27.3：1，建立校园网的学校数达到862所，所有本科院校和38.9%的高职高专院校接入了中国教育科研计算机网。到2015年，云南基本实现校校有宽带环境。

综上所述，云南省教师队伍的建设和各类学校教育的发展为民族文化传承区域教育的开展奠定了坚实的教育基础。

### 三、经济地理基础

受自然地理不利条件等因素的限制，云南各少数民族在相对独立的空间中发展的同时还造成了民族地区经济、文化和社会制度的落后。在中华人民共和国成立前，云南各民族还分别处于原始社会末期、奴隶社会、封建领主制、封建地主制等不同社会发展阶段。20世纪初，人类学家对以云南省为主的西部省份做了长期的社会调查，在此基础上，认为"大杂居、小聚居"是中国少数民族空间格局的基本特征。基于2000年和2010年两次人口调查数据，以县域统计区为研究地域单元，研究者运用定量的、空间的分析方法研究云南省少数民族人口的空间现状格局及其历史演变，并发现全省少数民族人口主要集中在云南西部一些经济相对落后的地区，在2000—2010年的11年间，大部分少数民族均从自己原来的集聚区向外扩散。这表明在全球化宏观大背景和地方工业化进程的微观环境交互影响下，少数民族从以往的内部高度集聚向逐渐与主体社会相融合转变，这些转型期的变化使得我们对各民族的协调发展等问题的研究是有益的和及时的。

随着"一带一路""两强一堡"建设的开展和区位优势的凸显，近年来云南经济飞速发展，各项经济发展指标都有了明显的进步，但就云南整体经济发展水平和经济总量来说，还远远落后于内陆地区。笔者从国家统计局云南调查总队了解到，2011年云南贫困人口数居全国第二位。新华网2013年1月21日公布，国家统计局根据2011年人均2300元的新阶段全国农村贫困扶持标准，对云南省农村贫困人口进行测量结果为：2011年末云南省贫困人口为1014万人，居全国第二。《云南省2011年国民经济和社会发展统计公报》显示，2011年末云南省常住人口为4531万人，贫困人口占当年人口总数的22.38%，几乎相当于每4个人里面就有1个贫困人口，云南省总体贫困程度相当严重（图4-21、表4-22）。因此，解决好吃饭问题成了大多数人，特别是贫困地区的人们首先要考虑的问题。贫困，对民族文化的传承造成的影响可想而知。此外，笔者对云南省各地区2013年经济生产总值进行了分析，结果显示：昆明市最高，达3415亿元；其次是曲靖市、红河哈尼族彝族自治州和玉溪市，主要位于滇中城市一带；丽江市、德宏傣族景颇族自治州、保山市等州（市）较低；最低的是怒江傈僳族自治州，年仅87亿元，可以看出云南省各州（市）的经济生产总值差异很大，如图 4-22、表 4-23 所示。

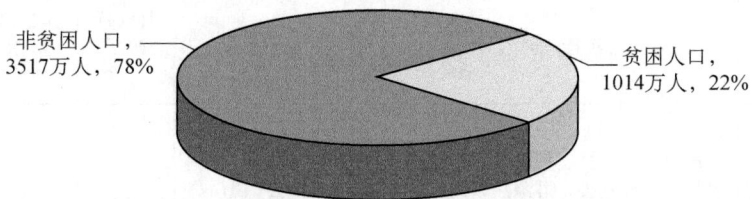

图 4-21　云南省贫困人口示意图（2011 年）

**表 4-22　2014 年云南省国家级贫困县统计表（分布比例）**

| 地级市 | 县级行政区划 | 国家级贫困县 | 县级行政区划/个 | 国家级贫困县/个 | 贫困县比例/% |
|---|---|---|---|---|---|
| 玉溪市 | 红塔区、江川县、澄江县、通海县、华宁县、易门县、峨山彝族自治县、新平彝族傣族自治县、元江哈尼族彝族傣族自治县 | 无 | 9 | 0 | 0.00 |
| 德宏傣族景颇族自治州 | 芒市、瑞丽市、梁河县、盈江县、陇川县 | 梁河县 | 5 | 1 | 20.00 |
| 昆明市 | 呈贡区（含呈贡新区）、盘龙区、五华区、官渡区、西山区、东川区、安宁市、晋宁县、富民县、宜良县、嵩明县、石林彝族自治县、禄劝彝族苗族自治县、寻甸回族彝族自治县 | 东川区、禄劝县、寻甸回族彝族自治县 | 14 | 3 | 21.43 |
| 曲靖市 | 麒麟区、宣威市、马龙县、沾益县、富源县、罗平县、师宗县、陆良县、会泽县 | 富源县、会泽县 | 9 | 2 | 22.22 |
| 西双版纳傣族自治州 | 景洪市、勐海县、勐腊县 | 勐腊县 | 3 | 1 | 33.33 |
| 丽江市 | 古城区、永胜县、华坪县、玉龙纳西族自治县、宁蒗彝族自治县 | 宁蒗彝族自治县、永胜县 | 5 | 2 | 40.00 |
| 红河哈尼族彝族自治州 | 蒙自市、个旧市、开远市、绿春县、建水县、石屏县、弥勒县、泸西县、元阳县、红河县、金平苗族瑶族傣族自治县、河口瑶族自治县、屏边苗族自治县 | 屏边苗族自治县、金平苗族瑶族傣族自治县、泸西县、元阳县、红河县、绿春县 | 13 | 6 | 46.15 |
| 保山市 | 隆阳区、施甸县、腾冲县、龙陵县、昌宁县 | 施甸县、龙陵县、昌宁县 | 5 | 3 | 60.00 |
| 楚雄彝族自治州 | 楚雄市、双柏县、牟定县、南华县、姚安县、大姚县、永仁县、元谋县、武定县、禄丰县 | 双柏县、南华县、大姚县、姚安县、武定县、永仁县 | 10 | 6 | 60.00 |

续表

| 地级市 | 县级行政区划 | 国家级贫困县 | 县级行政区划/个 | 国家级贫困县/个 | 贫困县比例/% |
|---|---|---|---|---|---|
| 大理白族自治州 | 大理市、祥云县、宾川县、弥渡县、永平县、云龙县、洱源县、剑川县、鹤庆县、漾濞彝族自治县、南涧彝族自治县、巍山彝族回族自治县 | 漾濞彝族自治县、鹤庆县、弥渡县、南涧彝族回族自治县、巍山彝族回族自治县、永平县、云龙县、洱源县、剑川县 | 12 | 9 | 75.00 |
| 普洱市 | 思茅区、宁洱哈尼族彝族自治县、墨江哈尼族自治县、景东彝族自治县、景谷傣族彝族自治县、镇沅彝族哈尼族拉祜族自治县、江城哈尼族彝族自治县、孟连傣族拉祜族佤族自治县、澜沧拉祜族自治县、西盟佤族自治县 | 镇沅彝族哈尼族拉祜族自治县、墨江哈尼族自治县、景东彝族自治县、江城哈尼族彝族自治县、孟连傣族拉祜族佤族自治县、西盟佤族自治县、澜沧拉祜族自治县、宁洱哈尼族彝族自治县 | 10 | 8 | 80.00 |
| 临沧市 | 临翔区、凤庆县、云县、永德县、镇康县、双江拉祜族佤族布朗族傣族自治县、耿马傣族佤族自治县、沧源佤族自治县 | 永德县、凤庆县、沧源佤族自治县、镇康县、云县、临翔区、双江拉祜族佤族布朗族傣族自治县 | 8 | 7 | 87.50 |
| 昭通市 | 昭阳区、鲁甸县、巧家县、盐津县、大关县、永善县、绥江县、镇雄县、彝良县、威信县、水富县 | 昭阳区、鲁甸县、巧家县、盐津县、大关县、永善县、威信县、绥江县、彝良县、镇雄县 | 11 | 10 | 90.91 |
| 文山壮族苗族自治州 | 文山市、砚山县、西畴县、麻栗坡县、马关县、丘北县、广南县、富宁县 | 广南县、马关县、砚山县、丘北县、文山市、富宁县、西畴县、麻栗坡县 | 8 | 8 | 100.00 |
| 怒江傈僳族自治州 | 泸水县（六库镇）、福贡县、贡山独龙族怒族自治县、兰坪白族普米族自治县 | 泸水县、兰坪白族普米族自治县、贡山独龙族怒族自治县、福贡县 | 4 | 4 | 100.00 |
| 迪庆藏族自治州 | 香格里拉县、德钦县、维西傈僳族自治县 | 维西傈僳族自治县、香格里拉县、德钦县 | 3 | 3 | 100.00 |
| 全省 | | | 129 | 73 | 56.59 |

资料来源：根据云南省统计局 2014 年统计数据整理

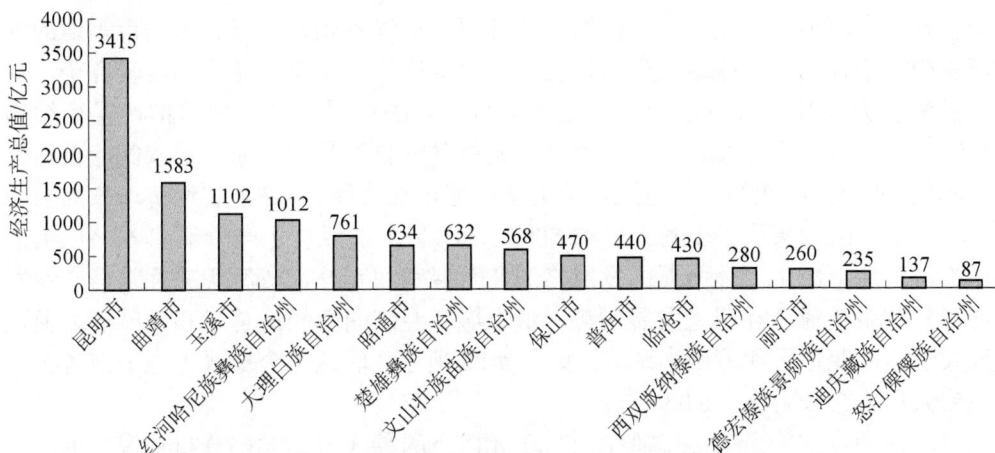

图 4-22　云南省 2013 年各州（市）经济生产总值排名

资料来源：云南省统计局 2013 年统计数据

**表 4-23　云南省 2013 年各州市经济概况统计表①**

| 名称 | 经济生产总值/亿元 | 占全省经济生产总值比重/% | 分布地区 |
|---|---|---|---|
| 云南省 | 12 046 | | |
| 昆明市 | 3 415 | 28.35 | 滇中 |
| 曲靖市 | 1 583 | 13.14 | 滇中 |
| 玉溪市 | 1 102 | 9.15 | 滇中 |
| 昭通市 | 634 | 5.26 | 滇东北 |
| 保山市 | 470 | 3.90 | 滇西南 |
| 普洱市 | 440 | 3.65 | 滇西南 |
| 临沧市 | 430 | 3.57 | 滇西南 |
| 丽江市 | 260 | 2.16 | 滇西北 |
| 红河哈尼族彝族自治州 | 1 012 | 8.40 | 滇南 |
| 大理白族自治州 | 761 | 6.32 | 滇西 |
| 楚雄彝族自治州 | 632 | 5.25 | 滇中 |
| 文山壮族苗族自治州 | 568 | 4.72 | 滇东南 |
| 西双版纳傣族自治州 | 280 | 2.32 | 滇西南 |
| 德宏傣族景颇族自治州 | 235 | 1.95 | 滇西南 |
| 迪庆藏族自治州 | 137 | 1.14 | 滇西北 |
| 怒江傈僳族自治州 | 87 | 0.72 | 滇西北 |

---

① 2011 年国务院公布的《全国主体功能区规划》将滇中地区列为重点开发地区。滇中地区指位于云南中部的昆明、曲靖、楚雄和玉溪四个城市。

处于中部地区的昆明市、曲靖市、红河哈尼族彝族自治州、玉溪市等地的经济生产总值较高。这些地区交通便利，工业基础较为雄厚，城市功能较齐全，综合经济实力较强。目前已形成以昆明市为中心的点网状的地域结构，半径约为100～150千米，包括曲靖市、玉溪市、楚雄彝族自治州和红河哈尼族彝族自治州北部共49个县组成的行政辖区，称为滇中城市经济圈[①]，是全省经济增长的核心区域。这一区域集聚了全省人口的50%、70%以上的经济生产总值和60%以上的税收，已经形成了一体两翼的发展格局和发展空间互补、资源优势互补、产业发展互补和服务业互补四大发展优势。滇中城市经济圈的经济总量和发展潜力要远远大于滇西北地区和滇西南地区，如图4-22所示。而这两个地区也是云南省少数民族人口分布较为集中的区域。

2013年人均经济生产总值在5000元以下的县（市）大都分布在保山市、红河哈尼族彝族自治州、文山市、普洱市、临沧市、怒江傈僳族自治州、昭通市等地区。这些地区市镇经济发展水平较低，工业基础薄弱，经营较粗放，经济增速较缓。它们距离经济核心区相对较远，增长极对其扩散能力较弱。位于滇东北的昭通，滇东南的文山壮族苗族自治州，滇西北的迪庆藏族自治州、怒江傈僳族自治州，滇西南的临沧市、普洱市等州市依然是全省经济最贫困的地区。

位于西部的8个州（市）中有4个州为少数民族自治区，地域面积广阔，2013年土地面积占全省总面积的41%，但经济生产总值之和仅占全省的6.09%，经济发展水平处于全省末端。西部地区多高山峡谷，境内山高坡陡，海拔高差大，交通相对较闭塞，影响了经济、社会的发展，少数民族在这一地区呈高度集中状态。全省25个世居少数民族中，主要集聚地在西部地区共42个县的就有15个，这些民族在各县均为当地的主要民族。其中，6个民族主要分布在滇西北地区，5个民族主要分布在滇西地区，4个民族主要分布在滇西南地区。

由以上分析可以看出，云南世居少数民族总体上主要分布在经济条件落后的偏远地区。地理位置和交通条件制约了当地的经济发展。落后的经济成了阻碍了民族文化在当地传承的重要因素。

综上所述，云南民族文化传承的经济地理基础表现出两个明显的特征：一是贫困人口基数大、贫困程度深、贫困人口分布范围广；二是东、中、西各地区经济发展极不平衡。这些对民族文化的传承都是不利的。

---

① 滇中城市经济圈由云南省政府于2014年10月21日公布，国务院于2015年9月7日正式批复同意设立滇中产业新区。有学者以此为依据，从而把云南其他地区划分为滇西北经济圈和滇南经济圈。这种划分是否科学合理，还没有得到官方的确认。参见蒋海宽. 未来10年，云南新经济版图将现？http://blog.sina.com.cn/s/blog_6f05077e0100nj76.html［2017-06-20］。

# 第二节 民族文化传承分区的原则及角度

云南民族文化传承分区的地理基础是进行民族文化传承分区的重要依据和基础，一个科学、合理的民族文化传承分区的划分必然离不开一定的原则、角度和方法的指导。本节在地理区划与规划理论思想与方法的指导下，借鉴已经相对成熟的自然地理区划的原则，归纳总结了民族文化传承分区的原则，提出了民族文化传承分区的角度及方法。

## 一、民族文化传承分区的原则

目前，很少有学者对民族文化传承分区的基本原则进行过研究，但在自然地理学的研究范围内，对自然地理空间进行区划的原则比较成熟，本书在借鉴已经相对比较成熟的自然地理区划原则[①]的基础上，提出了本书云南民族文化传承分区的基本原则，这种方法是否可行还需要在具体区划过程中进行实践检验，但无论科学与否，建立民族文化传承分区原则的同一标准势在必行。

（一）综合因素原则

所谓综合因素原则指的是在进行自然区划的过程中，"在进行某一级区划时，必须全面考虑构成环境的各组成成分和其本身综合特征的相似和差别，然后挑选出一些具有相互联系的指标作为确定区界的根据。贯彻综合性原则，目的是要保证所划分的单位，是一个具有特点的自然综合体"[②]。以此为依据，笔者对民族文化传承分区综合因素原则进行界定：在进行民族文化传承分区的过程当中，需要全面考虑其文化区的各个组成部分与其综合特征的相似点和差异点，在保证其划分单位具有自然综合体特点的基础上，析出具有关联的文化因子作为区划的权重根据。

（二）行政区划相对完整性原则

所谓行政区划相对完整性原则可以解释为行政区域具有连续性和相对完整

---

[①] 自然区划原则是反映自然地理区域分异的基本法则，是进行自然区划的指导思想，是选取区划指标、建立等级系统、采用不同方法的基本准绳。目前常用的区划原则有发生学原则、综合性原则、主导因素原则、相对一致性原则、区域共轭性原则、生产实践原则等（详细介绍参见赵济主编《中国自然地理（第三版）》）。

[②] 吴三保，赵济. 中国自然地理（第三版）. 北京：科学出版社，1995.

性，行政区域是一种不能独立于区域之外又从属该区域的地域单位。行政区域的相对完整性决定了这种区划原则必须是个体的、完整的，而不是某一区划单位的分离部分。在行政区划相对完整性原则的指导下，我们进行民族文化区划的过程当中应当充分考虑自然和人文因素，即不仅要考虑到自然行政综合体，也要考虑到人文行政综合体，既要注意到行政区域古今发展历程，也要注意到人文发展的古往今来。根据第二章第一节对区域教育概念的分析，即不以行政区划为标准的区域教育是没有意义的，考虑到民族文化传承区域教育的可行性和可操作性，笔者在进行云南民族文化传承分区的基本构想中将主要从县域行政界线相对完整性展开分析。

### （三）主体民族文化主导原则

所谓主导因素原则，指的是"在进行自然区划时，不是对各种因素等量齐观，而是在综合分析的基础上着重于主导因素的探索，从而全面地、综合地分析所有自然因素，在此基础上，找出自然区域的特征及决定区域分异的主导因素"①。

以此为基础，本书把主体民族文化主导原则界定为：在进行民族文化传承分区过程中，应该着重强调以其区域差异的关键因素的某一关键标记作为其不同文化区划分的主要依据。应该特别强调的是，统一指标的划分是进行某一级区划时需要着重注意的。在主体民族文化主导原则中，我们应当注意区分三种重要的情况：首先是自然文化综合体形成发展因素；其次是自然地域分异因素；最后是某一等级界限指标因素。在主导因素原则中，这三者之间既有区别又有联系，其中地域分异是基础，区划指标是区划方法论的标准。主体民族文化主导原则选取能反映区域分异的主导文化因子作为确定区域界限的重要依据。

综上所述，在人地关系地域系统理论和地理区划与规划理论的指导下，综合因素原则、行政区划相对完整性原则、主体民族文化主导原则是我们进行云南民族文化传承分区时所遵循的重要原则。本章依据地理区划与规划理论，在这三个原则的指导下对云南民族文化传承进行分区，为民族文化传承区域教育的开展奠定基础。

## 二、民族文化传承分区的角度

云南各民族居住区随海拔的高度不同而有规律地分布着，虽相互交流却各不侵犯的现象可以说是云南所独有，也是世所罕见的。在同一地区，山底下居住着一个民族，山腰上居住着一个民族，山顶上又居住着另一个民族，甚至居住着更多的民族，所谓"十里不同天，一山不同族"。不同的居住条件、自然生态环境，造成了不同的生产生活方式，也造就了不同的文化区类型。参照自然地理区划中的"自上而下"和"自下而上"的划分方法，依据本书研究对象的特点，本章在云南民族文化传承分区具体划分的过程中主要从民族地理空间分布和民族聚居及行政区划两个角度，采用"自上而下，由大到小，由多到少"①的方法对云南民族文化传承区域进行划分。

（一）民族地理空间分布划分

根据云南少数民族在不同地理空间区位上分布的特点来划分的云南民族文化传承区域，可以分为以下几个主要类型。

1. 河谷文化区

河谷文化区以滇南和滇西南地区为主，在这类文化区生活的少数民族主要有傣族、壮族、哈尼族、瑶族、布朗族、阿昌族、景颇族、拉祜族、佤族、德昂族、基诺族等民族。以河谷文化为特征的少数民族主要居住在海拔低一些的坝区或河谷地带（在 1500 米以下），生产生活以种植水稻、旱稻（山区）为主，经济作物有甘蔗、茶叶，部分民族还有橡胶、紫胶和热带水果等。河谷文化以金沙江河谷傣族文化为典型代表，主要分布在云南大姚湾碧和武定东坡之间，即今云南省西北部和四川省西南部交界的金沙江沿岸。这一区域主要有云南省的武定县、禄劝县、大姚县、永仁县、元谋县、华坪县、宾川县、永胜县，以及四川省的攀枝花等县（市），这些县（市）沿金沙江两岸分布在广大的峡谷地带。这里地处云南省西北部和四川省的西南部的交界地带，森林茂密，地广人稀，高山峡谷连绵不绝，交通条件非常落后，平均海拔在 1100 米左右，常年气候炎热湿润。从文化地理学意义上来说，特有的金沙江河谷"边缘地带"和独特的自然环境孕育、发展了今天独特的傣族河谷文化。但是，随着今天经济发展的日益深入、交通条件的改善、旅游业的大力开发，"边缘地带"已经不再寂寞，大量游客和商业的涌入改变了以往安静的环境，原有的文化在大量新事物的冲击下也不断地发生着改变。

2. 平坝文化区

云南以山地为主，在 39.41 万平方千米的面积中，山地、丘陵占到总面积的94%，盆地河谷面积为 6%，所以云南的坝区所占面积非常有限，仅为 2.4 万平方千米，是云南土地资源的精华。根据我们的调查和网上公布的一些资料，云南面积较大的坝区主要有以下几个：昆明坝（位于昆明市，面积 1071.4 平方千米）、陆良坝（位于曲靖市陆良县，面积 772.0 平方千米）、大理坝（位于大理市，面积601 平方千米）、蒙自坝（位于红河哈尼族彝族自治州蒙自市，面积 544 平方千米）、昭鲁坝（位于昭通市昭阳区、鲁甸县，面积 525 平方千米）、沾曲坝（位于曲靖市麒麟区、沾益县，面积 435.8 平方千米）、固东坝（位于保山市腾冲县，面积 432.8平方千米）、嵩明坝［位于昆明市嵩明县（1983 年前归曲靖管），面积 414.6 平方

---

① "自上而下"即首先从地理空间上对云南进行区域划分，划分为滇中、滇南、滇西等六个区域，其次，根据各州、市、县、区的民族构成概况进行归类总结；"由大到小"即在行政区划上，先从地、州一级划分再到县一级的划分；"由多到少"即从人口相对较多的少数民族到人口相对较少的少数民族，依次划分。

千米]、平远街坝（位于文山壮族苗族自治州砚山县，面积 406.9 平方千米）、祥云坝（位于大理白族自治州祥云县，面积 338.8 平方千米）、盈江坝（位于盈江县，面积 340.0 平方千米）。云南省主要坝区分布如表 4-2 所示。

平坝文化区以滇中和滇北地区为主，在这类地区生活的主要有汉族、白族、回族、彝族、纳西族、蒙古族等民族。以坝区文化为特征的民族主要住在海拔高一些的坝区（1500～2300 米），生产生活以种植水稻、玉米、小麦、蚕豆等粮食作物和烤烟、油料等经济作物为主，饲养猪、牛、羊等家畜。

3. 山地文化区

云南省以高山、丘陵为主要地形地貌特征，山地和丘陵占到了全省总面积的94%，其中半山区面积为 19.6 万平方千米，是全省种植业、养殖业和经济林木的主要分布地区；山区面积 1028 万平方千米，林业、畜牧业资源丰富；高寒山区面积共 7.12 万平方千米，有丰富的森林和草场资源。云南的少数民族多分布在边远的山区，居住在半山区、山区和高寒山区[①]的少数民族统称为山地民族，山地民族形成的文化统称为山地文化。山地文化区以滇东和滇西北地区为主，在这类文化区生活的少数民族主要有傈僳族、藏族、普米族、怒族、独龙族、苗族、彝族等民族。山地民族种植的粮食作物有玉米、马铃薯、青稞、荞子、燕麦等，同时它们还有畜牧业和林业。多山的地貌特征使云南人依山生存，依山生活，形成了淳厚质朴、厚重坚韧的性格，并且造就了云南人特有的"高原情怀，大山精神"。吃苦、耐劳、坚韧，不言败，讷于言而笃于行是云南山地文化精神的真切体现。山地文化以云南省大理白族自治州云龙县的山地文化为典型代表，该地较好地保存了云南独有的山地文化传统。值得我们注意的是，近年来一些文化爱好者还在香格里拉独克宗古城成立了云南山地文化遗产中心。该中心通过创办社区图书馆、开发民族手工艺品、推广生态旅游等保护当地少数民族传统文化。以云南大学尹绍亭教授为代表的研究者，对山地文化开展了深入的研究，出版了《云南山地民族文化生态的变迁》，为开展山地文化研究的学者提供了较好的参考。

（二）民族聚居及行政区划划分

根据行政区划和民族聚居程度，云南民族文化传承分区又可以划分为以下三种类型。

一是居住范围广阔、文化特征突出的文化区。这类文化区主要有楚雄彝族主体文化区、红河哈-彝主体文化区、文山壮族-苗主体文化区、西双版纳傣族主体文化区、大理白族主体文化区、德宏傣-景主体文化区、怒江傈僳族主体文化区、迪庆藏族主体文化区等 8 个以自治州命名的地级行政单位划分的民族主体文化

---

① 《云南省综合农业区划》将滇西海拔 2500 米，滇东海拔 2300 米以上的地带划为高寒层，该层面积约 2370 平方千米，占全省面积的 18.4%。滇西北的高寒层又最为集中，约占全省高寒层总面积的 60%。

区。除此之外，以昆明市为中心的古滇文化区、以大理白族自治州为中心的南诏文化区、以曲靖市为中心的爨氏文化区、以丽江市为中心的东巴文化区、以西双版纳傣族自治州为中心的贝叶文化区、以红河哈尼族彝族自治州为中心的哈彝文化区的文化特征比较突出。在这些文化区内，民族传统文化保存较好、种类丰富，是云南民族传统文化的次级典型代表。

　　二是居住范围较大，文化特征比较突出的文化区。这类文化区主要有禄劝彝族苗族自治县、石林彝族自治县和寻甸回族彝族自治县等 29 个以自治县命名的县级行政单位划分的民族文化区。

　　三是居住范围较小，文化特征比较明显的文化区。这类文化区主要有阿拉彝族文化区、双河彝族文化区、夕阳彝族文化区等 163 个以民族乡命名的乡级行政单位划分的民族文化区。

　　总之，各种地理因素对云南各民族的产生、发展，乃至今天的分布格局产生了巨大作用。中华人民共和国成立以来国家平等的民族政策的实施，尤其是改革开放以来云南少数民族地区经济的飞速发展，使得各族人民之间的往来逐渐增多，各民族之间的经济文化交流逐步加强。少数民族人民逐渐走出大山，走出河谷，进而促进了各民族之间的交流与融合。由此，地形、气候等自然地理因素对民族分布的影响逐渐减弱。云南各少数民族昔日相对集中的分布格局被打破，逐步演变为大杂居、小聚居、交错分布的格局。

# 第三节　云南民族文化分区传承的系统分析

　　在前文对云南省各州、市、地区民族构成、分布等概括分析总结的基础上，根据民族文化传承分区的综合因素原则、行政区划相对完整性原则、主体民族文化主导原则和民族文化传承区域教育开展的可操作性，笔者对云南 8 个地级州、8 个地级市，以及 129 个县（市、区）进行划分。以州为主体，从地理空间角度看，各州、市、县、区又可以划分为滇中彝族主体文化区、滇南哈-彝主体文化区、滇东南壮-苗主体文化区、滇西白族主体文化区、滇西南傣-景主体文化区和滇西北藏-傈主体文化区。以下就各主体文化区民族文化生存的地理环境特征、民族文化传承概况及其存在的问题从民族文化教育传承的角度进行简要分析。

## 一、滇中彝族主体文化区

### （一）彝族文化生存的地理环境特征

滇中彝族主体文化区在地理空间上以楚雄彝族自治州为中心，在主体民族构成上以彝族为主导。与此同时，我们在系统考虑云南民族文化传承分区的综合因素原则、行政区划相对完整性原则及区域主体民族文化主导原则相统合的基础上，亦将与楚雄彝族自治州相毗邻的昆明市，昭通市，曲靖市，大理白族自治州所属的弥渡县、永平县、南涧彝族自治县、巍山彝族回族自治县、漾濞彝族自治县，玉溪市所属的红塔区、江川县、澄江县、通海县、华宁县、易门县、峨山彝族自治县、新平彝族傣族自治县，保山市所属的施甸县、昌宁县，普洱市所属的思茅区、景东彝族自治县、镇沅彝族哈尼族拉祜族自治县，临沧市所属的凤庆县、云县、永德县、镇康县划归滇中彝族主体文化区（表4-24）。

就地理空间而言，滇中彝族主体文化区位于云南省中部，以及相邻的东部、东北部、西南部部分地区，涉及楚雄彝族自治州、大理白族自治州、昆明市、昭通市、曲靖市、保山市、临沧市、玉溪市、普洱市，共计 2 个民族自治州、7 个地级市，所属区域总面积超过 11 万平方千米，地处东经 99°16′~104°50′、北纬 20°14′~27°03′，属云贵高原西部、滇中高原的主体部位。从民族构成来看，滇中彝族主体文化区内共有彝族、苗族、傈僳族、回族、白族、哈尼族、傣族和汉族等 25 个以上民族种类，其中，彝族为该区域内最大的主体少数民族，占区域内少数民族总人口的 30%以上。

**表 4-24　滇中彝族主体文化区涉及地区统计表**

| 地级行政单位 | 所属县级行政单位 |
|---|---|
| 楚雄彝族自治州 | 楚雄市、双柏县、牟定县、南华县、姚安县、大姚县、永仁县、元谋县、武定县、禄丰县 |
| 大理白族自治州 | 弥渡县、永平县、南涧彝族自治县、巍山彝族回族自治县、漾濞彝族自治县 |
| 昆明市 | 呈贡区（含呈贡新区）、盘龙区、五华区、官渡区、西山区、东川区、安宁市、晋宁县、富民县、宜良县、嵩明县、石林彝族自治县、禄劝彝族苗族自治县、寻甸回族彝族自治县 |
| 昭通市 | 昭阳区、鲁甸县、巧家县、盐津县、大关县、永善县、绥江县、镇雄县、彝良县、威信县、水富县 |
| 曲靖市 | 麒麟区、宣威市、马龙县、沾益县、富源县、罗平县、师宗县、陆良县、会泽县 |
| 玉溪市 | 红塔区、江川县、澄江县、通海县、华宁县、易门县、峨山彝族自治县、新平彝族傣族自治县 |
| 保山市 | 施甸县、昌宁县 |
| 普洱市 | 景东彝族自治县、镇沅彝族哈尼族拉祜族自治县 |
| 临沧市 | 凤庆县、云县、永德县、镇康县 |

**（二）彝族民族文化传承现状**

系统的资料梳理表明，就滇中彝族主体文化区的民族文化传承而言，彝族文化是其主要内容。我们从彝族物质文化传承和非物质文化传承两个维度对其进行梳理，具体如下。

从物质文化传承角度看，滇中彝族主体文化区的彝族物质文化传承以服饰文化、建筑文化等为主要内容。在服饰文化方面，一方面，传统的彝族服饰遭遇现代多元服饰样式和服务文化的冲击，除极少部分地区的老一辈彝族同胞外，"擦耳瓦""天菩萨""鸡冠帽""英雄髻"等形制的彝族服饰文化逐步被汉服取代，从布匹制作到染色，进而到缝制、装饰的工艺都面临着相当程度的失传；另一方面，在现代经济形态中具有一定商业推广价值的彝族刺绣得到了较好的传承，其服饰文化中传统的彝族刺绣工艺正逐步与现代技术相融合，成为区域重要的文化产业之一。以此为契机，彝族刺绣文化传承人得到了一定程度的保护和扶持，社会教育形制的彝族服务文化传承得到了较大程度的发展。在建筑文化方面，近年来，滇中彝族主体文化区内"十月太阳历广场"的建设、"彝人古镇"的打造，都在极大程度上起到了保护、传承彝族建筑文化的作用。但是，我们也看到，在围绕现代城市建设而实施的彝族建筑文化传承背后，在滇中彝族主体文化区广大的农村区域，彝族传统的"土掌房、青棚建筑、闪片房、麻秆房、草房、瓦房、木楞房、一颗印"等民居建筑形制也逐步散失生命力，陆续为现代化的砖瓦机构建筑、混凝土结构建筑所取代，更为主要的是，民族传承建筑文化中的斗拱艺术、石雕艺术及部分木雕艺术也随之弱化。此外，在广大的滇中彝族主体文化区内，越来越多的彝族文字、语言、古籍面临失传，年轻一代学习、使用、传播彝族语言、文字的能力逐步减弱，甚至在一定程度上散失。

从非物质文化传承的角度看，为加强非物质文化的传承，自 20 世纪 90 年代末以来，以楚雄彝族自治州为代表的彝族主体文化区，相继成立层次不同、分属不同行政区域的彝族非物质文化普查工作组（队），进一步对彝族文化区内民族民间艺人（主要是民间歌、舞、乐艺人）进行调查，并收集整理相关的文化资料，初步建立了省、州、县（市）彝族文化名录，进一步推动了楚雄彝族自治州非物质文化遗产保护工作；与此同时，在楚雄彝族自治州的主导和推动下，当地还命名了一批民族传统文化保护区和民族文化之乡。"姚安县官屯乡马游坪村、双柏县大麦地镇、武定县环州乡、禄丰县叽啦村、南华县岔河、姚安县左门乡、楚雄市口夸村、元谋县凉山乡"等被认定为彝族传统文化保护区。为了在彝族文化保护区建设的同时进一步传承优秀的彝族文化精髓，云南省还先后将彝族史诗《阿鲁举热》，双柏县彝族史诗《查姆》，楚雄彝族自治州的《彝剧》，姚安、大姚、牟定的《彝族梅葛》，楚雄彝族自治州的火把节，楚雄市彝族的《十二兽舞》，永仁彝族的赛装节，大姚彝族的插花节等列入省级非物质文化遗产保护名录。此外，从彝族节庆文化传承方面看，在整个滇中彝族主体文化区，火把节（星回节）、插花节等彝族传统节庆习俗整体上得到了较为良好的保存，一方面，火把节被定为楚雄彝族自治州州级的文化活动，通过与旅游、招商等的多元结合，逐步演化为一项以楚雄彝族自治州为中心的、辐射区域周边各相关彝族自治县的、盛大的少数民族文化大联欢；另一方面，火把节的相关文化越来越多地被编入滇中彝族主体文化的相当部分中小学的校本课程中，从学校教育的角度加以不同的传承。

楚雄彝族民族文化在社会改革和经济发展中受到较大冲击，从而使其文化的传承出现许多问题，其主要的彝族文化资源面临变迁和消失，具体表现如下：①从彝族文字的传承来看，古彝文是彝族文化特别是彝族文明的重要标志，在彝族文字的继承方面，一般都有毕摩传承，但是随着毕摩的纷纷离世，文字的传承也面临着失传。据初步统计，2015 年，云南省内通晓古彝文字的仅剩十余人，民间毕摩能读懂古彝文字的也仅存五六人。②从彝族文化传承人（毕摩）来看，毕摩是古彝文化传承的继承人，但随着社会的发展，毕摩传承问题突出，年轻人则因为毕摩知识晦涩难懂且报酬又少不愿意当毕摩，随着老毕摩纷纷年事增高，毕摩面临着失传的严重问题。③从彝族歌舞娱乐文化来看，傩舞是彝族舞蹈当中具有代表性的舞种，主要是以"舞蹈、面具、咒辞"三位一体的古老文化形式，来驱逐鬼疫，祈祷平安。然而，这种舞蹈形式已经失传，已经很难有人再会舞之。④从彝族器乐文化来看，彝族文化当中不乏众多器乐，如响篾、闷笛、葫芦笙等，但大部分乐器面临消失的问题。⑤从天文历法等文化形制来看，随着毕摩的纷纷去世，彝族文化中十月历和十八月历的资料已经失传，通晓天文的人已经屈指可数，向天坟也遭到了人为破坏。⑥从彝族宗教文化来看，彝族宗教中的许多大型祭祖、公众祭祀活动已经极少展开，而祭天活动更是少之又少。⑦从彝族节庆文化传承来看，彝族民族传统节日随着社会的发展，其商业性和时代性日渐凸显。⑧从彝族传统工艺文化传承来看，彝族传统工艺技术流失比较严重，如纺织、刺绣、剪纸等技术已经面临失传。

在彝族文化面临各种问题的同时，传承和保护刻不容缓，目前面临的困难主要有五个方面：①通晓传统文化的老人，如毕摩的纷纷去世和继承人的难以接续，使得很多文化和文化的传承失去联系，进而使得文化的传承规划也付之东流。②文化传承的衔接问题突出。年轻一代因为各种原因，不愿意去学习和传承古老文化，使得文化传承衔接困难。③现代社会文化对彝族文化传承的冲击。因为现代社会的发展，各种媒介、交往范围的扩大，外来文化对年轻一代的吸引力远大于古老文化的魅力，使得文化传承的动力日渐弱化。④文化传承基层力量薄弱。这方面突出地表现在基层领导对传统文化继承意义认识不足，这也是文化传承弱化的原因之一。⑤文化传承资金不足。在文化传承中，资金的不足严重制约了文化传承的持续发展。从总体上看，与民族文化传承的优秀区域相比，滇中彝族主体文化区的民族文化传承还存在较大提升与改进的空间，深层原因主要在于区域内彝族文化传承的家庭教育在一定程度上存在缺失，学校教育对彝族文化传承的贡献作用还有待提升，社区教育性质的彝族文化传承实效还有待进一步凸显。

## 二、滇南哈–彝主体文化区

### （一）哈–彝文化生存的地理环境特征

滇南哈–彝主体文化区在地理空间上以红河哈尼族彝族自治州（蒙自市、个旧市、开远市、绿春县、建水县、石屏县、弥勒市、泸西县、元阳县、红河县）为中心，在主体民族构成上以区域内的哈尼族、彝族为主导。与此同时，我们在系统考虑云南民族文化传承分区的综合因素原则、行政区划相对完整性原则及区域主体民族文化主导原则相统合的基础上，亦将与红河哈尼族彝族自治州相毗邻的玉溪市所属的元江哈尼族彝族傣族自治县，普洱市所属的宁洱哈尼族彝族自治县、墨江哈尼族自治县、景谷傣族彝族自治县、江城哈尼族彝族自治县划归滇南哈–彝主体文化区（表4-25）。从地理空间上看，滇南哈–彝主体文化区位于云南省东南部，地处东经101°47′～104°16′、北纬22°26′～24°45′，所属区域总面积超过4万平方千米。区域内主体民族为哈尼族、彝族，两者占区域总人口的40%以上。区域内也有少量的瑶族、回族、拉祜族、布依族等人口，但这些少数民族在文化形制上总体上与区域内主体的哈尼族、彝族文化相交融，形成了与哈尼族、彝族文化共生共荣的哈–彝文化圈。

表4-25　滇南哈–彝主体文化区涉及地区统计表

| 地级行政单位 | 所属县级行政单位 |
| --- | --- |
| 红河哈尼族彝族自治州 | 蒙自市、个旧市、开远市、绿春县、建水县、石屏县、弥勒市、泸西县、元阳县、红河县 |
| 玉溪市 | 元江哈尼族彝族傣族自治县 |
| 普洱市 | 宁洱哈尼族彝族自治县、墨江哈尼族自治县、景谷傣族彝族自治县、江城哈尼族彝族自治县 |

### （二）哈–彝文化传承现状

①从服饰文化上看，当前滇南哈–彝文化区哈尼族、彝族的服饰文化虽得到了一定程度的保存，但从总体上看，区域内传统的民族服饰使用群体更多仅限于中老年群体。年轻一代在现代文明的介入和多元文化的冲击之后，大多在服饰上已与汉族无异。②从节庆文化上看，哈尼族、彝族的节庆在滇南哈–彝文化区得到了相对较为良好的保存。仰阿娜节、扎勒特、新米节、苦扎扎节、火把节等都得到了较好的传承，且与现代文明的接触越来越紧密，围绕传承民族节庆开展的旅游活动、文化娱乐活动正日新月异。但与此同时，传统仰阿娜节、苦扎扎节当中的"青年男女互诉衷肠，互赠手镯、手表、银饰品作为爱情的信物""舂糯米粑粑，酿制香甜的米酒，杀猪宰羊、荡秋千、摔跤、狩猎、唱山歌"等文化形式亦逐步

消弭。③从建筑文化上看，在滇南哈-彝文化区内，依傍山势建立村寨的现象正逐步减少，由正房、厦子耳房组成的传统哈尼族民居在相当程度上被汉式的砖瓦房取代，"火塘"这一哈尼族传承的民居文化形制急剧减少，且火塘所代表的"崇敬自然、保存火种"的民族文化本义逐步为青年人所遗忘。④从梯田文化的传承上看，其虽然被顺利申报为世界文化遗产，但哈尼族在千百年梯田农耕实践中所创造的物质财富和精神财富的总和，以及围绕梯田文化所建立起来的特有的村社组织、生活方式等逐步演化为一种商业化的旅游资源和纯粹的水稻种植区，梯田文化所固有的"人与自然和谐统一"的文化持续弱化。

近年来，随着全球化体系和市场经济大潮的冲击，哈-彝族文化也面临众多文化传承问题，传统的民族村寨面临解体危机，社会出现分化，人们追随市场步伐愈走愈远。其传统文化的生存、发展、传承问题也日趋凸显，具体表现如下。首先，对传统文化重视度不够，非物质文化意识有待增强。由于种种原因，红河哈尼族彝族自治州的非物质文化遗产资源总量并没有完全统计出来，传承和保护的意识还未完全形成，没有形成自觉行动，从而使得文化保护和传承工作难以持续推进。其次，传统文化的专业传承人才欠缺，保护体系不健全。在参与民族文化遗产保护当中，其传承和保护的队伍人数不多，且缺乏系统知识的培训，相关的法规和机制还没有完全形成。再次，传统文化传承所需资金不足。虽然近年文化传承的总体资金投入有所增加，但其经费不足问题仍然存在，整体的经费投入和实际民族文化保护所需资金缺口较大。最后，受市场和现代文明的冲击，人们的价值取向转变，传统技艺面临灭绝。因为市场经济的发展、现代文明的冲击，传统民族文化中大量珍贵资料面临毁弃和流失的危险。

从总体上看，滇南哈-彝主体文化区的文化传承总体上受到较为明显的冲击，问题丛生。其教育传承的问题主要在于：①学校教育在滇南哈-彝民族文化区文化传承的主导型作用发挥不足；②以家庭教育为基础的民族文化传承在这一区域存在明显缺失，口耳相传、代代相授的哈尼族、彝族文化传承因民族文化传承人的培育不足而走向断层；③以社区教育为辅助的民族文化传承在这一区域还处于发展阶段，未能很好地支撑起哈-彝文化的传扬与发展。

## 三、滇东南壮-苗主体文化区

### （一）壮-苗文化生存的地理环境特征

滇东南壮-苗主体文化区在地理空间上以文山壮族苗族自治州为中心，在主体民族构成上以区域内的壮族、苗族为主导。与此同时，我们在系统考虑云南民族文化传承分区的综合因素原则、行政区划相对完整性原则及区域主体民族文化主导原则相统合的基础上，亦将与红河哈尼族彝族自治州相毗邻的红河哈尼族彝族自治州所属的屏边苗族自治县、河口瑶族自治县、金平苗族瑶族傣族自治县划归滇东南壮-苗主体文化区（表4-26）。从地理空间上看，滇东南壮-苗主体文化区位于云南省东南部，地处东经103°35′~106°12′、北纬22°40′~24°28′，区域总面积超过3万平方千米。区域内壮族、苗族人口占区域总人口的近60%，是区域内少数民族的绝对主导。区域内虽然也有一定数量的瑶族、回族、布依族、蒙古族、仡佬族等人口，但总体上散居于以壮族、苗族为主导的民族文化区内。

（二）壮-苗文化传承现状

1. 雕刻技艺文化的传承

从雕刻技艺文化的传承来看，在一年一度的娅歪节活动期间，区域内的壮族等主体民族仍保留着相应的凳子、茶盘、桌子、根雕等的雕刻制作传统，与此同时，节庆期间，还总体上保留着"头一对（牛头雕刻）、男女木脸、三弦、二节棍、长刀、小刀、钉粑一对、独刀、双刀、长棍、铜钱棍、钩链一对、碗、扇子"等物件的制作，总体上较好地传承了壮族、苗族等少数民族的雕刻文化。

**表4-26　滇东南壮-苗主体文化区涉及地区统计表**

| 地级行政单位 | 所属县级行政单位 |
| --- | --- |
| 文山壮族苗族自治州 | 文山市、砚山县、西畴县、麻栗坡县、马关县、丘北县、广南县、富宁县 |
| 红河哈尼族彝族自治州 | 屏边苗族自治县、河口瑶族自治县、金平苗族瑶族傣族自治县 |

2. 社会规范文化的传承

从社会规范文化的传承看，通过"尊敬长辈"、社会生活知识、社会身份等民间文化传承科目，对社会成员进行社会规范的"教化"活动仍旧在滇东南壮-苗文化区得到了较好传扬，在办喜事时，亲戚、朋友挂礼要遵循从大到小的顺序，即长幼顺序绝不能颠倒，劝导扬善惩恶、尊敬长辈、遵从道德规范的家庭教育尤为被重视。

在市场经济条件下，随着各种思想和文化价值观念相互交融，社会生活方式急剧变化，文山壮族苗族自治州民族民间传统文化逐渐流失并面临着消亡的危险。首先，人们对民族传统文化繁荣发展的重要意义认识不足。其主要原因在于人们普遍认为文山壮族苗族自治州是云南省老、少、边、穷的地方，在市场经济大环境下应当以发展经济建设为中心，以发展生产力为首要任务。其次，民族文化研究的中坚力量薄弱，全州民族文化资源总量现状调查不清。由于各种原因的存在，民族文化的研究存在深度不够的问题、资料收集和保存力度不够的问题，许多民间文化处于一种自生自灭状态。再次，民族文化继承衔接人员缺少。随着老的继承人的纷纷谢世，新的继承人逐渐出现空缺，后继无人现象越来越严重。各种民族语言、民俗节庆、民间音乐等都濒临绝境。最后，民族主体意识淡薄。年轻一代在民族语言传承、民族服饰着装、民族节日继承等方面，随着市场经济的发展逐渐淡薄。

综上所述，与民族文化传承的优秀区域相比，滇东南壮-苗主体文化区的民族文化传承还存在较大的提升与改建空间，深层原因主要在于区域内壮-苗文化传承的社会教育在一定程度上缺失，民族主体文化观念意识淡薄；学校教育对彝族文化传承的贡献作用还有待提升，家庭教育彝族文化传承实效有待进一步凸显。

## 四、滇西白族主体文化区

### （一）白族文化生存的地理环境特征

滇西白族主体文化区在地理空间上以大理白族自治州（大理市、祥云县、宾川县、云龙县、洱源县、剑川县、鹤庆县）为中心，在主体民族构成上以区域内的白族为主导。与此同时，我们在系统考虑云南民族文化传承分区的综合因素原则、行政区划相对完整性原则及区域主体民族文化主导原则相统合的基础上，亦将与大理白族自治州相毗邻的丽江市所属的古城区、保山市所属的隆阳区划归滇南哈-彝主体文化区（表4-27）。从地理空间上看，滇西白族主体文化区位于云南省中部偏西，地处东经 98°52′～101°03′、北纬 24°41′～26°42′，所属区域总面积超过 3 万平方千米。区域内主体民族为白族，占区域内总人口的32.18%以上。区域内也有少量的彝族、回族、傈僳族、苗族、纳西族、壮族、藏族等人口，但这些少数民族在文化形制上总体上与区域内主体的白族文化相交融，形成了与白族文化共生共荣的白族文化圈。

**表 4-27　滇西白族主体文化区涉及地区统计表**

| 地级行政单位 | 所属县级行政单位 |
| --- | --- |
| 大理白族自治州 | 大理市、祥云县、宾川县、云龙县、洱源县、剑川县、鹤庆县 |
| 丽江市 | 古城区 |
| 保山市 | 隆阳区 |

### （二）白族文化传承现状

从民族服饰上来看，白族服饰将织、染、绘、绣融为一体，形成了自成一体、别具一格的上关风、下关花、苍山雪、洱海月的典型特征。从民族手工艺品来看，当地主要有白族扎染布、刺绣工艺品、布扎饰品、大理石工艺品等民族文化特色浓厚的手工艺品。从民族歌舞来看，白族歌舞内容丰富，既有白族民歌（俗称白族调）、对歌，又有集诗、歌、舞为一体的绕三灵、打歌，还有民间最为普及的霸王鞭和八角鼓舞。从民族节日来看，白族地区的节日很多，具体可分为集市贸易节日（三月街、渔潭会、松桂会）、宗教节日（本主节、绕三灵、耍海会）、农耕节日（田家乐、火把节、尝新节）等。从宗教文化来看，本主崇拜是白族独特的宗教信仰，它既保留了浓厚的原始宗教色彩，又体现了浓郁的人情味和生活气息。从民族语言传承来看，大理白族自治州十分重视白族语言的教育及研究，并成立了大理州白族文化研究所，也出版了汉文、白文对照的小学语文教材，许多县、乡、镇的小学都开设了白汉双语教学，但是白族语言的使用及传承仍然受到冲击。因现实生活的需要，白族人更加重视学习和使用汉语。尽管在白族聚居地，人们仍使用白族语言作为日常交流语言，但汉语在人们日常生活中使用的比重却不断上升，一些白语专有词汇正被遗忘，越来越多的汉语词汇被借用到白话中。

在全球化市场经济大潮的冲击下，白族文化传承面临的共同问题突出地表现在以下几个方面：①市场经济促进旅游经济的发展，随之而来的是民族文化及民风受到相应冲击，当地居民的道德观、服饰着装和行为习惯发生了某种程度的改变。②民族文化意识淡化。随着社会的发展、旅游业的发展，当地居民在利益驱使之下，为了迎合旅游者的兴趣使得自己本民族文化简单化，出现民族文化意识淡薄的倾向。③文化传承断层现象显现。在市场经济发展的今天，大理白族自治州的文化旅游业发展较其他州更具繁荣景象，在此情况下，民族文化的传承也出现一定时间、一定区域范围的断层现象，影响了优秀民族文化的有效传承。④传统民族文化的整合和梳理不够。在继承和保护传统民族文化的过程当中，一些消极负面文化仍然存在，封建迷信色彩仍然掺杂于传统文化当中，使得社会文明不适现象得不到有效改善。⑤传统民族文化在市场经济条件下缺乏正确积极和正面引导。大理白族自治州的旅游业发展过程中，由于急功近利，人们对发展优秀民族文化的内涵把握不到位，容易出现某种程度的偏差。

从总体上看，滇西白族主体文化区的学校教育在文化传承上发展较好，这与当地政府重视在学校增加白族语言教育的政策是分不开的。但家庭教育和社区教育在民族文化传承上的问题依然存在：①以家庭教育为基础的民族文化传承在这一区域存在明显缺失，口耳相传、代代相授的白族语言等文化因民族文化传承人的培育不足而走向断层；②以社区教育为辅助的民族文化传承在市场经济发展的冲击下，未能很好地支撑起白族文化的传扬与发展。

## 五、滇西南傣–景主体文化区

### （一）傣–景文化生存的地理环境特征

滇西南傣–景主体文化区在地理空间界限上以德宏傣族景颇族自治州和西双版纳傣族自治州为中心，在主体民族构成上以区域内的傣族和景颇族为主导。与此同时，我们在系统考虑云南民族文化传承分区的综合因素原则、行政区划相对完整性原则及区域主体民族文化主导原则相统合的基础上，亦将普洱市所属的思茅区、孟连傣族拉祜族佤族自治县、澜沧拉祜族自治县、西盟佤族自治县，临沧市所属的临翔区、双江拉祜族佤族布朗族傣族自治县、耿马傣族佤族自治县、沧源佤族自治县划归滇西南傣–景主体文化区（表 4-28）。从地理空间上看，滇西南傣–景主体文化区位于云南省南部偏西，地处东经 97°31′～101°50′、北纬22°10′～25°20′，所属区域总面积超过 3 万平方千米。区域内主体民族为傣族和景颇族，占区域内总人口的 38.99%以上。区域内也有少量的阿昌族、德昂族、傈僳族、佤族等人口，但这些少数民族在文化形制上总体上与区域内主体的傣–景文化相交融，形成了与傣–景文化共生共荣的傣–景文化圈。

表 4-28 滇西南傣–景主体文化区涉及地区统计表

| 地级行政单位 | 所属县级行政单位 |
| --- | --- |
| 德宏傣族景颇族自治州 | 芒市、瑞丽市、梁河县、盈江县、陇川县 |
| 西双版纳傣族自治州 | 景洪市、勐海县、勐腊县 |
| 普洱市 | 思茅区、孟连傣族拉祜族佤族自治县、澜沧拉祜族自治县、西盟佤族自治县 |
| 临沧市 | 临翔区、双江拉祜族佤族布朗族傣族自治县、耿马傣族佤族自治县、沧源佤族自治县 |

## （二）傣–景文化传承现状

傣族有《贝叶经》《嘿勐沽勐》《娥并与桑洛》等珍贵的傣文典籍，有著名的傣历、傣戏、傣医。孔雀舞、象脚鼓舞及大型民间集体舞蹈《嘎秧》是其舞蹈精品。傣族先民在贝叶、绵纸上写下了许多优美动人的神话传说、寓言故事、小说、诗歌等，仅用傣文写的长诗就有 550 余部。《召树屯与楠木诺娜》《葫芦信》等是其代表作。傣族舞蹈，如"孔雀舞""象脚鼓舞"等，具有很高的艺术水平和鲜明的民族特色。傣族的雕刻、绘画也具有鲜明的特点。傣族信仰南传佛教，佛塔和佛寺随处可见，佛教建筑艺术是傣族人民宝贵的文化艺术财富。景颇族文化可分为物质文化（编织、工艺制作等）和非物质文化（目瑙载瓦、礼俗文化等）。在语言文字方面，由于历史上景颇族没有文字，许多景颇族传统文化都是以口耳相传的形式传承下来的。因此，这就要求景颇族文化的传承者必须有足够长的时间在本民族文化环境中生活，只有这样才能有机会参与学习本民族文化。景颇族许多的创世纪神话、迁徙历史、生产与生活、礼仪习俗等都是斋瓦和董萨们时代吟诵和创作保存下来的。景颇族人民在劳动生活中创造了丰富的民间口头文学，主要的形式有歌谣、谚语、传说、创世史诗等。融神话、传说、诗歌于一体的《目瑙斋瓦》是景颇族的一部活的口碑历史，也是一部一代又一代地传诵和承袭下来的诗歌体裁的文学巨著。在口头文学方面，景颇族的口头文学发达，集诗、歌、舞于一体的创世史诗《勒包斋娃》，包含了人们对自然界和人类社会方方面面的认识，深受本民族群众的喜爱。除此之外，景颇族的民族饮食文化、民族服饰文化、民族体育文化等也较为丰富多彩。但是随着社会的不断发展，经济全球化愈演愈烈，各民族之间的交往和融合日益加强，景颇族民族传统文化也受到现代化的冲击，使其在继承与发展中面临的问题日益突出，如民族学生只说汉语，平时不再穿传统民族服饰，不愿学习本民族的织布、烹饪等。景颇族儿童也不例外，这使景颇族的优秀传统文化受到较大冲击。

在全球化的市场经济大潮的冲击下，傣-景文化传承面临的共同问题突出地表现在以下几个方面：①传统文化当中部分文化已濒临灭绝。例如，一些反映各少数民族早期生产水平、经济生活、社会形态的生产工具、传统工艺已经很少存在，传统文化中的节庆、祭祀等活动也开始简单化或者很少举行。②传统民族文化实物保护不够。由于各种原因，传统民族文化实物的保护措施和手段很少，各种实物资料流失严重，具有民间代表性的各种实物和民族珍贵艺术品遭到一定程度的损坏。③传统文化继承人衔接断层。同其他民族传统文化传承存在的问题一样，在优秀民族文化传承当中，断层断代现象严重，由于一批老的继承人的过世，综合素养高、专业技能强的传承人才没有及时培养出来，民间文化传承人出现了青黄不接的局面。④民族文化传承资金匮乏。由于资金的匮乏，传统民族文化的保护和发展出现设备缺乏、场地简陋、条件落后等种种落后现象，致使民族文化的传承和保护难以正常开展。⑤民族传统文化的研究和保护层次较低。这些研究大多限于对文化资料的整理和收集，对各种文化现象蕴含的内在的本质还没有进入深层次研究。⑥佛教文化受到冲击。西双版纳傣族村寨几乎都建有佛寺，这不仅是群族之间相区别的标志，也是祭祀、过节时人们聚集的文化中心，更是傣家少年的"学堂"。但这一传统的习俗在现代文明的不断冲击下，已慢慢地淡出傣族文化社会的主流生活而逐步走向边缘化。⑦年轻一代的寺庙生活经历减少。过去，傣族男孩在七岁时都要到佛寺去做和尚，男孩只有当过和尚才被看作是受过教化的人，才有结婚、建立家庭的权利。傣族男孩的启蒙教育，也是从当和尚开始的。傣族男孩进佛寺当"护用"并学习傣族文字、傣族传统文化及佛教基础知识等。当前，有寺庙生活经历的傣族少年越来越少，傣族年轻一代对南传佛教对傣族群众在思想文化、伦理道德、价值标准、社会经济等的影响，以及及传统文学、传统民歌等了解甚少，因此很难了解其文化内涵。这种文化生态环境的缺失意味着社会将失去许多传承民族传统、有文化认同感的青年。⑧学校教育与寺庙教育的差异。寺庙传承与学校教育之间存在区别：寺庙里培养的更多是只受傣族传统文化浸染而对现代科技了解很少的青少年，具备民族传统文化个性却少了跟时代同步的共性；学校培养的学生虽然学到了现代知识，但失去了传承本民族传统文化的个性及本土文化价值观。

综上所述，滇西南傣-景主体文化区的民族文化传承还存在较大提升与改建的空间，深层原因主要在于区域内傣-景文化传承的学校教育对傣-景文化传承的贡献作用还有待提升，社会教育的傣-景文化传承实效还有待凸显，家庭教育在傣-景文化传承中的基础教育作用还需进一步巩固。

## 六、滇西北藏－傈主体文化区

### （一）藏－傈文化生存的地理环境特征

滇西北藏-傈主体文化区在地理空间上以迪庆藏族自治州、怒江傈僳族自治州为中心，在主体民族构成上以区域内的藏族和傈僳族为主导。与此同时，我们在系统考虑云南民族文化传承分区的综合因素原则、行政区划相对完整性原则及区域主体民族文化主导原则相统合的基础上，亦将保山市所属的腾冲县、龙陵县，丽江市所属的永胜县、华坪县、玉龙纳西族自治县、宁蒗彝族自治县划归滇西北藏-傈主体文化区（表4-29）。从地理空间上看，滇西北藏-傈主体文化区位于云南省北部偏西，地处东经98°35′～100°18′、北纬25°33′～29°15′，所属区域总面积超过4万平方千米。区域内主体民族为藏族和傈僳族，占区域内总人口的48.21%以上。与此同时，区域内也有纳西族、白族、彝族、回族、普米族、苗族等部分少数民族的少量分布，但这些少数民族在文化形制上总体上与区域内主体的藏-傈文化相交融，形成了与藏-傈文化共生共荣的藏-傈文化圈。

表4-29　滇西北藏－傈主体文化区涉及地区统计表

| 地级行政单位 | 所属县级行政单位 |
| --- | --- |
| 怒江傈僳族自治州 | 泸水县（六库镇）、福贡县、贡山独龙族怒族自治县、兰坪白族普米族自治县 |
| 迪庆藏族自治州 | 景洪市、勐海县、勐腊县 |
| 保山市 | 腾冲县、龙陵县 |
| 丽江市 | 永胜县、华坪县、玉龙纳西族自治县、宁蒗彝族自治县 |

### （二）藏－傈文化传承现状

迪庆藏族自治州是歌舞之乡，有中甸锅庄舞、维西塔城热巴舞、德钦弦子舞等。多宗教共存共荣的现象，成为迪庆藏族自治州人文景观中一道亮丽的风景，藏传佛教、基督教、东巴教、本教、天主教、伊斯兰教等各具特色。在藏传佛教寺院与藏族民居中，我们可以看到各种各样的壁画，如佛像、菩萨像、宗教人物像、说法图、寺庙图、佛经故事，以及民间传说和神话故事的相关图案等。怒江民俗丰富多彩，独龙族的纹面文化、傈僳族的山地农耕文化、白族支系勒墨和拉玛的古老文化、普米族的山岳生态文化、怒族特有文化等，是三江并流地区人类金色童年的文化宝库。各民族均有不同的宗教信仰，原始宗教、藏传佛教、天主教、基督教并存。傈僳族和独龙族村寨的垛木房及生产、生活用具独具民族特色。傈僳族信仰原始宗教，保存有原始图腾崇拜的遗迹，有"伴朵""迪母瓦""阔时"等民俗节日。傈僳族男女老少都能歌善舞、能弹会唱，民歌朴素感人，曲调丰富。傈僳族文化传承主要体现在以下几个方面。在建筑艺术方面，傈僳民居有着别具一格的建筑特点，山区和半山区主要为木楞房，江边河谷地区主要是土木结构的平房或楼房。在生活习俗方面，傈僳族有着尊老爱幼的传统美德。在生活安排上，晚辈必须绝对服从长辈。在文化艺术方面，傈僳族歌谣种类繁多，内容丰富，流传至今的祭天古歌共有 24 部，内容涵盖神话传说、自然景象、生产生活等诸多方面。在宗教信方面，信仰多元化，除原始宗教外，傈僳族对其他宗教也有较大的包容性，基督教、藏传佛教、天主教等互不干扰，和睦相处，形成了独特的宗教现象。

随着社会的发展、科技的发达、经济的繁荣、宗教和非宗教文化的渗透，以及民间老艺人的过世，许多优秀的民族传统文化逐步消亡。藏-傈民族优秀传统文化的传承面临危机：①传统民族文化保护人才缺乏，能力欠缺。迪庆藏族自治州在民族文化传承和保护中普遍存在的问题就是保护人才的缺乏。很多工作人员对民族文化遗产的保护、开发和继承缺乏相应的研究能力。②资金匮乏。因为经费有限，对民族文化继承人的培养和管理难以展开，许多民间文化的研究工作不能有效开展。③外来文化的冲击。自从 1997 年国务院宣布确认为举世寻觅的世外桃源——"香格里拉"就在迪庆藏族自治州后，旅游成为全州经济的支柱产业，中外游客[①]、各种外来文化大量涌入，本土文化面临着被冲击、被变异甚至被同化的严峻考验。④国外宗教文化渗透，传统信仰发生改变。怒江傈僳族自治州地处边疆，容易受到异国文化的影响，基督教等西方宗教文化的渗入，逐渐使当地居民改变了以前过春节的传统习俗，取而代之的是基督教三大节日，居民信教人数较多，有的县信教人数占全县总人口的比例高达 80%，传统信仰发生改变。⑤年轻一代的文化价值取向逐渐改变。随着怒江傈僳族自治州的大力开发、对外开放交流的日益频繁和便利，以及各种新鲜事物的涌入，大部分年轻一代已经不再学唱民族歌曲，流行音乐、流行歌曲成为年轻人追求的时尚。甚至有很大一部分受过教育的年轻人不再喜欢自己原有的姓氏，而将自己的姓氏改为汉姓。⑥民族服饰和传统建筑普遍面临危机。随着汉族服装和西装的引进，大部分人已经接受了新的服装穿着，除了传统节日，平常基本上都不再穿民族服装。笔者于 2014 年 12 月在怒江傈僳族自治州兰坪白族普米族自治县调查的时候，本以为到处都能碰到

---

① 据云南网于 2015 年 12 月 12 日公布统计数据，"2015 年 1~10 月，迪庆藏族自治州接待游客 1617.04 万人，其中海外游客 99.73 万人，接待国内游客 1517.32 万人。2014 年云南全省接待国内游客 2.81 亿人次，接待海外游客 531.06 万人次。2015 年全省累计接待海外入境游客 1075.32 万人次，接待国内旅游者 3.234 395 亿人次，全省旅游业总收入达 3281.79 亿元"。旅游业的大力发展在给云南带来巨大经济收入的同时，游客流入地民族传统文化的保护与传承面临着巨大的压力。

穿民族服装的人，然而在大街上看到的人们的穿着和内地没有什么区别，街上的建筑和内地没有什么两样，看不到穿民族服装的人，看不到有特色的民族建筑。傍晚，城市广场上跳的是和内地一样的广场舞。农村居民的居住条件也发生了改变，传统的千脚落地房现在也变成了石木结构的房子，现在要想看到一些原汁原味的建筑必须要到偏远的山村。⑦民族传统节日简化甚至消亡。随着新的生活方式的影响逐渐深入，过去经常举行的民俗活动及宗教祭祀仪式，现在已逐渐简化，有的则已消亡。⑧民族语言逐渐消失。怒江流域绝大部分少数民族虽然有自己的语言，但是没有文字。语言是民族文化传承的重要载体，但是在调查中我们发现，在靠近城市或者与汉族等其他民族杂居的村寨，少数民族语言消失得较快，汉语或者某一种民族语成了生活中通用的语言。

从总体上看，滇西北藏-傈主体文化区的文化传承比其他主体文化区的文化传承总体上要好，其原因主要在于：①人们较为重视以家庭教育为基础的民族文化传承；②学校教育和社区教育较好地支撑起藏-傈文化的传扬与发展。但是，也应该看到，在藏-傈文化发展的同时，由于外部环境的影响和冲击，藏-傈文化的传承仍然面临着较大的压力。

## 第四节　云南民族文化分区传承的教育反思

本章第三节向我们展示了云南六大民族主体文化区近年来民族文化传承发展的基本状况。自中共云南省委提出建设民族文化大省的战略以来，云南民族文化传承取得了可喜的成绩，但与云南丰富的民族文化资源相比，与建设民族文化大省的要求相比，所取得的成绩仍然是极为有限的。此外，随着全球化和市场经济的快速发展，云南民族文化传承面临的问题更加严重，一些问题亟待解决。应该说，当前民族文化传承的重要性和迫切性逐渐被人们认识和重视，然而，受制于各种原因，各民族主体文化区民族文化传承仍然面临着各种问题和制约因素。正如第一章文献综述中所提到的，"文化的存在和发展是通过教育来实现的。如果没有教育，任何文化都不会发生"。教育是民族文化传承的重要途径之一，如何从教育的角度找到适合民族文化传承的路径是本章要解决的重要问题。

### 一、民族文化传承与区域教育的关联性

区域教育即教育的区域性，即所有的教育都必定是在一定的区域空间内发生的，这个空间可大可小，往往没有严格的范围和界线。因此，我们这里所讨论的民族文化传承与区域教育的关系也就是在一定地理空间上的民族文化传承与教育

的关系。

教育作为人类文化传承的重要途径，在民族文化传承过程中起着重要作用。教育方法的选择、教学手段的改进、教育目标的制定、教学课程的设置、教育内容的选择、教育效果的衡量（考核）标准等无不影响着教育对民族文化传承的质和量。教育在民族文化的传承过程中，一方面促进着民族文化的传承和创新，另一方面制约和影响着民族文化传承的效果。教育是文化的一种生命机制，是文化产生和发展不可或缺的因素和部分。文化的存在和发展是通过教育来实现的。

（一）民族文化与教育互为依存、相互促进

教育离不开文化，教育除了受一定社会的政治制度、经济发展的影响外，在教育思想、制度、内容和方法等各方面无不受到文化的影响。教育一方面受到文化的影响；另一方面又是发展文化、创造文化的最重要的手段。教育总是根据时代的要求、社会的需要来对文化加以选择和改造的。因此，教育是文化传承的主要形式，是文化创新的首要基础，文化是教育活动的基本内容。教育作为人类文化传承的重要途径，在民族文化的传承过程中起着不可或缺的重要作用。文化的存在和发展是通过教育来实现的。如果没有教育，任何文化都不会发生；如果没有教育，文化很难显示出活力和历史长度。因此，教育是文化的一种生命机制，是文化产生和发展不可或缺的因素和部分。教育是一种培养人的社会活动，是传承社会文化、传递生产经验和社会生活经验的基本途径。

（二）教育与民族文化的传承相伴而生

民族文化是教育的源泉，教育是民族文化得以保留和传承的重要途径。没有文化传统就不会有教育，教育必须以民族文化为前提和基础。因此，教育必须继承民族传统文化，承认历史和传统对人类的作用，并根据民族传统采取特定的教育行动向下一代提供有关人类历史发展的范例和参照系。弘扬优秀的民族传统文化是教育的一项重要任务。《中华人民共和国教育法》第一章总则的第七条明确规定："教育应当继承和弘扬中华民族优秀的历史文化传统，吸收人类文明发展的一切优秀成果。"文化正是通过教育传播到社会个体及群体当中，形成特定的心理倾向、思维习惯、审美意识和道德观念，并逐步积淀下来，凝聚为传统。传统的文化通过教育影响着一代又一代人，而每一代人在自我完善和实现过程中又进行新的创造，进而产生新的文化。

然而，如何发挥教育在我国优秀民族文化传承中的重要作用？我国民族教育学家在经过多年对国内外民族教育理论和多元文化教育理论的潜心研究和分析之后，在我国"多元一体格局"的背景下提出了"多元文化整合教育理论"，即"一个多民族国家的教育在担负人类共同文化成果传递功能的同时，不仅要担负起传递本民族优秀传统文化的功能，也要担负起传递各少数民族优秀传统文化的功能"①，也就是说，教育在培养民族学生对主体文化的良好认同态度时，还要培养其对待本民族的文化的客观的积极的认知态度。

**（三）积极发挥教育对民族文化传承的促进作用**

教育在民族文化传承中的作用主要是指教育在民族文化纵向传递功能方面所起的积极作用，即推动民族文化各项要素的传承。由此，区域教育在民族文化传承中的作用具体可以从以下四个方面来分析。

**1. 教育保护者，培养民族文化传承的主体**

这一方面主要表现在对民族文化保护者主体的心理传承培养方面。民族心理即民族意识，是民族文化中的首要组成部分。民族心理是同一民族在长期的生活过程中形成的一种民族自我认同感，是民族文化的最深层次的核心部分，是同一民族在长期的生产生活过程中逐渐积累形成的。民族文化传承的本质是对包括民族语言、民族行为习惯、民族器物和民族心理等各种民族文化要素的传承，其中最核心的传承是民族心理传承，即民族自我认同感的传承。民族心理的传承能让民族文化的保护者在内心深处形成一种长期的、持久的、稳固的民族自我认同，从而有利于其他民族文化要素的传承。各种民族文化的要素都受制于民族心理，民族心理是民族文化传承中首要的核心组成部分，其他民族文化要素的传承都围绕着它进行。教育对民族文化保护者的培养对其在民族文化要素的传承尤其是心理传承中起着重要的促进作用。

**2. 培养传播者，提高民族文化传承的水平**

在民族长期的发展历程中，一个民族要想不断地发展壮大并且在发展中保持民族的先进性和民族性，就需要不断地对其民族文化进行一代又一代的传承。民族文化在不断的传承过程中得到了深化和提升。在促进民族文化的深化和提升中起着重要的促进作用的就是教育。教育不断提高民族文化传播者的水平，民族需要不断地对其成员进行民族文化的培养和教育。教育对民族文化传播者传承水平的提高主要表现在两个方面。

首先，其民族心理、价值规范等在教育中得到提升。在民族文化的传承过程中，教育者和受教育者作为文化传承过程的主体通过各种教育活动不断传递和承接民族文化，民族文化通过各种教育活动的举行得到了进一步的深化和发展。传播者的民族心理、价值规范和思想观念等作为民族文化中最为核心的部分在教育活动中得到提升。

其次，教育凝聚了民族文化的内核。在教育的作用下，一个民族的文化通过不断凝聚和积淀，形成了该民族文化的基本内核。从社会教育到社区教育，从社区教育到家庭教育，从家庭教育到学校教育，教育形式的演变经历了漫长的发展

---

① 滕星. 多元文化教育——全球多元文化社会的政策与实践. 北京：民族出版社，2010：2-10.

过程。在教育的历史演变过程中，教育对民族文化的传承也经历了"口耳相传""文字与学校""信息科技"的发展过程，民族文化在各种教育形式的作用下逐渐凝聚和积淀，民族传统文化的内核得以保存和流传。

3. 锻造研究者，深化民族文化传承的内容

这一方面主要表现在对民族文化传承内容的选择方面。教育对民族文化内容的选择制约着民族文化传承的质和量。无论任何时期，任何一个社会的文化都由主流文化和非主流文化组成，在非主流文化中，民族文化是一个不可或缺的组成部分。教育作为文化传承的一个重要载体，是民族文化传承的重要手段和途径。教育对民族文化的传承不是简单地复制，而是有选择地进行。总的来说，在教育过程中，教育者对其所传授的民族文化内容进行选择、加工和再创造，从而厘出适合社会发展需要的优秀的民族文化进行教育传承；民族文化中精华与积极的部分是否得到了选择，在一定程度上影响着民族文化传承的质。一般说来，教育在对民族文化传承内容选择的过程中总是根据统治阶级的意愿选择出适合当代社会发展需要的民族文化，对于对其不利的文化总是加以剔除甚至彻底销毁。五千多年的中国封建统治社会，每一个朝代在对其子民的教育内容的选择上都是如此。因此，从某种意义上说，教育对民族文化内容的选择制约着民族文化传承的质和量。

学校教育并不是简单机械地复制民族文化，学校教育受时代发展背景的制约，民族文化的研究者要根据社会发展的需要、文化传统和受教育者身心发展水平等因素，对所传授的民族文化作出适当的选择。学校教育的目的性、计划性和系统性决定了学校在对学生进行民族文化教育的过程中必须要对其传授的内容进行选择和加工。研究者一方面要根据学生年龄阶段和身心发展阶段的特征选择适合其学习的民族传统文化；另一方面要根据社会发展对学生的要求对传授的民族传统文化作出适当的筛选。研究者对民族文化的选择过程包括了对民族文化的筛选、糅合、加工整理等环节，从而选择出既适合学生和社会发展需要又适合学校教育要求的民族文化，民族文化的选择贯穿于教育全过程。

4. 培训运营者，增强民族文化传承的效能

民族文化传承的效能即民族文化传承的效果。民族文化传承效能的大小与教育方法的选择和运用直接相关，教育方法的选择和运用制约着民族文化传承的效能。为了达到一定的目的，人们总是通过制定各种规则、运用各种手段、通过合理的程序和途径达到目的，这就是方法。合适而恰当的方法是教育传承民族文化顺利开展的重要基础，在民族文化传承的过程中是否选择了恰当的教育方法，直接影响着民族文化是否能为年轻一代所喜爱、所接受。恰当而合适的教育方法的选择在一定程度上影响着民族文化传承的质量，制约着民族文化传承的效能。随着信息时代的发展和深入，传统的学校课堂讲授无论是在方式上还是在传授的内容上，都已经远远不能完全满足学生对丰富多彩民族文化学习的需要。作为肩负

传授民族文化重要责任的运营者之一——学校要改变传统僵化呆板的传授方式，利用现代先进的信息科学技术开发出生动活泼、丰富多彩的授课形式，以适应学生不断增长的对新的授课方式的需求。

综合以上分析，区域教育是民族文化传承的重要途径和手段。区域教育方法的选择、教学手段的改进、教育目标的制定、教学课程的设置、教育内容的选择、教育效果的衡量（考核）标准等无不影响着区域教育对民族文化传承的质和量。区域教育在民族文化的传承过程中，既促进着民族文化的传承和创新，又制约和影响着民族文化传承的效果。总之，区域教育与民族文化的传承紧密联系，区域教育担负着传播民族文化的重要使命，影响着人们对民族文化的认知，甚至还会影响到民族的团结和国家的稳定。社会主义新时期，正确认识和处理好区域教育与民族文化传承的关系，充分利用各种教育形式，对民族文化的传承有着重要的意义。

## 二、云南民族文化分区传承面临的问题

从教育的角度来分析，各主体民族文化区民族文化传承面临问题的共性有以下几个方面。

### （一）民族文化传承的家庭教育有所弱化

在家庭教育方面，家长在重视培养孩子成"才"的时候忽略了成"人"的培养，忽略了正确的世界观、人生观和价值观的培养，本民族中良好的价值观念和风俗习惯没有及时地传授给下一代，其原因主要有两方面。一方面是生计所迫和沉重的生活压力。另一方面，对民族家庭来说，子女的学杂费成了一个家庭最为沉重的支出，也迫使一部分父母走上外出打工的道路，忽视了对子女的家庭教育。父母的外出造成了大量的留守儿童出现，爷爷奶奶由于自身文化程度的不高，或者对于下一代的溺爱在对孙辈一代的教育方面也显得力不从心。

另一个不能忽视的问题是，云南的早婚现象也严重制约了家庭民族文化的传承教育。有的地方早婚现象尤为严重，有的女孩子在本该上学读书学文化的年纪，早早地承担起家庭生活的重担。在这样的情况下，她们对民族文化知识的学习和关注可想而知。

### （二）民族文化传承的学校教育尚需加强

虽然近年来云南省加大了对民族地区教育的关注和投入力度，但是主流文化、应试教育、师资问题及民族地区落后的现状等因素依然制约着民族文化教育课程在学校的开设，这种现象在云南众多少数民族地区还较为普遍，主要表现在以下

几个方面。

1. 主流文化的介入，削弱了本民族传统文化教育存在的必要性和独立性

用主流文化的标准来评判民族文化，则民族文化的价值未得到应有的认同。受升学率和应试教育的影响，少数民族地区的多元文化课程备受冷落。民族文化课程的内容和教学设计以主流文化为主导，少数民族文化部分则成为参考内容。最重要的是，我国的民族文化教育主要包含在初、高中的历史课教学中，没有成为一个独立的教学体系，灌输式的教学使学生文化习得的经验积累和情感体验不足。以西双版纳傣族自治州为例，笔者在走访中了解到当地部分少数民族群众没有清楚地认识到学校开设民族文化课程的必要性。

2. 民族文化在学校教育体系中的建设有待继续完善

民族文化教育在内容体系上没有掌握好主流文化和民族文化的位置；造成学校教育畸形发展；在教育方式和方法上将课堂教育作为唯一的形式，忽略了民族社区特征与社区教育，脱离了民族地区实际的生活状况，民族地区的实际生活情况没有在学校教育中得到较好的体现；在校本课程的开发和校本教材的编写上落后于学生的需求；在教育目的和教育评价上脱离实际。在学校教育中，突出了智育，忽略了志向、意志、道德、生活、技能、体育、美育等方面的教育。

3. 师资问题和外来文化的冲击对民族文化教育的制约

师资问题已逐渐成为制约民族地区多元文化课程实施的瓶颈。同时，民族地区不同程度地存在盲目崇拜外来文化尤其是西方文化，而轻视本地区、本民族文化，对下一代缺乏系统的民族文化教育和行动的现象。这就造成语言、文字等流失和变异，一些少数民族在现代文明的冲击下迷失自我，其特色优势逐渐消亡。

（三）民族文化传承的社会教育亟待改进

在社会教育方面，针对民族文化传承的政策制度的执行和落实，适合学生阅读的优秀文化读物的出版、文化活动的开展、社会公益设施的开放等方面存在缺憾。现实的客观情况制约了云南民族地区民族文化传承的社会教育的开展。在云南民族地区，少数民族大多居住于偏远的山区，且居住较为分散，民族地区经济发展的普遍落后等原因大大增加了社会民族文化传承的教育开展的难度。除此之外，由于少数民族众多，云南的计划生育政策相对于其他省份较为宽松，民族地区家庭每户4~5个孩子的现象较为普遍。生育观念的落后使一部分民族地区的家庭较为重视生育的数量而忽视了对孩子培养的质量，这也为民族文化传承教育的开展增加了难度。全国其他省市开展民族文化传承教育存在的问题，在云南同样存在并且更加突出。

### 三、制约云南民族文化分区传承的因素

随着信息全球化和市场经济的不断发展，云南民族文化及民族文化传承日益受到外来文化的冲击和影响。从地理学的角度分析，目前制约云南民族文化传承的因素主要来自三个方面，分别是人文地理环境、经济地理环境、自然地理。

（一）人文地理环境方面各种影响因素的制约

1. 外来文化的冲击

民族文化是一个民族的精神支柱，是本民族区别于其他民族的根本特质。信息全球化和市场经济的发展，一方面，密切了民族地区与世界的交流，促进了科技的进步；另一方面，对民族传统文化造成冲击。例如，民族地区追求经济利益的最大化，对本民族传统文化资源的保护缺乏应有的重视和必要的投入，导致越来越多的民族传统工艺失传、民族语言消亡、民族建筑和服饰汉化或西化。许多人特别是青年人不同程度地接受了外来生活方式与文化娱乐形式，盲目崇拜外来文化，而轻视本地区、本民族的文化，传承民族文化成了空洞的口号。

2. 民族文化教育意识的淡化

由于受到市场经济和外来文化的冲击，我国多侧重于现代文化和外来文化教育，而传统的文化教育不被重视或被现代文化所代替。我国五千多年的文化历史是中华民族的宝贵文化遗产，是人类智慧的结晶，这些是外国人在教育中都要学习和借鉴的东西，而我们恰恰忽视了它们。文化精髓需要文字记载和口传心记才能完成传承，很多少数民族年轻人能听懂本民族的语言，但不会运用，对本民族文字的应用更加陌生。因此，一位民间老艺人的去世使得许多民族古籍成为无人能懂的"天书"，口传文化丧失可能就意味着埋葬了一座民族博物馆。许多传统工艺正在失传，民族乐器只有极少数老艺人能演奏，后继无人。民族群众受到商品经济浪潮的强烈冲击，不少固有的传统民族习俗也悄然变味。由此可见，民族文化教育意识的淡化是民族地区文化流失的重要原因，从而也使得民族地区群众对于本民族传统环境、文化缺乏应有的了解和追求，对待民族文化传承教育工作积极性不高。

3. 各级升学压力等人文环境的影响

在教育内容的选择上，由于受到各级教育管理部门的领导，并且在各级升学的压力下，民族地区的学校在选择教育内容的时候，多侧重于现代文化和外来文化教育，而对本地区、本民族文化的教育则不够重视。很多少数民族年轻人能听懂本民族的语言，但已经不会书写了。

（二）经济地理环境方面各种影响因素的制约

经济地理环境对民族文化传承的最重要影响表现在商品经济的发展方面。随

着商品生产和商品经济不断发展，云南社会经济欠发达的广大少数民族地区自给自足的自然经济结构和经济活动发生了较大的变化。区域外个体户和商户等大量涌入，改变了少数民族传统社会人与自然和谐相处的格局，改变了长期以来一些少数民族群众以刀耕火种的农业为主、以采集和渔猎为辅的生活方式。随着民族地区的对外开放、交通条件的日益改善，面对市场经济和商品社会的发展，少数民族与外界社会接触交往机会不断增多，新的生活方式和外来文化不断地对民族地区的文化和生活造成冲击。一方面，大量工业化商品的涌入提高了民族地区的生活质量，加速了民族地区经济发展的步伐。另一方面，在现代生活方式日益严重的影响下，学习民族技艺和传统文化已经不再是民族地区年轻人的首要选择，越来越多的民族传统工艺失传，无数珍稀罕见的民俗技艺和民间文艺，伴随着老艺人的逝去而销声匿迹。民族文化流失现象日益严重，民族文化传承教育工作面临的问题日趋严峻。各地经济发展的不平衡，特别是民族地区落后的经济环境在某种程度上制约了民族文化在当地的传承。大量贫困人口的存在也制约了民族文化的传承。云南地处边疆，本身经济发展落后于内地，而少数民族居住地区又大多居住于高山、峡谷，交通落后的边疆地区，造成了民族地区经济发展落后，贫困人口基数大、范围广，贫困程度深，影响了民族文化的传承。

（三）自然地理环境方面各种影响因素的制约

一般来讲，人口素质高，人们认识和掌握自然规律、经济规律、生态经济规律的自觉性会相应增强，从而有利于人们掌握保护资源、环境的知识和技能，人们关于环境保护、传承民族文化的意识也随之提高。云南少数民族地区大部分处于地理位置偏远的边疆地区，少数民族大多居住于地形地貌复杂的山区和交通条件相对比较落后的地方，这些地方自然灾害频发，生存环境相对闭塞。受自然条件和经济社会发展等因素的限制，这些地区的教育发展水平和教育条件普遍比较落后，人们对保护和传承民族文化的重要性认识不足，制约了民族文化传承教育在当地的开展，主要表现在以下几个方面：①人们接受教育的机会较小，文化程度低，知识结构单一。②人们居住较为分散，加上地理环境的相对封闭，相互之间交流较少，与外界沟通的信息渠道狭窄，人们较少有机会接受环境保护、文化传承等方面知识的培训，仅靠有限的口传故事、神话传说来对本民族传统文化进行了解，且他们心理承受力、社会适应性差。③教育水平的落后使得人们在面对工业化和现代化的挑战时，对于文化与人口、资源、环境之间的了解和重视不够，有的民族文化地区容易受到经济利益的驱使，在大力发展地方经济的同时，容易忽视对自然环境和人文环境的保护。受教育水平和经济发展程度等因素的制约，在部分经济条件较好的地区和偏远地区，人们热衷于对经济利益的追求，民族文化传承教育的重要性并不被看好。

总之，随着信息全球化和市场经济快速发展，世界文化趋向普同，传统文化的稳定性、完整性和延续性受到冲击。随着云南对外开放的扩大和深入，少数民族地区随处可见市场经济和外来文化的影响，少数民族越来越趋向于现代化的生活方式，学说外语，学穿汉服，接受现代的生活方式，积极融入现代社会。大量民俗及少数民族传统文化正在逐渐退出人们日常生活，失去了本身具有的文化意义。随着外来文化的冲击和影响，新鲜事物在民族地区不断涌现，民族群众积极学习外来文化以适应社会发展，在市场经济的影响下，民族文化传承教育的重要性也逐渐被人们忽视和遗忘，民族文化传承教育工作受到严重影响。

当今世界正处在一个多元文化并存的格局，如何处理好外来文化与本土文化的关系是世界各国共同面临的问题。一种民族文化的发展必须以外来文化为参照点，以本民族文化为基础，同时吸纳外来文化的精华，这是本土文化不断发展的生命力所在。社会转型和多元文化格局将从根本上促进各民族优秀文化的传承与发展。在世界和中国多元文化发展趋势影响下，云南民族文化将迎来一个崭新的发展机遇，抓住这个机遇，大力挖掘、创新，促进云南民族文化的顺利传承，可以从以下几个方面做起。

第一，解放思想，提高认识，在对外交流合作中提高云南民族文化教育的力度。新时期，我们要解放思想，提高认识，抓住云南建设面向东南亚桥头堡的战略机遇，充分发挥云南毗邻东南亚及南亚的区位优势、多民族的文化优势和源远流长世代友好的交往优势，积极开展多种形式的人文交流活动，在对外交流合作中提高云南民族文化的影响力，加大在各级教育中对民族文化内容教育的力度。

第二，政府主导，制定和完善保护与发展民族文化教育的法律、法规和政策。传承云南民族文化必须发展好云南民族文化教育。发展云南民族文化教育不仅需要提高广大干部和人民群众的认识，更要制定完善、系统的法律、法规和政策来为民族文化教育的发展保驾护航，使民族文化教育上升到"法"的高度，提高民族文化教育在社会发展中的重要地位，引导广大干部群众提高发展民族文化教育的意识。为此，政府应组织专门力量，系统调研制定和完善云南民族文化教育发展的法律法规体系和框架；尽快制定、颁布和执行已有法律、法规的实施细则和具体措施。

第三，办好民族文化教育，加强民族文化科研工作。①抓好民族文化教育。学校教育应增加民族文化内容或增设相关专业。从基础教育到普通高等教育，都应开设相关课程和专业，多渠道、多形式培养民族文化方面专业人才。②建立民族文化研究专门机构，建立一支专门从事民族文化科学研究的队伍。学校从高校、科研院所、社会各界广泛聘请政治觉悟高、业务素质好、热心从事民族文化研究和传播的专门人才，从事民族文化的科学研究工作。

综合以上分析，针对各个民族文化区的具体情况开展区域教育是传承民族文化的重要途径和手段。

第五章

# 云南民族文化传承的区域教育发展路径

区域教育是云南民族文化传承的重要途径。本书在文化教育人类学"文教统合"思想的指导下，基于民族文化教育传承的学科路径构建维度，系统分析并明确民族文化传承区域教育路径的主体要素、客体要素、内容要素、环境要素，以及其他民族文化传承区域教育路径构建的相关要素等教育因子，以民族文化传承区域教育路径运行优化为目标，对现实涉及的民族文化传承区域教育路径各相关要素进行整合，结合各主体民族文化区民族文化传承中的实际问题，从区域教育的角度构建云南民族文化传承之区域教育路径。

## 第一节　民族文化传承区域教育路径选择的依据

基于云南民族地区的实际情况和可操作性等因素，我们重点从微观角度详细分析云南民族文化传承的区域教育要素，并对各要素的类型、特点、性质、作用，以及各要素之间的关系展开详细、系统的解构和分析。在整合部分，笔者对各要素在民族文化传承区域教育中的作用，以及各要素之间的协同合作展开详细讨论。本书在一定程度上深化了既有教育体系对区域教育在民族文化传承上的价值、意义的理论认识，可为后续民族文化传承的区域教育研究提供相关的理论参考。

### 一、民族文化传承区域教育要素解构

#### （一）根据教育的属性划分

什么是教育要素，即教育活动由哪些成分构成？根据教育的属性划分，教育要素可以从宏观和微观两个角度来研究。从宏观角度看，教育活动由教育主体、教育目标、教育内容、教育手段、教育环境、教育途径六个要素构成；从微观角度看，教育活动由教育者、受教育者、教育内容和教育手段四个要素构成。本书在第一章关于民族文化传承与民族文化教育问题的讨论中，已经从宏观角度对其

进行了详细的讨论和分析，以下我们主要从微观角度来讨论云南民族文化传承的区域教育构成要素。

1. 教育者是教育过程中"教"的主体

教育者是教育过程中"教"的主体，主要体现为教育者是社会文化和价值取向的传播者；是科学知识和社会文明的传播者；是教育活动的设计者、组织者和实施者，对教育活动的展开起领导作用；是学生学习发展的指导者；是一个具有自我提高能力的学习者。那么具体到现实生活中，在云南这个区域范围内，哪些人可以担当民族文化传承教育者这个角色？首先，从学校教育来说，教育者当然是人民教师。教师是学校教育的主体，是传道、授业、解惑，传承乃至创造文化的组织者和实施者，因此，学校教育中民族文化的传授和再创造的重任不可避免地落到了教师的身上。教师应该丰富自己的民族文化知识，掌握民族文化教育的方法，积极、热情、认真地向学生传授民族文化知识，为民族文化知识的传承作出自己应有的贡献。其次，从家庭教育来说，古语云：养不教，父之过。意思是说，仅仅供养儿女吃穿，而不好好教育他们，是父母的过错。在中国长期的父系社会和男尊女卑的封建社会里，在"男子有德便是才，女子无才便是德"①传统封建陋习的影响下，在一个家庭中长辈或者父辈是掌握较丰富本民族文化知识的群体，作为家庭中的长者，他们应该而且有义务去教育子女本民族的文化知识、民族习俗、民族礼仪、民族节日等民族传统文化知识，因此，家庭（族）中的长者是家庭教育中的主体要素。最后，从社会教育来说，社会中德高望重的长者、掌握一定技艺的民族文化传承人等都是民族地区掌握较为丰富的民族文化知识的群体，应该承担传承民族文化知识的重任。综上所述，在云南这个区域范围来说，教师、家庭（族）中的长者、社会上的民族文化传承人等都应该成为云南民族文化传承区域教育过程中的要素，都应该承担起向年轻一代传授民族文化的责任和义务，成为云南民族文化教育传承过程中"教"的主体。

2. 受教育者是教育过程中"学"的主体

从学校教育角度来看，受教育者的主体性体现在受教育者即学生，他们是学校存在的主体，是学校职能部门及其管理的中心工作，是学校和教师评价的主体，是教育任务完成的主体。此外，受教育者的主体性还体现为受教育者的身心发展特点制约着教师的教，受教育者的独立性、选择性、需要性、创造性和他们个人的兴趣、爱好、主观能动性等这些主体性特征也制约着教师的教学活动。在第一章第二节关于民族文化教育概念的讨论中，我们也谈到了民族文化教育的对象，即接受民族文化教育的受教育者。在前文中我们是这样来理解民族文化教育的对象的，即民族文化教育的对象既包括学生也包括成人，既包括少数民族也包括主体

---

① 清朝张岱《公祭祁夫人文》有言："眉公曰：丈夫有德便是才，女子无才便是德。"明末陈继儒之语说："女子通文识字，而能明大义者，固为贤德，然不可多得；其它便喜看曲本小说，挑动邪心，甚至舞文弄法，做出无丑事，反不如不识字，守拙安分之为愈也。女子无才便是德。可谓至言。"

民族，民族文化教育最终形成全民学习、终身学习民族文化的热潮。那么，从这个意义上来理解，云南民族文化教育传承的对象即受教育者，客观地说既包括学生也包括社会人士，既包括少数民族也包括汉族，也就是说在云南这个区域范围内所有人都应该成为民族文化教育传承的对象，而不仅仅是在校的学生。因此，从这个意义上来说，民族文化教育传承的范围也不能仅仅局限于学校教育。当然在不同的教育类别中，教育的对象也应有所区别。在家庭教育中，教育的对象主要为家庭中的年幼者。学校教育中的教育对象主要为在校学生，社会教育中的教育对象主要为社会大众。家庭中的年幼者、学生、社会大众都应该成为云南民族文化教育传承中"学"的主体。

3. 教育内容是师生共同认识的客体

教育内容是基于一定社会的生产力和科技发展水平，学校向学生传授的知识和技能、灌输的思想和观点、培养的习惯和行为的总和，教育内容在学校中的具体表现形式是课程标准和教科书。首先，教育内容是联系教育者和受教育者的中介。其次，最佳的教育内容是目的性与对象性的统一。教育内容内在地包括教育目标。因为教育目标是教育活动所要达到的预期结果，也是衡量教育活动效果的标准，是教育内容传授的出发点和归宿。那么在云南民族文化传承区域教育中，教育的内容是什么？关于民族文化教育传承的内容在第一章第二节中我们已进行了相应的讨论。在这里我们借用了南文渊先生关于民族文化教育传承内容的见解。南先生把民族文化教育传承的内容分为三个层次：①本民族文化的教育；②中华民族文化的教育；③世界文化的教育。这三个层次也就是教育过程中的民族性、开放性与包容性。三者相互联系，相互交流，互为影响，都是民族教育内容体系中的组成部分，其中本民族文化的教育又是首要的、核心的部分，是受教育者接受教育的起点与基础。云南作为我国西南面向东南亚桥头堡建设的重要地区，随着云南经济的快速发展、对外开放程度的深化等，民族文化教育传承也不应该墨守成规，民族地区要想在改革开放的建设中不被边缘化，也应该在教育内容的选择中有所改变和创新。因此，在云南民族文化传承的区域教育中，民族文化教育内容的选择也应该包括三个方面：一是本民族的文化知识；二是中华民族的文化知识；三是世界性的文化知识。只有这样，云南民族文化教育传承培养出来的人才才既能适应社会发展的需要，又能为民族地区的发展作出贡献。

4. 教育手段是教育活动的基本条件

教育手段是指教育者将教育内容作用于受教育者所借助的各种形式与条件的总和，它包括物质手段、精神手段等。物质手段主要是进行教育时所需要的一切物质条件，可分为教育的活动场所与设施、教育媒体及教育辅助手段三大类。精神手段包括教育方法、教育途径。教育方法包括教育者的教法和受教育者的学法两个方面。就教育者的教法而言，有语言的方法、直观的方法与实践的方法；就受教育者的学法而言，有发现式和接受式两大类。本书主要讨论教育的手段即教育途径有哪些，即通过哪些途径把云南民族文化传递给受教育者（图 5-1）。众多学者认为：民族文化教育的途径主要集中在家庭教育、社会教育、社区教育和学校教育等几个方面。关于这一点，将在下面民族文化"教育类型的划分"中详细讨论。

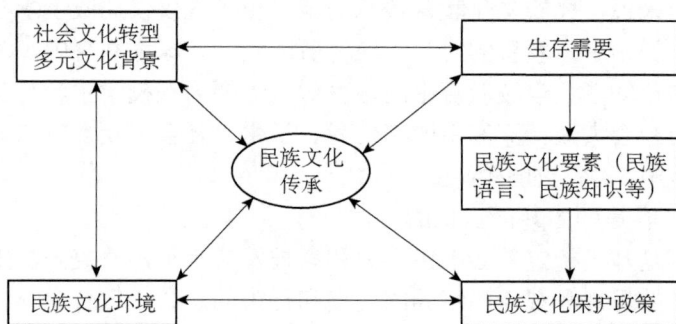

图 5-1　民族文化传承与几个主要相关因素之间互动影响示意图

**（二）根据教育的类型划分**

根据教育的对象、任务、内容和形式的特征，我们可将教育分为家庭教育、学校教育和社会教育三种。根据教育自身形式化的程度，即教育的存在形态，我们可将教育分为非形式化教育、形式化教育和制度化教育三种。其中，非形式化教育和形式化教育又统称为非制度化教育。根据教育举办者的性质，我们可将教育分为正规教育和非正规教育。根据教育的组织形式，可将教育分为实体教育和虚拟教育。相应的民族文化教育类型划分如图 5-2 所示。

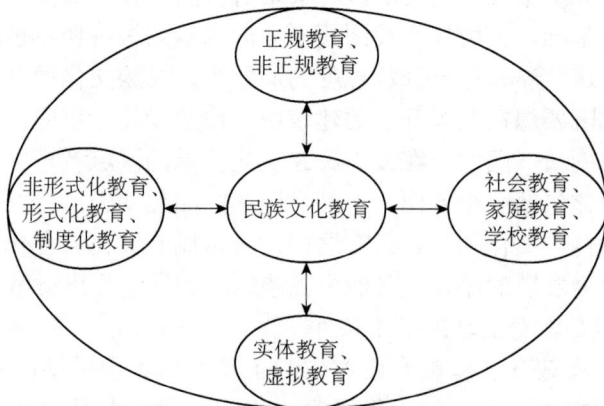

图 5-2　民族文化教育类型示意图

1. 正规教育与非正规教育

正规教育是指由教育部门认可的教育机构（学校）所提供的有目的、有组织、有计划的，由专职人员承担的，以影响入学者的身心发展为直接目标的全面系统的训练和培养活动的教育。正规教育有一定的入学条件和规定的毕业标准，通常在教室（课堂环境）中进行，使用规定的教学大纲、教材，其特点是统一性、连续性、标准化和制度化。

非正规教育是相对于正规教育而言的，指在正规教育体制以外所进行的有目的、有计划、有组织的教育和培训活动。

2. 实体教育与虚拟教育

实体教育是指在一个现实的空间里，根据现实空间的要求来规范人们的行为的一种教育。

虚拟教育意味着教学活动可以在很大程度上脱离物理空间和时间的限制，以当下的电子技术、信息技术及网络空间为媒介而展开的一种教育形态。当代的网络课堂、开放教育都是虚拟教育的典型代表。考虑到云南各少数民族地区的区域地理位置、交通条件、经济发展等要素，虚拟教育相对于传统的课堂教育来说，具有投资少、效率高、时效性长等优点，民族文化教育的虚拟课堂发展势在必行。民族教育信息化教育部重点实验室（云南师范大学）已经开始了这方面的研究，为网络课堂的发展积极推出各种民族文化教育软件，开发各种民族文化网络教育内容等，推动了云南各地民族文化教育信息化的发展，为云南民族文化教育信息化的发展作出了重要的贡献。

3. 非形式化教育与形式化教育和制度化教育

非形式化教育是指教育的活动和存在形式与社会生活、生产浑然一体的原始形态，没有稳定的教育者和受教育者，也没有固定的教育场所和规范的教育内容。原始社会的教育就属于这种状态。

形式化教育是指教育活动已从社会生产、生活中独立出来，成为一种专门社会实践活动的形态，它有固定的教育者、受教育者、教育场所和比较规范的教育内容。学校教育就属于这种形态。

随着教育与社会的互动发展，教育与社会的关系越来越密切。在现代社会，人们普遍认识到教育的重要价值，投入巨大的社会资源发展教育，使教育成为一种复杂的立体化的网络体系。为使教育有条不紊地高速运转，许多国家通过法律对教育的内容、形式、方法等进行规范。这就是制度化教育。自资本主义生产方式产生之后，随着教育规模的逐渐扩大和复杂化，教育开始进入制度化的形态。学校教育制度（简称为学制）是制度化教育的典型表现。

4. 家庭教育、学校教育和社会教育

（1）家庭教育

家庭教育有广义和狭义之分。广义的家庭教育是指在人类社会家庭生活中，家庭构成人员之间的持续不断的一种教育和影响活动。狭义的家庭教育是指父母或其他年长者在家庭中自觉地、有意识地对子女进行的教育。

家庭教育的对象主要是家庭中的幼儿和少年，即家庭中的未成年人。家庭教育的内容主要包括，"培养儿童的卫生习惯，向儿童传授基本的社会文化规范和价值标准，发展儿童运用语言的能力，发展儿童的个性、兴趣和爱好等"。具体到云南民族地区来说，家庭教育还应包括家长向子女传授自己所掌握的本民族的礼仪、节日等习俗和其他民族的文化知识等。

家庭教育的作用有二：①家庭教育的个体社会化与个性化的作用。家庭教育是个体社会化的起点和基础、通道和桥梁，它在一定程度上决定着个体社会化的方向、速度和水平。家庭教育还具有使个体个性化的功能。②家庭教育的其他作用。从经济角度来看，社会的进步、经济的发展都需要大量的精英人才和专业人才，家庭教育在培养人才方面发挥着重要作用。从社会政治角度看，家庭教育通过调节人们的行为和人与人之间的关系，能够起到稳定社会的作用。从文化传承的角度来看，家庭教育本身含有独特的继承性和天然的连续性，因此，家庭教育能使社会文化传统得以有效传递和保存，并使之进一步发展。

家庭教育的性质表现在以下几个方面：①家庭教育是以家庭教育起源为依据的家庭规范的教育，是建立在一定婚姻关系、血缘关系或收养关系基础上的教育；②家庭教育是融于家庭生活中、自然而然进行的教育；③家庭教育是一种终生的教育过程。家庭教育的这些与学校教育不同的特有的性质，能使民族文化在家庭教育的传承过程中具有学校教育及其他教育形式所不具备的较好的稳定性、自然性（即潜移默化性）、连续性和持久性。良好的家庭民族文化教育熏陶能使个体所具有的民族文化知识更加深入和内化，并使其在日常生活中自动转化为生活习惯，以得到较好的传承和延续。

家庭教育的特点表现在以下几个方面：①从实施教育的环境来看，家庭是以婚姻为基础、以血缘为纽带自然形成的社会组织形式，这种自然形成的生活环境对人们思想品德和行为习惯的影响既深刻又持久。②从教育者和受教育者的关系来看，他们之间具有天然的血缘关系。然而，值得注意的是，家庭教育的效果并不是在所有家庭里都能得到保证的。③从确定培养目标的依据来看，家庭教育由于它的非正式性而没有统一的、固定的目的。④从教育内容来看，家庭教育的内容并非是固化了的、确定的教育内容。⑤从教育的过程、途径和方法来看，家庭教育具有非规范化和非程序化的特点。⑥从组织管理方面来看，家庭教育的实施处于非制度化形态。因此，家庭教育在教育组织过程中具有鲜明的特点，家庭教育在教育内容、教育组织形式、教育方式、教育途径、教育方法和教育者本身所具有的民族文化知识等方面都具有较大的随意性和不确定性。

家庭教育具有较大的随意性和不确定性，这也正是家庭教育区别于其他教育形式的独特性。当然，家庭教育也具有其他教育形式所不具备的优越性。家庭教育具有范围的广泛性，强烈的感染性，特殊的权威性，天然的连续性，特有的继承性，内容的丰富性，形式、方法的灵活多样性，影响的深刻性等特点。因此，家庭教育在对未成年人的影响和教育上具有权威性、持续性、深刻性等特点。家庭教育的影响和地位是其他任何教育形式都不可比拟和替代的。然而，家庭教育也有自己的局限性。由于经济条件的不平衡性，家庭教育的条件也有着很大的不平衡，条件比较好的家庭的教育内容、教育方法等都比条件相对较差的家庭丰富。

综上所述，在民族地区，特别是在经济文化落后、交通不便的云南少数民族地区，家庭教育在民族文化的传承中发挥着极为重要的作用。

（2）学校教育

学校教育实际上是从狭义的角度来解释的教育，即社会通过学校对受教育者的身心所施加的一种有目的、有计划、有组织的影响，以使受教育者发生预期变化的活动，也就是社会在学校这一特定社会组织中促使学生个体的社会化与个性化的实践活动。

学校教育将零碎的、片段的教育活动组织起来，形成一个日益完善的体系，这无疑是教育发展史上的一大进步。学校教育以其明确的教育目的、专门的教育机构、受过专业训练的工作者、按年龄分级的学习者、精心设计的课程和教学计划、固定的教育场所等特征，显示出了与其他教育形式所不同的规范性和优越性。但是，学校教育正是因为其规范性和制度性而带有刻板性、霸权性、一统性，也往往会因为追求自身目标而忽视了学习者本身的需要。在一些西方国家发展起来的家庭学校（home schooling）这种新的教育形式，就是试图将家庭教育和学校教育进行融合，以优势互补。因此，从这个方面来说，虽然今天学校已经承担起民族文化传承教育的重任，学校教育已经成为民族文化教育传承的重要途径，但是我们也要时刻注意，学校教育不是民族文化传承的唯一途径。民族文化教育传承只有结合其他教育途径形成一个有效的教育网络，才能从根本上推动民族文化教育传承的顺利开展，以使民族文化得到有效传承。

学校教育的内容主要包括以下几个方面：①德育，旨在使学生具有合乎一定社会或阶级要求的信仰、思想、道德品质和世界观。②智育，旨在使学生逐步掌握人类积累的知识和经验，培养他们认识和改造世界的能力。这当然也要包括各民族丰富的民族文化知识，脱离民族文化内容的教育是一种缘木求鱼、本末倒置的教育。③体育，旨在使学生具有健康的身体。民族文化体育活动有着丰富的内容，是古人对自己身体与大自然如何协调配合的深刻认识。现代体育中有相当多的内容都来自古人发明创造的体育活动。因此，我们应在现代学校体育教学活动中，积极继承和汲取民族体育活动中的精华，把民族体育活动发扬光大。④美育，旨在培养学生的审美观及鉴赏美和创造美的能力。有些国家的学校教育还包括对学生进行劳动观念教育和传授基本的生产劳动技能。

学校教育有较强的目的性、系统性和组织性；学校教育还具有较强的可控性和专业性；同时学校教育还具有集中性和效率性。学校教育的组织性、专业性、集中性和规范性等特点，能使其在民族文化的传承过程中系统地、有选择地、有创造性地将民族文化进一步大规模、高效率地传承。在今天，我们仍然不能找到一种能完全且有效替代学校教育进行民族文化传承的教育形式，因此，学校教育在民族文化的传承中起着主导作用，尤其是云南民族地区的学校教育在当地民族文化的传承中扮演着重要角色，起着关键作用。

（3）社会教育

社会教育，就广义而言，泛指一切能增进人们的知识、技能、身体健康，以及形成或者改变人们思想意识的活动，即指一切社会生活影响于个人身心发展的教育。狭义的社会教育则是指学校教育和家庭教育之外的一切社会文化机构，以及有关的社会团体或组织对社会成员（学生和人民群众）所进行的教育。

从形式上看，社会教育可以分为职业教育、文化组织教育、社区教育。职业教育指的是各种各样的职业部门所从事的职业技能训练等。文化组织教育主要是由文化机构，如青少年宫、图书馆、展览馆等来承担的。社区教育是由社区机构特别是领导机构承担的，是社区机构间一种横向的联系与协调。社区教育由于这种横向联系与协调的特点，在社会教育中更具有操作性和紧密联系生活的特点，因此，近年来，社区教育逐渐成为人们讨论的热点问题。而且，社区教育相对于社会教育来说范围较小，更具体，操作起来简便易行，更能深入人们的日常生活。

社会教育的形式多种多样，如举办讲座、阅读书报杂志，开展勤工俭学活动，开展社会调查、社会实践活动及社会公益劳动，参观、访问和游览，举行革命纪念日活动，利用墙报和黑板报进行宣传，举办文娱体育活动等。

社会教育的作用主要为可以扩展个体所学的知识，促进个体诸方面发展；培养个体的兴趣爱好，发展其个性特长；适应个体的多种需要，丰富其精神生活。

社会教育具有自愿性和自主性、伸缩性和灵活性、持久性和巩固性等特点。

可以看出，社会教育是贯穿人的一生，能影响人一生的教育，属于终身教育。社会教育的影响程度深，效果持续时间长，其影响方式不像家庭教育和学校教育那样具有强制性和不可选择性。因此，社会教育在民族文化的传承中起着重要作用。

（4）家庭教育、学校教育和社会教育在民族文化传承中的地位及三者之间的关系

在民族文化的传承过程中，不同性质和类型的教育在其中起到的作用也不尽相同，下面我们将详细分析各种不同类型的教育形式在民族文化传承中的地位和作用（图5-3）。

家庭教育是基础。家庭教育是民族文化区域教育发展中重要的有机组成部分，是学校教育和社会教育的起点和基础。家庭是人类社会的一个细胞，是育人的起点，家庭教育具有早期性、基础性、长期性，以及和日常生活交织在一起的特点。家庭教育的首要任务是对子女进行品德行为养成教育，配合学校教育、社会教育，奠定他们人生的基础。

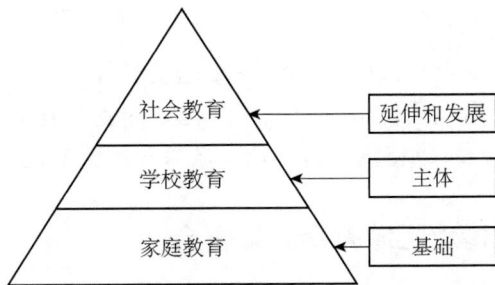

图 5-3　民族文化教育类型之间关系示意图

学校教育是主体。学校对一个人的成长起着动力、导向、保证的作用，学校教育不同于家庭教育、社会教育，它在促进学生思想品德的健康成长，正确的人生观、价值观、世界观的树立方面具有更多的优势。因此，在民族文化传承的过程中，抓好学校教育可以起到事半功倍的效果。

社会教育是学校教育和家庭教育的延伸和发展。《中国教育改革和发展纲要》中指出，"全社会都要关心和保护青少年的健康成长，形成社会教育、家庭教育同学校教育密切结合的局面"，进一步提高社会主义物质文明和精神文明的建设，提高全民族的思想道德素质和科学文化素质。

随着经济社会的发展，由于信息传播手段的现代化、大众化，学生接受教育的渠道日趋多样化。有教师曾坦言，学生在学校一星期学习的东西抵不过社会一天对学生的影响。可见，社会对学生的影响速度之快、范围之广、程度之深。但是，从另一个方面来说，学生不可能永远待在学校而闭门不出，毕竟有一天，学生必须离开学校，走上社会，融入社会这座大学校、大课堂。另外，书本上的知识也是从社会实践中总结出来的，学校在教育学生从书本上获得间接经验的同时，也应鼓励和引导学生将课本知识应用到社会实践中。只有在实践中获得的知识才能真正被学生理解、掌握和运用。学校教育要面向社会，社会也要参与学校教育，由此形成的学校教育社会化和社会教育学校化，扩大了教育的范围，延长了教育的时间，拓展了教育的空间，深化了教育的内容。

实现家庭教育、学校教育、社会教育三者的有机结合，应通过不同的侧面、不同的渠道和方法，突出各自的教育特点，增强三者各自的教育力度，融合三者之间的关系，形成一个既有分工又能协调一致的教育网络。唯有如此，才能为民族文化传承的区域教育的顺利开展奠定坚实的基础。

总之，教育发展到当代，已经形成了一个纵横交错的庞杂体系。但从教育者、受教育者和教育影响三者所构成的教育系统在不同时空背景下的变化形态来看，不外乎是家庭教育、社会教育和学校教育三种基本形式。此外，民族文化传承教育的形式也应该是多种多样的。它以公立学校教育为主，并包含了社会教育、社区（一个小区）教育、职业技术教育、家庭教育、私立学校教育、宗教寺院教育、成年人继续教育等。当然，民族文化传承教育要依据各民族、各地区的实际状况而决定采取何种形式。

基于社区教育的特点和云南地区经济文化发展普遍不高的现状，相对于社会教育，社区教育在云南地区传承少数民族文化方面更具有适用性和可操作性，因此，在社会教育方面，本章将重点讨论社区教育对民族文化的传承。

## 二、民族文化传承区域教育要素整合

在各种方法的选择和组合过程中，我们不能忽视的一个重要的因素，即在民族文化传承的过程中，教育是一个重要的形式。总之，教育传承民族文化主要有两种形式：一种是间接经验的习得，即通过向书本学习获得民族文化的知识；另一种是直接经验的获取，即通过参加实践活动和实践调查获取民族文化知识。

### （一）间接经验的习得

间接经验的习得是指学生或民族文化的习得者通过对书本等媒介中记载的民族文化知识和技能的学习，既掌握了本国主体民族和其他民族优秀的文化，又学习和掌握了本民族的文化知识和技能，从而形成对本民族文化的良好的认知态度，亲近、热爱的情感和有利于民族文化发展取向的价值观念。媒介既可以是学校使用的学者、专家编写的教材或学校自己组织编写的校本教材，如乡土教材，也可以是大众媒体、音像资料、民族文化典籍和大众文艺等学校之外的各种媒介。通过学习书本获取知识，这一观点由德国教育家、传统教学理论的代表人物赫尔巴特等提出来。赫尔巴特认为，人们知识的获得主要以学习间接经验为主，而各种教材又是获得间接经验的主要媒介。因此，学习各种教材是促进学生间接获得民族文化知识，从而促进民族文化传承的主要途径之一。

一套完善的民族文化传承课程体系的建立是少数民族地区学校推动间接经验习得的重要途径之一。少数民族地区的学校除了教授国家课程以外，还要根据地区实际情况，有选择、有重点地开发校本课程和地方课程，以弥补国家课程在地方民族文化知识传承中的不足。地方课程是不同地区在本地区拥有的特定课程资源的基础上，根据社会发展对人才的特殊需求而开设的有针对性培养地方人才需求的课程。校本课程则是地方学校根据地方传承民族文化或传承民族知识的实际需要自主决定开设的课程计划或课程方案，是相对国家课程和地方课程相对而言的课程形式。

民族文化地方课程的传统开设方法是在国家统一课程计划的基础上开设民族语文课，即国家课程+民族语言课程。这类课程开设的目的和重点在于促进学生对少数民族语言和文字的学习。随着多元文化教育理念的倡导和教育民主化的推进，民族地区课程政策正在发生变化，民族文化课程在课程中的比例逐渐增加。民族地区学校教育课程的开设反映地方性的知识和文化，进而形成新的课程模式——国家课程+民族地区地方课程+民族地区校本课程。新的课程模式的目标在于通过增加地方课程和校本课程将地方民族语言文字内容的学习扩展到对整个民族文化知识的学习，即除了学习地方民族语言文字之外，还要学习地方民族的文学、地理、历史、科学、艺术、民风习俗和生产生活等。各校在开发地方课程和校本课程的过程中，值得注意的是要根据各地的实际情况，除邀请专家和教师在内的多种人员的参与之外，还要听取不同层面的意见，如教师、学生社区和家长等的意见；在课程的实施过程中，要通过各项活动来指导课程，检验课程开发的合理性，帮助学生学习，获得民族文化知识。

（二）直接经验的获取

直接经验的获取是指学生和社区居民通过参加社区各种实践活动，直接从活动中学习本民族的文化知识和技能，从而形成其对本民族文化的态度、情感和价值观，但是这种民族文化知识获取的方式是以了解和掌握本国主体民族和世界其他民族优秀文化为基础的。通过参加实践活动获取民族文化知识的方式包括三种形式：学校开展的少数民族文化活动、社区开展的少数民族文化活动和学校开展的少数民族文化活动。直接经验的获取这种形式来源于20世纪美国教育家杜威先生强调的"做中学"和我国伟大的教育家陶行知先生提出的"教、学、做合一"的教育模式。杜威和陶行知都在其观念中强调了活动在学习中的重要性，强调了直接经验的获取对文化知识学习的重要意义。因此，参加各种文化活动是学生和社区居民获取民族文化知识的另一种重要途径，是教育在促进少数民族文化传承方面的另一种重要形式。

1. 学校开展的少数民族文化活动

少数民族地区的学校主要可以通过以下两种形式开展少数民族文化活动：①学校举办的大型活动，如在学校举办校园文化节、运动会、校园文艺会演、新年晚会和庆祝民族节日等，教师可鼓励少数民族学生参与其中。在运动会中，学校将民族体育和民间游戏作为比赛的项目，在各种节日中鼓励学生表演或演奏他们本民族的歌舞和乐器，以激发其学习本民族歌舞和文化的兴趣，增强其学习本民族文化的信心，使其产生对本民族文化的认同感和自豪感，从而达到弘扬民族文化的效果。②学校的常规活动，即学校民族文化环境、民族文化氛围的建设。这些建设潜移默化地影响和增强学生的精神层次——民族文化意识。[①]作为学校

---

① 民族文化意识是指对本民族传统文化的认识和了解，是内在化了的或者习惯化了的行为方式和思维模式，是民族文化教育对人们的深层次影响，是我们了解民族文化教育基本概况的最关键要素。在对民族文化教育传承现状的研究中，民族文化意识往往是研究者最容易忽略的内容，民族文化意识也恰恰是民族文化教育传承成果最为重要的深层次体现。因此，本书在第六章石林彝族自治县民族文化传承的区域教育个案分析中，除了传统的调查项目之外，将重点从民族文化意识分析其民族文化教育传承发展的现状。

文化环境建设的一部分，一方面，学校可以借助班级的黑板报、学校的墙报、学校的各种刊物和校园广播等大力宣传民族文化知识，为民族文化在学校的传承营造一个良好的校园氛围；另一方面，学校加强与社区和家庭的合作，开展连续的民族文化教育活动。在与社区和家庭的活动合作中，学校可以和社区、家庭互通有无，互相借鉴和利用对方丰富的民族文化资源，促进三者文化的合作和交流。合作和交流活动的开展可以促进学生对民族文化知识的进一步学习，增加其对民族文化知识的了解。

2. 社区开展的少数民族文化活动

少数民族社区主要可以开展如下形式的少数民族文化活动。

第一种是以学校为依托开办的社区学习中心，以及在学校组织开展的民族文化教育活动。学校拥有社区不具备的各种设施、场所、师资和各种便利条件，有利于社区民族文化活动的开展。社区加强与学校的联系，可以增强社区与学校的合作与沟通，从而构建起社区、家庭和学校的民族文化教育网络。学校众多的学生是民族文化活动影响和教育的对象，是扩大民族文化影响范围和影响群体的重要力量。社区和学校的合作可以扩大民族文化的影响，有利于民族文化的传播。其活动形式可以有以下几种：①以学校为主要场所，以学生为主要受众群体开展各种社区民族文化宣传活动；②以学校为主要场所，以学生为主要参加群体承办各种形式的社区民族文化活动；③以学校现有资源为依托设立社区民族文化图书室。值得注意的是，在社区与学校各种活动开展的过程中，社区和学校要及时注意引导社区居民和学校师生共同参与和交流，社区和学校的各种资源要做到共享和有效利用，创造便利条件方便社区居民和师生的共同参与和互动。

第二种是在政府政策和资金的支持下设立的社区民族文化活动中心开展的民族文化教育活动。一方面，政府参与社区的民族文化活动可以为活动的开展提供政策保障和充足的资金支持，可以举办规模更大的活动；另一方面，政府的参与可以使社区开展的民族文化活动更有号召力和组织性，能吸引更多的社区民众参与到活动中来，使活动具有更大的影响力，促使活动顺利开展，促进民族文化有效传承。例如，云南某些少数民族地区社区和政府合作，并且已经形成具有一定规模的影响较大的民族活动。目前，云南最普遍、最隆重的民族传统节日活动有：德宏、西双版纳傣族聚集区于每年4月13—15日（阳历）的泼水节，石林、楚雄、大理等彝族聚集区于每年六月二十四日至二十五日（农历）的火把节，大理城西点苍山脚下每年三月十四日至十六日（农历）彝族的三月街，玉龙山麓的三多庙二月初八（农历）纳西族的三多节等，几乎云南所有的少数民族都有自己的传统节日（表5-1）。这些传统节日的举办，既是对民族传统文化的弘扬，又能影响、促进本民族进一步学习和传承民族传统节日文化。

表 5-1 云南省部分少数民族节日一览表

| 少数民族 | 节日 | 举办时间 | 举办地点 | 主要活动内容 |
|---|---|---|---|---|
| 傣族 | 巡田坝 | 正月十三日（农历） | 当地傣族村寨 | 迎春歌集会，群众巡游 |
| | 泼水节 | 4月13—15日（阳历） | 德宏、西双版纳傣族聚集区 | 赛龙舟、活动、歌舞 |
| | 窝巴节 | 三月初七（农历） | 楚雄市大姚湾碧 | 祭鱼神、泼水、歌舞、土产交易 |
| | 对歌节 | 五月初五（农历） | 马街乡乌湾村那丙大龙潭 | 对歌比赛 |
| | 隆示 | 二月左右（农历） | 各傣族村寨 | 祭祀树神、对山歌、找伴侣 |
| | 开门节 | 12月15日（傣历） | 德宏、西双版纳傣族聚集区 | 放高升、歌舞 |
| | 叫谷魂 | 十月末最后一个属龙日（夏历） | 德宏、西双版纳傣族聚集区 | 祀谷祭祀、撒谷种 |
| | 关门节 | 傣历9月15日（农历七月中旬），历时3个月 | 德宏、西双版纳傣族聚集区 | 禁止恋爱、嫁娶等活动 |
| 苗族 | 花山节 | 正月初三（农历） | 云南东南部苗族地区 | 爬花杆、芦笙、歌舞 |
| 彝族 | 插花/打歌节 | 二月初八（农历） | 大姚县县华山 | 插花、对歌 |
| | 赛衣节 | 三月二十八日（农历） | 云南东部、中巴、楚雄等地的彝族地区 | 歌舞、鲜艳服饰 |
| | 火把节 | 六月二十四日至二十五日（农历） | 石林、楚雄、大理等地区 | 耍火把、摔跤、斗牛、歌舞表演 |
| | 虎节 | 正月初八至正月十五日（农历） | 云南双柏县小麦地冲一带的彝族 | 祭拜土主、跳虎笙、虎舞 |
| 白族 | 三月街 | 三月十四日至十六日（农历） | 大理城西点苍山脚下 | 物资交流、赛马、歌舞表演 |
| | 绕三灵 | 四月二十三日至二十五日（农历） | 第1天在大理古城崇圣寺，第2天在喜洲庆洞，第3天在海边（洱海边） | 祭祀、栽秧 |
| | 本主会 | 各村寨时间不同 | 云南各白族村寨 | 祭祀、歌舞、洞经音乐 |
| | 石宝山歌会 | 七月二十七日至二十九日（农历） | 石宝山的石钟寺、宝相寺、海云居、金顶寺等处 | 庙会、对歌 |
| | 耍海会 | 上关、喜洲一带始于农历七月二十三日，大理、下关一带始于农历八月初八 | 大理才村洱海之畔 | 赛龙舟 |
| 傈僳族 | 刀杆节 | 二月初八（农历） | 云南轮马山一带 | 爬刀杆、下火海、丢包等 |
| | 澡堂会 | 正月初二（农历） | 各傈僳族村寨 | 温泉沐浴、赛歌 |
| 纳西族 | 米拉会/棒棒会 | 正月十五（农历） | 古城四方街和一些市场 | 野炊、赛马、歌舞、农具交易 |
| | 赛歌会 | 二月初八（农历） | 中甸三坝乡白水台附近 | 对歌、祭祀 |
| | 三多节 | 二月初八（农历） | 玉龙山麓的三多庙 | 庙会、祭祀 |
| | 祭天 | 农历正月和七月分别举行大祭（春祭）、小祭（秋季） | 丽江、中甸等地纳西族村寨附近 | 祭祀 |

续表

| 少数民族 | 节日 | 举办时间 | 举办地点 | 主要活动内容 |
|---|---|---|---|---|
| 普米族 | 转山会 | 七月十五日（农历） | 兰坪、宁蒗县普米族地区 | 祭祀、转山 |
| 回族 | 开斋节 | 十月一日（伊斯兰教历，30天） | 当地回族人家 | 每日从拂晓前至日落，禁止饮食和房事等 |
| | 古尔邦节 | 十二月十日（伊斯兰教历，一般在开斋节过后70天举行） | 当地回族人家 | 宰牲典礼、参加活动 |
| 哈尼族 | 昂玛突节（长街宴） | 每年春耕开始前（一般在一月中旬） | 哈尼族各村寨，以哈播村最为著名 | 祭祀、歌舞、摆街宴 |
| | 苦扎扎（六月年节） | 农历六月的第一个属虎日（3~5天） | 哈尼族各村寨 | 打秋千、摔跤、歌舞 |
| | 姑娘街/仰阿娜 | 黄饭节后隔三轮的第一个申猴日 | 红河县大羊街乡最高的孟者轰都大山的丫口上 | 祭祀、登山 |
| 拉祜族 | 库扎节（年节） | 三月底或四月初（傣历，4~5天） | 云南省崇山区拉祜族 | 象脚鼓舞、对歌 |
| | 葫芦节 | 十月十五日（农历） | 澜沧县拉祜族 | 篝火、歌舞、吹葫芦笙 |
| | 祭太阳神 | 立夏日 | 澜沧拉祜族太阳神庙 | 祭祀、歌舞 |
| 佤族 | 木鼓节 | 佤历"格瑞月"（相当于夏历十二月，2002年确定4月10日到12日为中国佤族木鼓节） | 临沧县佤族村寨 | 拉木鼓、跳木鼓、祭木鼓 |
| 布朗族 | 冈永节/祭竹鼠节 | 傣历4月或傣历9月时举行 | 勐海县布朗山布朗族乡老曼峨、新曼峨一带 | 祭祀、歌舞 |
| 独龙族 | 卡雀哇 | 一般在农历腊月底或次年正月初举行 | 贡山独龙族怒族自治县西部独龙江流域的所有独龙族村寨 | 祭祀、歌舞 |
| 景颇族 | 目脑纵歌 | 正月十五（农历，4~5天） | 德宏州陇川县 | 祭祀、歌舞 |
| 怒族 | 年节 | 正月 | 怒族村寨 | 射箭、摔跤、打秋千、舞蹈 |
| | 鲜花节/仙女节 | 三月十五日（农历） | 贡山独龙族怒族自治县 | 采集鲜花、歌舞 |
| 阿昌族 | 会街 | 九月初十（农历，3天） | 德宏阿昌族村寨 | 耍白象、跳象脚鼓舞 |
| 藏族 | 赛马节 | 五月初五（农历） | 香格里拉藏族地区 | 赛马、歌舞 |
| | 登巴节 | 七月十五日（农历） | 尼汝藏族 | 祭祀山神、赛马、打靶、斗牛、跳锅庄舞 |
| | 跳神节 | 十二月二十六日至二十九日（藏历） | 香格里拉噶丹·松赞林寺 | 祭祀、跳神 |
| 基诺族 | 特懋克节 | 2月6—8日（阳历） | 西双版纳基诺山寨 | 剽牛、歌舞 |

续表

| 少数民族 | 节日 | 举办时间 | 举办地点 | 主要活动内容 |
|---|---|---|---|---|
| 瑶族 | 盘王节 | 十月十六日（农历） | 各瑶族村寨 | 敲铜鼓、唱盘王歌、跳盘王舞 |
| | 干巴节 | 三月初三（农历） | 云南河口瑶族自治县 | 狩猎、烤干巴、篝火、歌舞 |
| | 倒稿节 | 十月十六日（农历） | 瑶族地区 | 斗牛、唱丰收歌、吃倒稿饭 |
| | 达努节 | 五月二十九日（农历） | 马山、都安、巴马、平果、隆安等地 | 吃团圆饭、歌舞 |
| | 掌肉待客节 | 五月二十九日（农历） | 瑶族地区 | 掌肉待客 |
| | 赶鸟节 | 二月初一（农历） | 瑶族地区 | 唱情歌、猜字谜 |
| 壮族 | 陇端节 | 三月二十五日至二十八日（农历） | 文山州富宁县壮族地区 | 歌舞、杂耍、演壮剧 |
| | 六郎节 | 六月初六（农历） | 壮族地区 | 抢花炮、赛马、染五色饭 |
| 布依族 | 跳月 | 每年初春或暮春时月明之夜 | 布依族地区 | 未婚青年男女集会，歌舞 |
| | 三月三 | 三月初三（农历） | 布依族地区 | 聚餐、对山歌、祭祀 |
| | 六月六 | 六月初六（农历） | 布依族地区 | 祭祀、聚餐、丢花包 |
| | 跳花节 | 正月初一至二十一日（农历） | 布依族地区 | 跳舞、唱歌、演布依戏 |
| 水族 | 端节 | 八月下旬至十月上旬（农历） | 富源、彝良等县的水族地区 | 跳舞、唱歌 |
| 满族 | 颁金节 | 十月十三日（农历） | 云南省境内的满族地区 | 歌舞表演、特色小吃 |
| 蒙古族 | 鲁班节 | 四月初二（农历） | 玉溪通海县兴蒙蒙古族乡等地 | 巡游、耍龙灯、划彩船、跳蚌壳舞 |
| 德昂族 | 泼水节/采花节 | 清明节后第七天开始，持续三天 | 德宏州一带的德昂族地区 | 采花、泼水、浴佛 |

资料来源：云南省人民政府网站，部分有改动

### 3. 家庭开展的少数民族文化活动

家庭是个体一生中受启蒙教育最早、影响最深、持续时间最长的社会基本单元，除学校和社区开展的民族文化活动之外，家庭开展的民族文化活动对个体民族文化知识的积累和增长起着关键作用。少数民族家庭可以从以下两个方面开展民族文化活动。

一是日常生活中年长者无意识地对下一代进行的民族文化教育活动。在人们受教育程度不高、文化不太发达、经济条件普遍比较落后的少数民族地区，尤其是在对外交流、交通条件比较落后的地区，少数民族家庭对子女的培养教育意识

普遍不高，然而在无意识的家庭活动中，在田间地头的生产劳作过程中，在传统节日和重要的集会中，家长通过示范、讲解的方法把本民族的物质文化和精神文化潜移默化地传给下一代。家庭中的年幼者通过跟随父母在田间地头劳作锻炼，亲自参加民族节日和民族聚会等各种民族活动亲身感受本民族文化的精神和内涵，在实践过程中感悟本民族文化的真谛，从内心深处认同并接受了本民族文化，进而形成了对本民族的情感、态度和价值观。

二是在家庭中开展的有意识的少数民族文化教育活动。这种民族文化活动一般只在家庭经济条件较好，比较重视对子女的培养教育，有强烈的民族意识和民族认同感，对民族文化传承比较重视的家庭中进行。在这种家庭中，年长者具有比较深厚的民族文化知识，重视对子女的培养教育，或者经济条件较好，年长者已经意识到了文化知识学习的重要性，并有意识地通过各种途径，如加强家庭教育，通过送子女进学校读书学习或者邀请有学识的人到家里讲授等各种方式对子女进行培养教育，或者通过各种家庭礼仪、传统节日、婚丧嫁娶、宗教仪式等形式有意识地引导年幼者学习和传承民族文化。

（三）间接经验与直接经验有机结合

通过学习书本，以间接经验为主获得民族文化知识的方式对民族文化的传承，以及对少数民族乃至整个人类社会的发展和延续都有重要的意义。通过这种形式，各民族最有价值的文化成果能以最有效、最经济和最直接的方法进行传承和传递。通过这种形式，个人无须从零开始，可在前人创造、积累的知识的基础上，广泛吸收和获取众多的思想和知识，从而为创新和突破前人的观点，创造出新的民族文化形态并积累丰厚的知识基础。这种形式可以使个体在较短的时间内，超越时空和个人生活经验的限制，掌握前人大量的知识和观点，从而获得突破。所有这一切都可以说明，以间接经验为主，通过对书本知识的学习掌握和获得民族文化知识有其存在的合理性和进步性。然而，值得注意的是，要想获得完整的、确切的民族文化知识，仅通过对书本上记载的知识的学习还是不够的。毕竟书本对实际知识的记载有其局限性，尤其是在知识的完整性、丰富性、生动性和鲜活性等方面。个体要想获得完全、生动、鲜活的民族文化知识，除了学习书本知识之外，还必须深入民族地区的实际生活中，通过实地考察，亲身感受和体验，唯此才有可能获得真实的民族文化知识。

民族文化知识来源于生活，贴近生活，并反映生活，因此，参加民族文化活动对于民族文化知识的积累和获取有重要意义。各种各样的民族活动能生动地展现民族文化的精神和内涵，能有效地感染和促进学习者的积极性和主动性，激发学习者对本民族良好的态度和情感，形成对本民族的认同感和自豪感。因此，通过参加民族活动，在活动中直接获取民族文化知识也是一种非常重要的传承和发展少数民族文化知识的形式。然而，这种形式也有其局限性，毕竟学习者从活动中获得的知识只是一种初步的感悟，要想把这种感悟上升到系统的、理论的知识层面还需要长时间的认识和加工提炼。以学习者已有的知识储备去完成这些工作还有一定的难度。毕竟，在认识层面、提炼加工层面和知识储备层面，学习者都有其局限性，而且，学习者也没有必要去亲身体验民族文化传承中的每一样知识和技能等内容。

综上所述，无论是就家庭活动、社区活动而言还是就学校活动而言，学习书本上的民族文化知识和通过参加民族文化活动获得民族文化知识，都应该相辅相成，互为补充，而不应该只强调或忽视任何一方面。因此，间接经验的习得和直接经验的获取互相结合，取长补短，是促进民族文化传承的有效途径。

# 第二节　民族文化传承区域教育具体路径的选择

特定的文化活动总是发生在特定的时空，民族文化的传承活动也离不开一定的场所，特定的地理空间是民族文化活动发生的地域空间载体。从对民族文化活动形式的分析和云南少数民族地区人民生活的地域空间来看，民族文化活动主要发生在社区、学校和家庭。因此，从文化教育人类学"文教统合"的视角来看，云南民族文化的传承途径主要有三种：家庭教育、学校教育及社区教育。从第四章对云南民族文化传承分区的分析可知，各主体文化区民族文化传承面临问题的主要原因有以下几点：滇中彝族主体文化区、滇西白族主体文化区的家庭教育存在不足与缺失，因此在民族文化传承中，要凸显家庭教育传承作用的发挥；滇南哈-彝主体文化区、滇西南傣-景主体文化区的学校教育存在不足与缺失，因此在民族文化传承中，要重视和加强学校教育主体地位的发挥；滇东南壮-苗主体文化区、滇西北藏-傈主体文化区的社会教育存在不足与缺失，因此在民族文化传承中，要注重社会教育传承作用的发挥，政府和社会要勇于担负起民族文化传承的重任，积极为民族文化的传承创造各种有利的社会条件。民族文化传承区域教育的具体路径如下。

## 一、以家庭教育为基础，注重民族文化传承者的培养

对于任何社会来说，家庭都是社会最基本的组织，家庭构成了社会的细胞，是人类社会自身再生产的基本单位，因此，家庭也就成了文化传承的基本组织结构。在云南民族地区，少数民族社会的结构特点仍然是以家庭为最基本的结构单元，以家族为核心，从而扩展成村落。有的民族地区，一个村落就是由一个姓氏组成的民族社会群体，有的村落的组成则相对复杂，由多个姓氏组成。无论组成

的姓氏结构如何复杂，家庭仍然是任何村落最基本的结构单元。在这些民族家庭里，日常发生的民族活动就成了对家庭年幼者最初的也是最基本的民族文化教育活动，因此，家庭教育也就成了民族地区民族文化传承的最初的也是最基本的途径。针对文化传承中家庭教育作用发挥不明显的现状，滇中彝族主体文化区、滇西白族主体文化区可以从如下几个方面做起。

一是以火塘为中心，进行无意识的民族文化传承教育。在少数民族地区，家庭成员的活动中心是火塘。火塘相对于内地的厨房来说具有更为特殊的意义，它是民族地区家庭生火做饭、照明取暖的地方，也是家庭成员日常聊天交谈、交流感情、家务分配、待客接物的地方。一天的劳作之后，一家人围绕火塘进行各种各样的活动：一方面，年长者开始分配食物，处理家庭内部事务，解决家庭内部矛盾，分配劳作任务；另一方面，家庭中的年长者向年幼者讲述本民族古老的神话故事、民族发展历史、民族节日习俗、民族禁忌、祭祀仪式和民族图腾等宗教活动。在这些家庭活动中，年幼者有意无意地接受了年长者对本民族传统文化的传扬和启蒙教育，形成了对本民族文化的初步认识，为他们日后接受民族文化的正规教育打下了基础。

二是以一对一的方式为主，进行有意识的民族文化传承教育。日常生活、生产技能和某些特殊技艺，以及某些特殊的民族的口承文化的传承有时候需要通过一对一方式进行传承。通过这种传承方式，少数民族实现本民族语言文化、饮食文化、服饰文化、建筑文化和生产文化等方面的世代相袭。古人的造字过程充分来源于生活，如"男"字就是"田"和"力"的结合，意思是在家庭生活中，男人因为天生的大力气，需要在田地里做一些需要出力的农活，而女人则因为细心等特点则在家操持家务，如洗衣、做饭、缝补等，这就构成了一个家庭的基本内部分工。因此，一般来说，少数民族地区家庭的男孩成长到一定年龄则跟随父亲在田地里学习耕作技术、生产技能，在猎场学习狩猎技能等生活本领。女孩则从小跟随母亲学习缝衣做饭、操持家务等。在这些家庭活动中，年长者通过实践劳动向年幼者传授民族特有的价值观、人生观、道德观和审美观等，这些民族特有的民族意识也就潜移默化地深入年幼者的头脑中，形成了其民族意识和民族观念。这些民族意识和民族观念也就构成了民族文化知识最基本的组成部分，民族文化也就在民族家庭成员中得以世代传承。

## 二、以学校教育为核心，提高民族文化传播者的水平

学校是各种文化传承的聚集地。学校在文化的传承方面没有等级之分，它既接受外来的先进的文化，也接受本地的传统的文化。同时，学校因为在文化传授过程中的集中性、系统性、计划性和目的性而成了文化传授的最发达、最完备也是最高效的场所。学校是民族传统文化走向普及化、科学化、规范化的场所，具

有系统进行民族文化传承、促进民族文化的整合和完善功能。因此，学校教育是少数民族文化传承的重要途径之一。针对文化传承中学校教育作用发挥不明显的现状，滇南哈-彝主体文化区、滇西南傣-景主体文化区可以以学校教育为核心，进行民族文化教育传承，提高民族文化传播者的水平。其可以从以下几个方面进行展开。

（一）加强学校民族文化教育的校园环境建设

学校加强校园民族文化环境建设，营造民族文化氛围。营造良好的校园文化环境，发挥环境的熏陶教育功能，对于提高民族传统文化教育效果具有重要作用。为此，学校应该重视对校园文化环境的建设，在校园文化环境建设中增加民族文化因素的设计与建设。

（二）增加学校民族文化教育的内容

教师在各门课程中渗透民族文化传承的内容，例如，在语文课中引导学生认识中华文化的丰厚博大，吸收民族文化智慧，尊重多元文化，吸取人类优秀文化的营养；在音乐课和美术课中引导学生通过了解和学习本民族的民歌、民乐、舞蹈、服饰、图案和工艺品，感受本民族音乐和美术的特色；在地理课中引导学生了解当地的地形地貌，观察当地的动植物等。

丰富学校的民族文化教学内容，可以通过课程创编的方式，开辟地方性专题。在地方性专题中，教师可以利用当地的课程资源，设计地方史、当地著名人物、乡土地理、民风民俗等专题。

（三）制定学校民族文化教育的教材

目前，制约学校开展民族文化教育传承的一大障碍是缺乏教材，教材的缺乏也严重影响到了民族文化教育传承的质量。民族地区的教育管理部门要鼓励各学校在实施国家规定课程的前提下结合自身和当地的实际，充分利用当地优秀的民族文化资源，以学校教师为主体，组织当地拥有丰富民族文化知识的年长者参与到校本教材编写的队伍中来，校本教材的编写要以促进当地的民族文化传承为目标，内容上要充分反映当地的民族文化和地理风情。校本教材的编写要突出地方性和民族性特色，把优秀的民族文化成果吸收到教材中。教材的编写是一项复杂的工作，在发挥本校教师主体作用的基础上，既要注重聘请同行专家进行指导，还要利用好当地民族民间艺人的资源；在内容的选择上，既要注意生活知识和课程知识的结合，还应当注重民族文化知识的代表性和独特性。

（四）合理设置学校民族文化教育的课程

在少数民族地区的学校教育中，教师从社区或家庭中请来的民族文化知识的宣传者或民间技艺的能手多为民族文化知识和技能的传授者，一般是单个个体；学生多为信息的接收者和民间技艺的学习者，一般是多人。因此，学校中的民族文化传承方式多为一对多的传承。它可用于以下的课程形式：①以校本课程等形式在学科课程中反映民族文化传承的内容。一方面，由学校组织、反映当地民族文化风情的校本课程要在学科课程中占有一定的比例，让校本课程成为教育促进民族文化传承的突破口。少数民族地区的校本课程开发应充分考虑民族地区的乡土地理和丰富的民风民俗、传统文化、生产和生活经验等民族资源，以使校本课程成为民族文化传承的重要途径。另一方面，教师可以把多元文化共生、共存等理念和少数民族文化的有关内容渗透进语文、历史、地理等学科课程的教学活动中。②把民族文化教育的内容贯穿在活动课程中，以活动课程的形式带动民族文化教育的开展。例如，学校可以把民族体育、民族节日等活动的内容介绍到大型活动如学校的文化艺术节、学校运动会、晚会等中，在这些大型活动中进行民族文化活动的展演并尽力让学生参与其中，可以激发学生了解、学习和掌握民族文化的兴趣，激发民族学生学习民族文化的信心，增强民族学生的民族认同感和自豪感。③民族文化传承的相关内容可以通过学校和班级的文化情境、物质环境和人际情境在潜在课程中得以反映。例如，从大的方面来说，学校的育人环境建设，如校园建筑的设计规划、校园环境的布置建设、学校校风的宣传培育、校园文化的培育等；从小的方面来讲，班风和班级文化的建设、教室的布置、班级的精神面貌等各个方面都在潜移默化地影响着学生的成长和性格的形成，学校如果能有效利地利用这两个方面，把民族文化教育的内容以恰当的形式融入进去，民族文化在学校的教育传承将会起到事半功倍的效果。

（五）更新或改进学校民族文化教育的形式和手段

学校开展民族文化教育要打破以往呆板的以课堂为主的教育形式，可以尝试从以下几个方面进行改进：①课堂教学与社会生产实践活动相结合。开展社会实践，组织学生实地调查研究。社会实践是对学生开展民族传统文化教育的有效载体，开展社会实践活动可以拓展民族传统文化教育的空间。要让学生真正感受和认识民族文化，不能仅靠学校的课堂教育，还要组织学生到民族地区进行实地调查，亲身感受民族地区的文化生活，从而使其获得感性认识，增加对民族文化的认识和理解，增强对学习和传播民族文化的兴趣。②条件较好的学校要加强对多媒体、网络信息技术的利用，使民族文化教育手段走向信息化。在教学组织中利用多媒体、道具演示、舞蹈表演等手段渲染民族文化气息，使学生感受民族文化的多样性和趣味性，激发学生对民族文化的喜爱。③通过活动课、选修课、兴趣小组活动等形式，开展民族文化传承活动。在活动课、选修课和兴趣小组活动方面，学校可利用社区和学校的课程资源，开展民族文化知识和技能的学习活动；也可带领学生走出校门，开展参观、调查和访问等活动。④开设专题讲座，聘请民族文化传承人到学校现场讲授。各民族地区的民族文化传承人是本民族文化的主要继承者，他们对本民族文化的理解和掌握最精深，最透彻。因此，聘请民族文化的传承人到学校讲学是开展民族文化教育的重要形式之一。⑤强化语言熏陶，开展双语教学。双语教育（汉语和民族语言）能够加强少数族群语言使用者的民族认同感，增强少数民族学生学习本民族语言的兴趣，扩大少数民族语言使用的范围和频率，这对于保护少数民族语言、维系民族语言多样性、传承民族优秀传统文化具有重要意义。在民族地区各级学校教学中，学校尽量培养教师运用双语进行教学的能力，鼓励教师运用双语进行教学；增强学生的民族意识，培养学生学习民族文化的浓厚兴趣。

### （六）重视学校对民族文化教育的评价

正确、合理地运用教育评价是有效促进民族文化在学校教育传承的一种重要手段。学校教育评价包括两个方面：①学校对任课教师的评价。评价方案要根据教师任课实际情况建立，评价指标的设置要科学合理，学校要将课堂活动和课外活动教师对民族文化传承的指导与参与纳入考核指标，以提高教师对民族文化传承的积极性。②学校对学生的评价。这样的评价要做到知识的运用与社会实践、动手能力相结合，知识的掌握与学生的评优评先、升学相结合。

### （七）改变学校对待民族文化教育的态度

值得注意的是，学校对待民族文化的态度是民族文化能否在学校顺利传承的关键。学校在民族文化传承中的态度和工作的开展情况是民族文化能否在学校顺利且有效传承的关键。如果学校能正确认识民族文化对学生成长教育的意义，正确认识学校对民族文化传承的重要地位和作用，就会积极地调动和运用各种资源促进民族文化在学校教学工作顺利开展。反之，如果学校把升学考试作为学校的中心或重心工作，民族文化教育只是教学工作的补充，那么，民族文化便无法在学校得到有效传承。这一问题在民族地区的学校教育中尤为突出。一方面，当今的教育评价还是以升学为主导的评价。如果过多地开展民族文化课程就会影响学生对其他课程的学习，影响学生在升学考试中的成绩。另一方面，民族文化知识在民族地区的各级升学考试中并没有得到有效的体现和检验，这就导致学生和教师在民族文化的学习和教学中积极性并不很高。然而，社会又呼吁民族地区的学校应当在民族文化教育中承担更为重要的任务和责任。在教育制度和教育检验手段没有改进的情况下，把过多的责任推给民族地区的学校和老师，对他们来说是不公平的。因此，我们应当积极探索和改进民族地区学校教育成果检验的手段，制定出适合民族地区的教育检测制度，提高其在民族文化传承中的积极性，促进民族文化的有效传承。

### 三、以社区教育为辅助，优化民族文化传承外部环境

相对于社会教育来说，社区教育在地理空间上更加具体，在教育对象上更加确定，在教育内容上更加广泛，在教育形式上更加多样，在教育目标上更加明确，在教育资源的利用上更加高效，因此，社区教育对民族地区来说是少数民族文化传承的重要途径之一。我们这里所指的社区是狭义上的社区，因此，在民族地区，社区既可以是市场、寺庙，也可以是村寨的公共活动中心，还可以是社区的学习中心（即有的地区在村寨大量设立的村寨文化站）。针对文化传承中社会教育作用发挥不明显的现状，滇东南壮-苗主体文化区、滇西北藏-傈主体文化区应以社区教育为辅助，优化民族文化传承外部环境。其可以从以下两个方面开展。

第一，在寺庙或民族节日、祭祀仪式等传统活动的举行地开展民族活动，加强对民族文化传承活动的宣传。寺庙是民族地区民族文化知识聚集最为丰富的地区，也是向村民传扬民族文化知识的最为重要的场所。在云南西双版纳傣族居住区，当地的村民在小孩长到一定年龄的时候都要把小孩送到寺庙去接受教育。寺庙也就成了当地人心目中自然的文化教育中心，而现代小学在当地某些地区的影响力远不如寺庙，家长也更倾向于把小孩送到寺庙去接受教育。有些地区甚至出现了学校和寺庙抢生源的现象。由此可见，寺庙文化对当地民族影响至深。民族节日、祭祀仪式的传统场地也是向下一代传授民族文化的重要场所。在这里，传统的民族节日和民族祭祀仪式通过各种形式被生动地表达和再现，有力地表现了本民族对大自然的敬畏、对民族地区的生活环境的保护、对生活的理解和认识等民族思想和观念。这种民族活动对年幼者的影响是任何形式的学校教育都比不了的。寺庙和民族节日、祭祀仪式等活动的举行扩大了民族文化的影响，能有力地促进民族文化在民族地区的传承和传播。

第二，在民间艺人文化室和社区学习中心等现代文化场所开展民族文化传承活动。随着国家改革开放和市场经济的迅速发展，国家对民族地区的发展逐渐重视起来，民族地区的物质生活和精神生活得到了有力转变，大量现代的文化活动中心在民族地区开始出现，文化站、民间艺人文化室和社区学习中心等在当地政府的支持下开始设立并开展各种文化活动。例如，云南少数民族地区开设的民间艺人文化室有丽江古乐文化室、石屏县慕善村孙正尧老人组建的传承彝族文化的文化室等。这些文化室和社区学习中心的开设有力地促进了当地优秀民族文化的传承和传播。

### 四、建立三位一体机制，彰显有机结合的联动协同效能

以上主要分析了云南六大主体民族文化区针对面临的突出问题所采用的主要方法措施，然而每一个主体民族文化区面临的问题都是多种多样的，所采用的方

法也不是机械的、一成不变的，各个主体民族文化区可以采用一种或多种方法共同促进区域民族文化的传承。建立三位一体的民族文化传承机制是有效促进区域民族文化传承的重要举措。三位一体机制将学校教育、社区教育、家庭教育等各种教育形式细化成有效的教育单元，使之针对不同的受教育对象在不同的角度、环境下形成一股合力，在学校教育的统领下，达到各种教育形式的有效协同、有机结合、互通有无、互相补充，共同促进民族文化区域传承教育的有效开展。家庭教育、学校教育和社区教育三者的有机结合可以从以下几个方面做起。

第一，加强三种教育形式的有效交流和合作，营造民族文化传承教育的环境和氛围。

日常生活中人们的活动场所主要有社区、家庭和学校，这三者也构成了人们活动的主要空间。因此，大力加强社区教育、家庭教育和学校教育的有机联系和合作不仅可以充分发挥在民族文化传承中的功能和作用，营造民族文化传承的良好环境氛围，提升各自在民族文化传承中的水平，还可以互通有无，充分有效地利用文化资源，扩大民族文化的影响，使民族文化能得到有效的传承。具体做法如下：一是学校可以把社区中的民族文化传承人请到学校授课，社区也可以邀请学校教师到社区进行民族文化普及和讲授；二是学校和社区联合，可以在学校和社区举行民族文化活动；三是在活动的过程中，社区要发动家庭积极参加到活动中来，学校也要动员学生积极参加各种民族文化活动。

第二，以学校或社区为中心开展民族文化传承活动，建立学校和社区的联合。

教育是文化的构成部分，一定的教育，从属于一定的文化，而一定的文化也能反作用于教育。我国著名教育家陶行知先生指出，"学校教育要伸张到大自然、大社会去活动，去接触"，"生活即教育，社会即学校"[①]。因此，民族地区学校教育的发展离不开与社区的联系，两者之间只有形成互动整合关系，才能更好、更有效地体现教育的文化性格和发挥出教育的文化传承价值。

就云南地区学校教育和社区教育的合作而言，为了促进社会成员文化认同"复合基因"的生长，二者之间应该形成一种双向互动的共生关系：①社区向学校教育开放，积极配合学校教育的第二课堂，积极支持教师和学生在社区开展的民族文化教育活动；②以学校为中心，充分发挥学校的文化辐射功能，影响和带动社区成员热爱民族传统文化的情感，帮助社区进行各种宣传活动和教育，从而帮助社区成员形成保护和传承民族传统文化的自觉意识，为民族传统文化的传承和保护打下最坚实和广泛的群众基础。

总之，政府、学校、社区，以及教师、学生、社会成员在民族文化的保护、传承与发展上都是重要的教育力量，只有这些力量共同介入并构建起积极的文化互动关系，以及相互之间协调互动，才能有效地推动云南民族文化的传承和发展。

---

① 陶行知. 陶行知教育名篇. 北京：教育科学出版社. 2005.

　　第三，多种文化传承方式有效协同合作，共同促进民族文化的传承。

　　如上文所述，家庭教育主要是以父传子、母传女的一对一的方式进行，学校教育多是采用班级授课制，即一位教师面对众多学生同时传承文化知识的一对多的方式进行，而社区教育则灵活多样，可以根据人数的多少，既可以采用一对多的方式，也可以采用多对多的方式进行民族文化的传承。从这里我们可以看出，在进行民族文化的传承过程中，根据具体的环境，三种传授方式可以灵活采用，共同促进民族文化的传承。而在这个过程中需要我们注意的是，任何文明的载体都是人，所以在传授的过程中，社区要想尽各种办法调动社区居民参加活动的积极性，学校教师要创新教育形式和教育手段，激发和培养学生学习民族文化的兴趣和信心。

　　综上所述，从教育的角度来看，教育在促进民族文化传承的过程中主要有以下两种方法：一种是间接经验的习得和直接经验的获取的结合，把学习书本知识和参加实践活动结合起来，弥补在文化传承中书本知识和实践相脱离的问题；另一种是学校教育、家庭教育和社区教育的有机联系和结合，建立各种教育形式的联动机制，促进各种教育形式互通有无、互相补充、共同发展的有效协同机制，充分发挥三者在民族文化传承中的功能和作用，形成民族文化教育的合力，达到三者合作的最大效果。同时，民族文化传承过程要充分考虑云南复杂多变的地理环境因素，在地理位置优越、交通条件便利、学校教育条件和经济发展较好的地区，要充分利用学校教育的有利条件，以学校教育为主，以社区教育和家庭教育为辅，大力推广、宣传普及、积极开展多种形式的民族文化传承教育；在地理位置偏远、交通不发达、学校教育条件和经济发展比较落后的地区，要充分发挥家庭和社区在民族文化传承中的优势，鼓励和提倡家庭、社区对民族文化传承的积极作用，以家庭教育或社区教育为主，同时加强学校教育对民族文化传承的推动作用。在实际应用中，各地区要根据当地的实际情况有选择地采用其中一种或多种方法，共同促进云南民族文化的顺利、有效传承。

# 第六章
# 石林彝族自治县民族文化传承的区域教育个案分析

本章选择云南省境内具有典型文化区域属性的石林彝族自治县进行民族文化教育传承的个案研究，通过对该区域内彝族文化传承的教育现状和存在的问题进行梳理和分析，构建了石林彝族文化传承三位一体的区域教育体系，并提出了相应的具体举措，在一定程度上拓展和延伸了云南民族文化传承之区域教育路径研究的效能。

## 第一节　以教育手段传承石林彝族文化的基本现状

彝族是中国具有悠久历史和古老文化的少数民族之一，也是云南省境内少数民族人口最多的一个民族。云南是彝族最主要的分布地区。据《2010 年第六次全国人口普查公报》，全国彝族人口为 871.4393 万人，云南省彝族人口为 502.8 万人，占全国彝族人口数的 57.69%，占云南全省人口的 10.94%，占云南省少数民族人口总数的 32.78%，相当于每 9 个云南人里面就有 1 个是彝族人，每 3 个云南少数民族人口里就有 1 个彝族人。云南绝大部分县市都有彝族分布，总体上比较集中于楚雄彝族自治州、红河哈尼族彝族自治州的哀牢山区、乌蒙山区和滇西北大凉山一带，主要分布地点有昆明、楚雄、石林、玉溪、红河、思茅、文山、昭通等 17 个地区。

石林彝族自治县因其独特的地理位置，成为云南省境内彝族人口聚居较为集中的地方，彝族文化的保存具有连续性、完整性和独特性等特点，同时由于距离昆明相对较近，容易受到市场经济和现代化的影响，具有云南民族文化在现代化影响下的特点，即在文化相对比较封闭、保存完整等特点的情况下，由于受到市场经济和现代化的影响又容易受到冲击。因此，本章选择该地区彝族作为个案对其民族文化传承教育概况进行调查研究具有一定的代表性。

石林彝族自治县位于昆明市东南部，县域面积 1719 平方千米，属昆明市所辖的远郊县,距省会昆明 78.07 千米。经过多次行政区划调整,截至 2015 年,全县辖鹿阜街道办事处、圭山镇、长湖镇、西街口镇、大可乡,4 个社区居委会和 89 个村委会,50 个居民小组和 454 个村民小组、389 个自然村。① 2013 年末,全县常住人口 25.4 万人,总户数 86 317 户,户籍总人口 244 374 人,其中,男性 122 853 人,女性 121 521 人;非农业人口 58 117 人,占户籍总人口的 23.8%;少数民族人口 86 649 人,占户籍总人口的 35.5%。人口出生率为 11.77‰,死亡率为 5.89‰,自然增长率为 5.88‰。②

2013 年 12 月,全县有汉族、彝族、白族、哈尼族、壮族、傣族、苗族等 27 个民族,主要分布在圭山、长湖、西街口、石林等乡镇。汉族 157 725 人,占全县户籍总人口的 64.54%,分布于全县 3 镇 1 乡 1 个街道办 223 个自然村;彝族 83 653 人,占全县户籍总人口的 34.23%,占全县少数民族总人口的 96.54%,主要分布在西街口、圭山、长湖等山区半山区乡镇,少数在鹿阜街道、大可乡与汉族杂居;苗族 774 人,占全县户籍总人口的 0.32%,主要分布在圭山镇糯斗村、下部龙村,大可乡树密寨,鹿阜街道大塘子村等山区;壮族 754 人,占全县户籍总人口的 0.31%,主要分布在圭山镇和鹿阜街道;白族、哈尼族、傣族分别为 265 人、275 人、186 人,散居于全县各乡镇(表 6-1)。

表 6-1   2013 年石林彝族自治县民族构成及区域分布概况统计表

| 民族 | 人口数/人 | 占全县人口比重/% | 占少数民族人口比重/% | 主要分布地区 |
| --- | --- | --- | --- | --- |
| 全县总人口 | 244 374 | | | |
| 汉族 | 157 725 | 64.54 | | 全县 3 镇 1 乡 1 街道 223 个自然村 |
| 少数民族 | 86 649 | 35.45 | | 全县境内均有分布 |
| 彝族 | 83 653 | 34.23 | 96.54 | 西街口、圭山、长湖等山区半山区乡镇 |
| 苗族 | 774 | 0.32 | 0.89 | 圭山镇、大可乡、鹿阜街道等 |
| 壮族 | 754 | 0.31 | 0.87 | 圭山镇、鹿阜街道等 |
| 白族、哈族、傣族等 23 个民族 | 1 468 | 0.60 | 1.69 | 散居于全县各乡镇 |

资料来源:《石林年鉴(2014)》《云南省年鉴(2014)》

彝族是石林彝族自治县最早的居民,有着悠久的历史和文化。2013 年底石林彝族自治县境内彝族人口为 83 653 人,是全县人口最多的少数民族。石林彝族自治县的彝族有撒尼、黑彝、彝亲、阿细、阿彝子等支系,在分布上最终形成大部

---

① 1950 年至 2011 年 12 月 28 日,石林彝族自治县行政区划归属共做了 13 次调整,中华人民共和国成立前曾做过两次调整,分别为 1913 年和 1948 年,石林彝族自治县行政区划归属调整共计 15 次。

② 资料来源:《2013 年石林彝族自治县国民经济和社会发展统计公报》《石林年鉴(2014)》。

分移居山区、少数在坝区与汉族杂居的格局。撒尼支系主要居住在山区和半山区，主要分布在圭山、长湖、西街口、石林四个镇。撒尼人有自己的语言和文字，撒尼彝语属汉藏语系藏缅语族彝语支东南部方言撒尼土语，至今仍保留并使用着自己的文字，目前收集到的撒尼古彝文共有 1200 个字，主要由毕摩世代相传。黑彝支系主要分布在西街口镇威黑村，圭山镇亩竹箐、红路口、格渣、石字场，有语言无文字。白彝支系主要居住在路美邑、干龙潭、芋头斗，以及大可乡的岩子脚、小河新村。白彝语言处于失传状态，全用汉语交流。彝亲支系分布在圭山镇和大可乡，以圭山镇雨美堵村最为集中。阿细支系分布在板桥镇冒水洞和大可乡的小河新村。阿彝子支系分布在石林镇和板桥镇，以石林镇爱买龙村最为集中，本民族语言已基本失传，人们都以汉语通话。综合以上分析，从少数民族的角度来看，以彝族文化为主的石林彝族主体文化区总体上已形成。

石林彝族自治县境内汉族主要居住于坝区和交通沿线，少数在山区与彝族或其他民族杂居或聚族而居。苗语属汉藏语系南瑶语族苗语支苗族东北部方言。历史上苗族曾有过文字，但没有保留下来。苗族至今还保留有自己的民族服饰。该县壮族由罗平县迁入，由于人数较少，大部分使用汉语，服饰已汉化。白族、哈尼族、傣族等少数民族由于民族间的相互通婚而定居石林彝族自治县境内，这些少数民族人口较少，且居住都比较分散。因此，他们总体上都处于石林彝族主体文化影响范围之内，与彝族文化相互交融，共生共存，和谐发展。

## 一、学校教育现状[①]

石林彝族自治县紧紧围绕办人民满意的教育，对学前教育、义务教育、高中教育、素质教育等方面齐抓共管，达到了稳中有升、齐头并进的目标。通过努力，截止到 2014 年上半年，石林彝族自治县各类教育已进入全面发展的快车道。

1）学前教育。2013 年，全县有幼儿园 79 所，幼儿园在园幼儿 8919 人，幼儿入园率达 94%，专任教师达 379 人，保健员 12 人。幼儿教育普及程度大幅提高。2014 年全县幼儿计划招生 2155 人，适龄幼儿毛入园率达 95.02%，石林县幼儿园已成功晋升为云南省一级三等示范幼儿园。云南省教育厅完成了对 24 所幼儿园的督导评估工作，对 17 所民办幼儿园的年检工作，达到了以评促改、以评促发展的目的。

2）义务教育。2014 年，全县有 68 所小学，16 所完全小学、54 个教学点，初中 5 所。小学计划招生 2676 人，实际招生 2776 人，在校生 20 170 人，502 个教学班，毕业生 3894 人，专任教师 1362 人。初中计划招生 3699 人，实际招生

---

① 资料来源：石林彝族自治县统计局于 2014 年 6 月 24 日公布的《2013 年石林彝族自治县国民经济和社会发展统计公报》、《石林年鉴（2013）》、石林县教育局《石林教育信息》（2013 年、2014 年）、昆明日报《2014 县区教育新亮点》，以及实地调查数据等。

3794 人，在校学生 10 852 人，毕业生 3440 人，专任教师 715 人。小学学龄儿童入学率达 99.71%，小学毕业生升学率达 100%，初中毕业生升学率达 89.89%，小学巩固率达到 100%，初中巩固率达到 99% 以上。"义务教育初步均衡发展"通过省、市评估验收。在学籍管理方面，2014 年石林彝族自治县继续着力推进义务教育发展阶段中小学学籍管理网络化进程，全面实现义务教育阶段中小学生学籍号、考籍号、毕业证书号相统一的目标。在扶贫助学方面，认真落实"两免一补"政策和困难学生交通费补助，全面落实营养餐改善计划，积极开展扶贫助学活动，成效显著。

3）高中教育。2013 年，全县有普通高中 2 所，普通高中招生 1340 人，在校学生 3854 人，高中教育阶段毛入学率达 85%，应届毕业生 1159 人，专任教师 260 人。2014 年，普通高中计划招生 1500 人，其中公费生计划招生 1250 人，实际招生 1248 人，择校生 250 人，其中汉族学生 804 人，民族学生 444 人，汉族学生与民族学生比例为 67：37。

4）职业教育。县职业中学办学规模持续稳定，围绕市场需求，着力培养实用型和技术型人才。2013 年全县有职业高中 2 所，在校生 4798 人，毛入学率达 83%。职业中学 1 所，招生 622 人，在校学生 1145 人，毕业生 827 人，专任教师 79 人，职业中学推荐就业率为 95% 以上。

5）民办教育。2013—2014 学年度，全县被批准办学的民办中小学、幼儿园、培训机构有 21 所，其中民办小学 1 所，在校学生 1849 人；民办幼儿园 17 所，在园幼儿 3570 人；培训机构 3 所，在校学生 943 人。在对民办教育的规范管理方面，石林彝族自治县以"巩固提高，规范办学"为目标，切实加强对民办教育的管理和指导，规范民办教育行为，促进民办教育健康稳定发展。2014 年 7 月，石林彝族自治县教育局开展 2013—2014 学年度民办学校年检工作，对幼儿园、民族幼儿园等 21 个民办校（园）、培训机构进行了年检考评。石林县幼儿园、石林县民族幼儿园、石林石金幼儿园等 3 所被评定为优秀；被评定为合格的民办幼儿园有 11 所，基本合格的民办幼儿园有 3 所，合格的民办培训机构有 2 所，基本合格的民办培训机构有 1 所，合格的民办小学有 1 所。此外，有 2 所民办幼儿园不具备办学条件，已于 2014 年 7 月 8 日停止办学。石林县民族幼儿园、石林石金幼儿园两所民办幼儿园于 2014 年 9 月 23 日顺利通过云南省教育厅专家组的综合评估，达到云南省一级一等示范幼儿园办园水平。①

6）成人教育。2013 年全年共组织了第 65 次、第 66 次、第 67 次自学考试及高等师范自学考试 126 科次，颁发自学考试本专科证书 16 个。

7）教师队伍建设。实施人才造就工程，2014 年上半年，石林彝族自治县扎实推进教师队伍建设，将教师职业道德考核结果作为教师履职考核和职称晋升的

---

① 资料来源于《云南经济日报·教育导刊》2014 年 11 月 10 日第 05 版。

重要依据，并不断促进教师专业成长。全面实施"十、百、千"教育人才造就工程，多措并举，狠抓落实，切实加强教职工全员培训，推进教职工整体素质大幅提升。先后邀请北京师范大学教授钱志亮、洪成文，山东茌平县杜郎口中学副校长孙玉胜和云南省教科院方贵荣四位专家为全县管理干部作专题报告，全县校处领导、教研组长全员参与培训，培训人数达 1400 多人次。举办骨干班主任培训班，聘请全国十佳班主任段会民、云南师范大学教授赵建新、特级教师唐朝霞等六位省内外知名专家为骨干班主任作了五场专题报告。组织全县中小学、幼儿教师2800 余人进行校本培训。选派艺术骨干教师 46 人次、体育骨干教师 6 人次、学校卫生工作负责人 12 人参加了省、市举办的艺术骨干教师培训、体育骨干教师培训、学校卫生工作培训。此外，积极招聘新教师；招聘教育部直属师范大学免费师范生 7 人、中央特岗教师 25 名；招聘市级特岗教师 12 名、普岗教师 10 人。

8）教育经费投入。全面推进议政工程，自 2013 年起，石林彝族自治县县级财政依照议教会议精神和议教制度增加教育投入 2000 万元，在上级生均公用经费补助的基础上，每年增加预算资金 150 万元、增加教育切块资金 200 万元。2014 年上半年石林彝族自治县已投资 100 万元（其中石林彝族自治县第一中学 50 万元，石林彝族自治县民族中学 50 万元），采购普通高中实验室仪器设备，两校共配备标准物理实验室 3 间、化学实验室 3 间、生物实验室 3 间；配备成套标准仪器设备物理 4 套、化学 4 套、生物 4 套。

9）教育长效制度建设。全面贯彻落实县委议教制度，2014 年，石林彝族自治县上半年全面实施了普通高中优秀人才引进、普通高中教学质量奖励、教科研补助、全员强化培训、关爱教职工健康、扎根山区奉献奖、扶贫助学补助、突出贡献奖激励、进位争先激励、教师荣誉奖、学校教学设备完善、学校安全管理推进、教育信息化 13 项激励工程，通过细分激励政策，切实提高教育水平质量。

10）教育基础设施建设。改善教育基础设施，在确立了目标后，石林彝族自治县紧紧抓住工作重点，克难攻坚，推进工作扎实有序进行。2014 年上半年完成了 32 所幼儿园改扩建工程市级申报工作。完成在县城区建设 1 所中等规模公立幼儿园的项目选址。全面实施 13 所中小学校舍安全工程，计划总投资 5586.5 万元，重建校舍 15 209 平方米。实施 10 所农村薄弱学校改造计划食堂建设项目，计划总投资 1525.08 万元，新建食堂建筑面积 5774.95 平方米。云南省教育厅为石林彝族自治县配备了 9 个批次价值 800 万元的中小学教学仪器设备。

## 二、家庭教育现状

仅从拥有多少民族文化教育资源、有多少民族学生在校学习民族文化知识、开设了多少民族文化教育课程或者是编写出版了多少民族文化教育教材等这些表面的东西来了解民族文化传承的教育基本概况是远远不够的，看到的只能是表面化的东西。要想从深层次了解民族文化传承的教育基本概况，最关键的是要了解民族文化传承教育的成果，也就是了解民族文化传承教育对人们日常的精神面貌、行为意识、日常活动等方面的影响。其中民族文化意识是内在化了的或者习惯化了的行为方式和思维模式，是民族文化传承教育对人们的深层次影响，是了解民族文化传承教育基本概况的最关键要素。家庭教育是民族文化传承教育的原始细胞，是民族文化传承教育最基本的构成单元。因此，除了常规的调查之外，本章将重点从人们的民族文化意识方面来调查和了解石林民族文化传承的家庭教育现状。

（一）调查的目的

此次调查主要是为了了解石林彝族自治县家庭民族文化教育现状。随着近年来石林彝族自治县城市化进程的加快、民族文化的产业化和民族文化旅游的大力发展，彝族民族文化在石林彝族自治县也悄然发生着变化。产业化和旅游的兴起既为民族文化的传承、创新和发展提供了一定的契机，也冲击和影响着彝族人民的生活，彝族文化也不断发生着变化。此次调查打破了常规的调查方法，主要从侧面，即民族文化教育对人们思想意识的深层次影响来了解和判断石林的民族文化教育概况。通过此次调查，我们既可以了解现有民族文化教育对人们日常生活形成的影响，又可以从中发现家庭民族文化教育中存在的问题，为石林民族文化教育的继续发展提供科学依据。

（二）调查的对象

此次调查对象是石林彝族自治县 7 个[①]主要乡镇社区的彝族家庭，分别是鹿阜镇、石林镇、板桥镇、长湖镇、圭山镇、西街口镇和大可乡。我们随机抽样调查了 300 个家庭，涉及 7 个乡镇不同层次、不同年龄的人口。回收有效问卷 291 份，有效回收率为 97.00%。同时，我们对部分彝族人民进行了访谈调查。本章根据分析的需要，对上述数据进行了标准化处理。用 SPSS17.0 统计的调查对象基本信息如表 6-2 所示。

表 6-2    样本基本特征

| 特征描述 | | 频数 | 百分比/% |
| --- | --- | --- | --- |
| 有效问卷分布 | 鹿阜镇 | 40 | 13.7 |
| | 石林镇 | 41 | 14.1 |
| | 板桥镇 | 40 | 13.7 |
| | 长湖镇 | 39 | 13.4 |

① 由于 2011 年石林彝族自治县行政区划调整后各项数据还不完善，无法得到有效数据，在这里我们仍然沿用 2010 年石林彝族自治县行政区划概况进行调查。

续表

| 特征描述 | | 频数 | 百分比/% |
|---|---|---|---|
| 有效问卷分布 | 圭山镇 | 32 | 11.0 |
| | 西街口镇 | 29 | 10.0 |
| | 大可乡 | 70 | 24.1 |
| 年龄 | 7～18 岁 | 155 | 53.3 |
| | 19～35 岁 | 59 | 20.3 |
| | 36～45 岁 | 51 | 17.5 |
| | 45～60 岁 | 19 | 6.5 |
| | 60～83 岁 | 7 | 2.4 |
| 文化程度 | 小学 | 97 | 33.3 |
| | 初中 | 102 | 35.1 |
| | 高中 | 46 | 15.8 |
| | 大学 | 30 | 10.3 |
| | 文盲 | 16 | 5.5 |
| 职业 | 学生 | 155 | 53.3 |
| | 工人 | 14 | 4.8 |
| | 教师 | 25 | 8.6 |
| | 农民 | 97 | 33.3 |

## （三）调查方法

此次调查主要采用问卷调查法和访谈法，调查时间为 2012 年 11 月至 2014 年 9 月，其间笔者多次往返昆明与石林两地进行数据的采集。调查主要集中在社区家庭，调查对象为随机选取的，调查者与调查对象面对面进行问卷发放和填写，若遇到未受过教育的调查对象，由调查者面对面问答并如实填写。

### 1. 调查问卷设计

调查问卷涉及两大部分内容：第一部分为个人基本信息调查，包括被调查者所在乡镇、性别、年龄、受教育程度及职业范围等；第二部分为民族文化意识调查，包括民族文化认知意识、民族文化关注意识、民族文化参与意识、民族文化行为意识、民族文化保护意识、民族文化传承意识和民族文化创新意识。当然，在民族文化家庭教育中，受访者民族文化意识的影响因素和变量有很多，为了研究的科学性、准确性和便利性，也考虑到受调查者的文化程度普遍不高等因素，本书选取了其中有代表性的便于受访者理解的因素和变量。在今后的研究中，我们可以进一步细化指标和变量。

### 2. 统计分析方法

统计的主要工具有两种，分别为 SPSS17.0 和 VISUL FOXPR06.0。我们利用这两种工具统计出结果并对其进行分析总结。

### （四）评价体系指标

### 1. 评价体系指标建立

石林彝族自治县彝族家庭成员民族文化意识评价指标体系是经过与民族教育信息化教育部重点实验室（云南师范大学）相关研究领域的专家探讨、研究而建立的。民族文化意识的高低由综合评价指标来表征，综合评价指标包括七个一级指标，分别是民族文化认知意识、民族文化关注意识、民族文化参与意识、民族文化行为意识、民族文化保护意识、民族文化传承意识、民族文化创新意识。综合指标分值越高，文化意识就会越强，如表 6-3 所示。而每一个一级指标都有相关的二级指标来表征，同样每一个二级指标都有数个三级指标来表征，每一个三级指标的题目则是具体的分值。

### 2. 权重系数的确定

石林彝族自治县家庭成员民族文化意识评价指标的权重系数确定采用的是德菲尔法，笔者邀请民族教育信息化教育部重点实验室（云南师范大学）相关专家进行打分，并进行统计得到其平均值，最终得到一级指标、二级指标的权重值（表 6-3），三级指标按照等权处理。

表 6-3　石林彝族自治县家庭成员民族文化意识评价指标体系及指标权重值

| 综合指标 | 一级指标及权重值 | | 二级指标及权重值 | |
| --- | --- | --- | --- | --- |
| | 指标 | 权重 | 指标 | 权重 |
| 民族文化意识 | 民族文化认知意识 | 0.1541 | 了解民族文化常识 | 0.5541 |
| | | | 掌握民族文化知识 | 0.4459 |
| | 民族文化关注意识 | 0.1334 | 关注民族文化发展 | 0.5238 |
| | | | 关注民族文化教育 | 0.4762 |
| | 民族文化参与意识 | 0.1982 | 民族文化活动参与 | 0.5012 |
| | | | 民族文化宣传参与 | 0.4998 |
| | 民族文化行为意识 | 0.1691 | 民族文化行为习惯 | 0.4678 |
| | | | 民族文化日常行为 | 0.5322 |
| | 民族文化保护意识 | 0.1132 | 民族文化保护常识 | 0.4190 |
| | | | 民族文化政策法规 | 0.5810 |
| | 民族文化传承意识 | 0.1312 | 民族文化传承教育 | 0.3749 |
| | | | 民族文化传承能力 | 0.6251 |
| | 民族文化创新意识 | 0.1008 | 民族文化创新观念 | 0.6137 |
| | | | 民族文化创新能力 | 0.3863 |

3. 评价指标计算方法

根据三级指标中的具体题目所反映出的民族文化意识的高低，石林彝族自治县家庭成员民族文化意识调查评价指标分别被赋予 0、5、10、15 四种不同分值。

综合指标、一级指标、二级指标的具体分值都是通过下面的公式计算得到：

$$S = \frac{1}{m}\sum_{i=1}^{n} A_i \times W_i$$

式中，$S$ 为各级指标的平均值；$n$ 为下一级的数目；$A_i$ 为各级指标的分值；$W_i$ 为各级指标的权重值；$m$ 为调查问卷的有效数目值。现以民族文化传承意识这个一级指标为例，此意识中，包括 2 个二级意识、2 个三级指标，所以具体的做法如下：

$$S_{民族文化传承意识} = 1/m\left[S_1 \times 0.3749 + S_2 \times 0.6251\right] \times 0.1312$$

式中，$S_{民族文化传承意识}$ 为石林彝族自治县某乡镇家庭民族文化意识所得总分值，$m$ 为所得到的样本有效总数，$S$ 为三级指标所得分值，而 $S_1 \times 0.3749$ 则是二级指标中民族文化传承教育分值的计算过程；$S_2 \times 0.6251$ 是二级指标中民族文化传承能力分值的计算过程。

通过上面的计算方式，7 个一级指标总值就可以全部算出，此后通过下面这个公式，我们可以得出 $S_{民族文化意识}$ 指标总分值：

$$S = \left(\frac{1}{m}\sum_{i=1}^{n} A_i \times W_i\right) \times W_i$$

即 $S_{民族文化意识} = S_{民族文化认知意识} \times 0.1541 + S_{民族文化关注意识} \times 0.1334 + S_{民族文化参与意识} \times 0.1982 + S_{民族文化行为意识} \times 0.1691 + S_{民族文化保护意识} \times 0.1132 + S_{民族文化传承意识} \times 0.1312 + S_{民族文化创新意识} \times 0.1008$

根据以上分析，我们可得出石林彝族自治县家庭成员民族文化意识指标总分值，详见表 6-4。

**表 6-4　石林彝族自治县家庭成员民族文化意识一、二级指标总分值**

| 综合指标 | 一级指标 | | | 二级指标 | | |
|---|---|---|---|---|---|---|
| | 指标 | 理论分值 | 实际分值 | 指标 | 理论分值 | 实际分值 |
| 民族文化意识 | 民族文化认知意识 | 0.1541 | 0.0836 | 了解民族文化常识 | 0.5541 | 0.4231 |
| | | | | 掌握民族文化知识 | 0.4459 | 0.2691 |
| | 民族文化关注意识 | 0.1334 | 0.1069 | 关注民族文化发展 | 0.5328 | 0.3719 |
| | | | | 关注民族文化教育 | 0.4762 | 0.3927 |
| | 民族文化参与意识 | 0.1982 | 0.1098 | 民族文化活动参与 | 0.5012 | 0.4194 |
| | | | | 民族文化宣传参与 | 0.4998 | 0.4479 |
| | 民族文化行为意识 | 0.1691 | 0.1285 | 民族文化行为习惯 | 0.4678 | 0.3741 |
| | | | | 民族文化日常行为 | 0.5322 | 0.3701 |
| | 民族文化保护意识 | 0.1132 | 0.1117 | 民族文化保护常识 | 0.4190 | 0.4610 |
| | | | | 民族文化政策法规 | 0.5810 | 0.3379 |

| 综合指标 | 一级指标 | | | 二级指标 | | |
|---|---|---|---|---|---|---|
| | 指标 | 理论分值 | 实际分值 | 指标 | 理论分值 | 实际分值 |
| 民族文化意识 | 民族文化传承意识 | 0.1312 | 0.1148 | 民族文化传承教育 | 0.3749 | 0.2690 |
| | | | | 民族文化传承能力 | 0.6251 | 0.4183 |
| | 民族文化创新意识 | 0.1008 | 0.0941 | 民族文化创新观念 | 0.6137 | 0.5709 |
| | | | | 民族文化创新能力 | 0.3863 | 0.2180 |

（五）统计结果分析

经过统计分析，我们可以看出石林彝族自治县彝族家庭成员的民族文化意识总体不高，表 6-4 中所有的实际分值都要比理论权重值低。我们在调查中发现，尤其是年轻一代对民族文化的认知和掌握较低，民族文化观念淡漠，主要表现为语言文字、民族歌舞、服饰文化和节庆文化等民族文化的教育传承方面问题突出，具体情况如下。

1. 彝族语言和文字的教育传承方面

我们从表 6-4 中民族文化认知意识和民族文化行为意识当中可以看出，理论分值和实际分值相差比较大，民族文化认知意识理论权重值与实际分值相差 0.0705，民族文化行为意识的理论权重值与实际分值相差 0.0406。这些具体表现在彝族的语言和文字使用方面。所调查的 7 个主要乡镇大多数被调查者已经不再讲彝族语言。60 岁以上的讲彝语的占 59.60%，50 岁尤其 30 岁以下的则以讲汉语为主，占 30.20%，特别是 25 岁以下的被调查者在讲彝语时"汉语化"较突出，出现彝语的频率只占了 11.20%，在语言的日常使用上呈现了一个随年龄递减的趋势，年龄越小，本族语就讲得越少。这种彝族语言"汉语化"的趋势是彝族文化根基动摇的前兆。

通过调查发现，石林彝族自治县会写本族文字的人已经寥寥无几了，只有少数年长的老人和毕摩能够认识和书写本族文字。随着石林对外交流的扩大、深入和汉文化的普及，彝族中的年轻人已经不大喜欢学习这些祖辈传下来的难懂的文字了。调查显示，认为学习这些文字已经不实用的被调查者占被调查总数的85.32%，认为无所谓的占 11.23%，只有 3.45%的被调查者认为它们还是有用的。

2. 民族歌曲舞蹈文化的教育传承方面

彝族是一个能歌善舞的民族，彝族歌舞艺术是彝族民间文化的精华，也生动地表现和传达着彝族人民的日常生活状况。在表 6-4 中民族文化传承意识和民族文化参与意识当中，总体的实际分值同样低于理论权重值，问卷回答中最为明显的问题就是民族歌曲舞蹈文化的断层。问卷统计显示，在对民族歌曲舞蹈的掌握方面，老年人，特别是 55 岁以上老人所占比例较高，占掌握民族歌曲舞蹈的总人数的 62.19%，唱民族歌曲、跳民族舞蹈成了彝族中老年群体的"专利"；以往歌舞的主力军——青年群体，现如今视民族歌舞为"古董"，据统计，调查对象中，20～55 岁这个年龄段会唱民族歌曲、会跳民族舞蹈的只有 18.27%。其原因主要是这些人要么在校读书，要么外出打工，而且生活的方式和环境发生了变化，以致其失去依托的生活载体而逐步消失，同时，随着民间老艺人的相继过世，这些歌舞乐器制作的传承也受到了威胁。

3. 民族服饰文化的教育传承方面

我们从表 6-4 中民族文化行为意识和民族文化创新意识的理论权重值和实际分值的差别中可以看出，彝族在民族文化的创新方面有一定的改进，但是由于各种原因，民族文化的创新显得有些扭曲，特别体现在彝族的服饰传统上。彝族服饰传统至今已有上千年的历史，但是 20 世纪 80 年代末 90 年代初以来，人们进入了完全开放的生活环境之中，各民族之间的交流加强。通过外出学习、交流和内地服饰的引进，人们与外界文化有了广泛的接触，以致对外面文化的吸收变成了自觉行为，于是衣着也很快发生了变化，大多数彝族群众已接受了汉族的服装款式，特别是男式服饰，以着西装和现代装为主的占到被调查者的 87.20%，尤其是青年人名牌服装和运动装的打扮，使得外人根本看不出他们中有些就是彝族人。最为显著的是青年人中 25 岁以下的认为日常生活中需要经常穿传统服饰的占10.20%，认为无所谓的占 11.90%，认为只在节庆日穿民族服饰的占 77.90%。调查发现，彝族服饰文化衰落的主要原因有两方面：一方面，人们的审美观念发生了变化，机器生产的大量现代服装涌入；另一方面，民族服饰的传统制作要花大量的人力、物力，制作不经济，因而跟不上时代的需要。

4. 传统节庆文化的教育传承方面

从民族文化行为意识和民族文化关注意识的三级指标中，我们可知石林彝族自治县的传统节庆文化也在逐渐地发生着变化。传统节日的活动有很多禁忌和程序，随着人们对外交流的日益增多，思想观念的改变，很多的禁忌和烦琐的程序得以简化，随之而来的是节日文化内涵的丧失和淳朴民风的异化。

## 三、社区教育现状

2014 年，全县有文化馆 1 个、图书馆 1 个、乡镇文化站 4 个、村文化室 85 个、农家书屋 55 个，国家级非物质文化遗产 4 项（石林彝族自治县共有 86 项非物质文化遗产代表项目被列入国家、省、市、县级保护名录。其中，彝族撒尼语口传叙事长诗《阿诗玛》《彝族大三弦舞》《彝族（撒尼）刺绣》《彝族摔跤》4 项被列入国家级保护名录，国家级非物质文化传承人 1 人，省级文化传承人 5 人。①

---

① 2012 年 8 月，石林彝族自治县有 13 人被命名为昆明市第三批非物质文化遗产代表性项目传承人，有 93 名优秀民族文化传承人被命名为各级项目传承人。

由于历史渊源、自然地理环境，尤其是接近滇中汉族文化影响较深的地理区位及各彝族分支历史发展条件的差异，石林彝族传统文化在其生成和变迁过程中形成了不同特色的文化模式。彝族传统文化与其他少数民族的差异是客观存在的。它突出地表现在彝族的风俗习惯、宗教信仰、伦理观念和审美情趣等不同文化层面上。随着石林彝族自治县城市化进程的加快，旅游业的兴起并不断繁荣，当地的少数民族走出大山，走向城市，走向市场时，重利的观念也开始逐步进入人们的观念意识之中，趋利行为也表现得越来越突出。市场经济的发展和城市化进程的加快对淳朴民风的变迁和少数民族的生活影响越来越大。

从总体上来分析，近年来石林彝族自治县越来越重视民族文化的开发和利用，民族文化旅游业发展较快，但是彝族人民的民族文化意识并不乐观，呈现出逐渐衰减趋势。特别是民族文化关注意识和民族文化传承意识尤为薄弱，民族文化保护意识与民族文化参与意识相对较好，民族文化认知意识、民族文化行为意识和民族文化创新意识有待提高。在发展民族文化旅游，大力开发民族文化产业的同时，让人民共享发展带来的红利，加强彝族人民的民族文化教育，对于保护、传承和发展彝族民族文化有着重要意义。

# 第二节　以教育手段传承石林彝族文化的现存问题

石林，以它特有的彝族文化，千百年来养育了当地的彝族人民，同时也是云南众多民族文化中一道特有的靓丽风景。然而，近年来随着城市化进程的加快，以及民族文化产业化和民族文化旅游业的大力发展，彝族民族文化在石林彝族自治县也悄然发生着变化。民族文化产业化和旅游业大力兴起为民族文化的传承、创新发展提供了一定的契机，但同时，在城市化和民族文化过度产业化的过程中，彝族文化也受到了冲击和影响。我们通过调查发现，石林彝族民族文化传承教育现状令人担忧，民族文化传承教育存在的问题让人深思。

通过调查分析，笔者认为，彝族民族文化传承教育存在的问题大致表现在以下几个方面。

## 一、教育资源的开发

### （一）民族语言文字严重流失

语言是人与人之间交流和表达思想观点的最重要的交际工具，同时，语言又是一个民族区别于其他民族的最重要的特征和标志。语言对一个民族文化的保存和传承起着重要作用。彝族语言是记录彝族文化的重要载体，也是彝族文化的重要构成因素。但是，随着彝族地区的发展和日益频繁的对外交流，彝族语言这一重要的民族文化构成要素，在广大彝族地区发生了严重的流失和变异，致使其他以语言为载体的彝族文化也随之流失。这具体表现在日常生活中彝族人民对彝族语言和文字的使用方面。通过对调查者使用彝族语言年龄阶段的分析，我们发现在其日常使用的频繁性上呈现了一个随年龄由高到低，逐渐递减的趋势，年龄越小，本族语就讲得越少（图 6-1）。语言是一个民族文化的根基，彝族语言"汉语化"的现象说明了在彝族地区对外发展的过程中，彝族民间文化也面临着被冲击的危险。

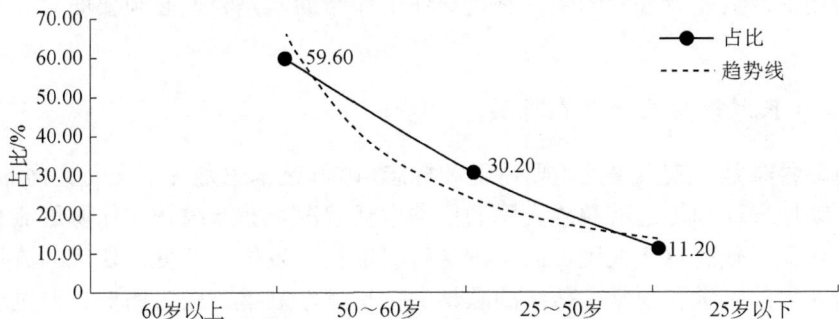

图 6-1　石林彝语使用概况示意图

在语言文字的书写方面，我们通过调查发现，石林彝族自治县会写彝族文字的人已经屈指可数了，只有毕摩和少数年长的老人能够认识和书写本族文字。随着石林对外交流的扩大、深入和汉文化的普及，彝族中的年轻人对祖辈传下来的这些难懂的文字已经不感兴趣了，生存的压力驱使他们积极学习汉文化，学习其他外来文化，以适应日益激烈的竞争。调查显示，在年轻一代中，认为学习这些文字已经不实用的占调查总数的 85.32%，认为无所谓的占 11.23%，只有 3.45% 的人认为还是有用的（图 6-2）。

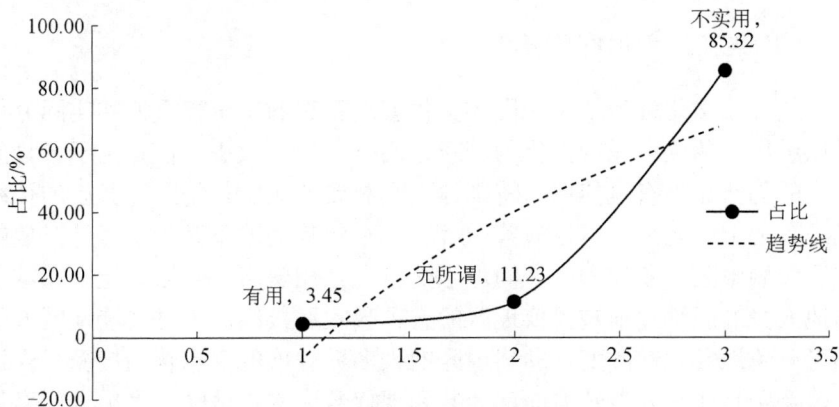

图 6-2　石林年轻一代对彝语认识示意图

注：横轴表示石林年轻一代对彝语文字认识分类选项

生存压力的现实问题让彝族人民尤其是年轻一代在彝族文化尤其是语言文字的使用和学习方面变得更加现实。语言是一个民族文化的载体和重要标志，失去了民族的语言，民族文化也必然会失去。然而，优秀的彝族文化是中华民族文化的重要组成部分，还有着它的魅力和重要价值，不能因为各种原因和理由就随便抛弃，如何在现实需要和实用价值之间作出理性的选择是民族文化教育者要思考的重要问题。民族文化教育既要考虑到民族文化的价值和重要性，又要兼顾人们生存和发展的需要。如何改变教育方法和教育形式，使传统的民族文化既能为现代人所接受，又能对人们的生存有指导作用和帮助，是我们必须要面对和解决的问题。

### （二）民族歌舞文化存在断层

能歌善舞是彝族人民的重要特征和标志，歌舞艺术也是彝族民间文化的精华，歌舞生动地表现和传达着彝族人民的日常生活状况。彝族歌舞文化源远流长，陪伴了一代又一代的彝族人民。而今，这种状况已经发生了改变，现代的流行歌舞冲击着人们的听觉和视觉，传统的歌舞文化也逐渐衰落，成为历史。通过调查，我们发现民族文化传承意识和民族文化参与意识的总体实际分值同样低于理论权重值，民族歌曲舞蹈文化的断层问题较为明显，这从另一个方面也说明了传统歌舞文化的衰落。我们从对盛行的广场舞的调查中发现，唱民族歌曲，跳民族舞蹈的多为彝族中的中老年群体；卡拉 OK、歌舞厅和现代舞蹈歌曲的流行，使得以往民歌舞会中的主力军——青年群体都发生了转向，唱民族歌曲、跳民族舞蹈已不再流行。年轻一代要么在校读书，要么外出打工，他们的生活环境和生活方式发生了变化，加之民间老艺人的相继辞世，民族歌舞文化的教育传承现状不容乐观。总之，随着彝族地区的发展、外来文化的流行，彝族歌舞文化的教育传承也应该被民族文化教育者重视起来。

### （三）民族服饰文化有所弱化

我们从民族文化行为意识和民族文化创新意识的理论权重值和实际分值的差别中可以看出，彝族在民族文化的创新方面有一定的改进，但是由于各种原因，民族文化的创新显得有些扭曲，特别体现在彝族的服饰传统上，彝族的传统服饰至今已经有上千年之久，但是随着 20 世纪 80 年代的改革开放，对外开放的春风也吹进了民族地区，各族人民之间加强交流，互相学习，互通有无，在这个过程中，内地人民的服饰逐渐被民族地区的人民吸收和接纳。于是民族地区人们的穿着也不可避免地发生着改变，彝族地区的大多数彝族群众也普遍接受了内地的服装款式，特别是在男式着装方面，西装和现代装为彝族地区广大男士所喜爱和接受，这一现象在青年中尤其明显。如果不与他们交谈根本辨别不清他们到底是汉族还是少数民族。通过与当地年轻一代的交谈，我们发现他们中大多数根本没有民族服装，甚至他们的父母也很少有民族服装，穿民族服装成了老一代人的专利。这一现象在城镇地区尤为明显。在石林城镇地区的街道上行走，我们偶尔会发现一两个穿戴民族服饰的人，但他们基本上都是上了岁数的老年人，只有他们在城镇化面前仍然坚定地保留着民族传统。调查发现，彝族服饰文化弱化衰落的主要原因除了我们前面谈到的之外，还有以下两点：①随着人们对外交流的日益广泛和深入，以及更多新鲜事物的涌入，人们的思想意识逐渐发生了变化，更多的选择也为人们的改变提供了方便；②机器大工业的引进成倍地提高了原来依靠传统手工生产的工作效率，更多质优价廉、款式优美的服饰成为人们理想的选择。反之，民族传统服饰的制作需要花大量的人力、物力、财力，需要耗费较高的制作成本，随着现代生活的快节奏和时尚观念的涌入，民族服饰穿戴过程的复杂和款式的较少变化等特点已经不能满足日益现代化的少数民族人民生活的需要。

　　然而，民族文化是我们现代文化的根基，抛弃民族文化就等于抛弃了作为一个特有民族的最重要的文化根基。民族服饰文化同样是现代服饰文化灵感的来源。在现代服装款式的设计过程中，很多的服饰设计者的很多灵感来源于传统的民族服装。款式多样的民族服装带给服装设计者很多灵感。民族服饰的元素越来越多地体现在现代服装的设计上，具有民族风的现代服装受到广大人民的喜爱，也更能为民族地区的人们所接受。因此，在城镇化和机器大工业面前，我们仍然不能丢弃几千年的民族服饰传统，如何改变才能让现代生活中的人们愉快地接受和喜爱，是民族服装设计者必须要面对的问题。民族服饰文化是我们不可多得的丰富的宝贵资源，我们所要做的不是抛弃，而是继承、学习和创新，这才是我们传承和发展民族服饰文化的应有之道。

### （四）民族节庆文化趋向市场化

　　传统节日文化是一个民族的重要特色。民族传统节日是民族文化的重要体现场所。它一方面可以展现本民族的传统文化，让本民族的人找到一种文化的认同和归属，另一方面可以让年轻一代在节日中受到民族文化的熏陶和感染，增强对本民族的认同感和归属感，让民族传统文化在年轻一代得到更好的继承。

　　然而，随着城市化建设进程的加快和民族文化旅游产业的大力开发，以及民族文化旅游的日益繁荣，彝族民风民俗受到的影响也日益明显。为了满足游客的需要，民族节庆文化也日益市场化。传统节日的禁忌和程序为了适应市场化和舞台化的需要，也得以简化和改变，丧失了作为民族节日特有的内涵和文化。淳朴的民风和文化在市场经济面前逐渐发生着变迁和异化。从民族文化行为意识和民族文化关注意识调查的三级指标中，我们可以总结出这一方面逐渐发生的变化。例如，对于三级指标中具体的题目"您认为传统的节庆文化应该删减一些禁忌和程序吗？"认为应该保持传统的占 10.90%，认为应该稍作改变的占 69.80%，认为应该作较大改变的占 14.40%，认为应该抛弃传统、完全采用现代主流文化的占

4.90%（图 6-3）。随着彝族地区的发展，以及更多的游人和新鲜观念的到来，人们对外交流机会的日益增多，思想观念发生改变，民族节日文化内涵的丧失和淳朴民风的渐变也不可避免。在对外开放和交流中，如何保持民族节日文化的特有内涵并适应文化市场的需要而创新发展，民族地区淳朴的民风如何能在市场经济面前不被商品化，不被利益化，保持纯洁的民族民风而又能满足民族地区人民日益提高生活质量的渴求是值得深思的问题。

民族节庆文化的教育既是一个如何在现实生活中满足人们需要的现实问题，也是一个如何继承民族传统文化的历史问题。在民族文化教育传承中，如何兼顾两者对我们来说是一种现实考验。是坚持传统，还是迎合现实需要，抑或是作出改变，是民族节庆文化在现实面前的难题。

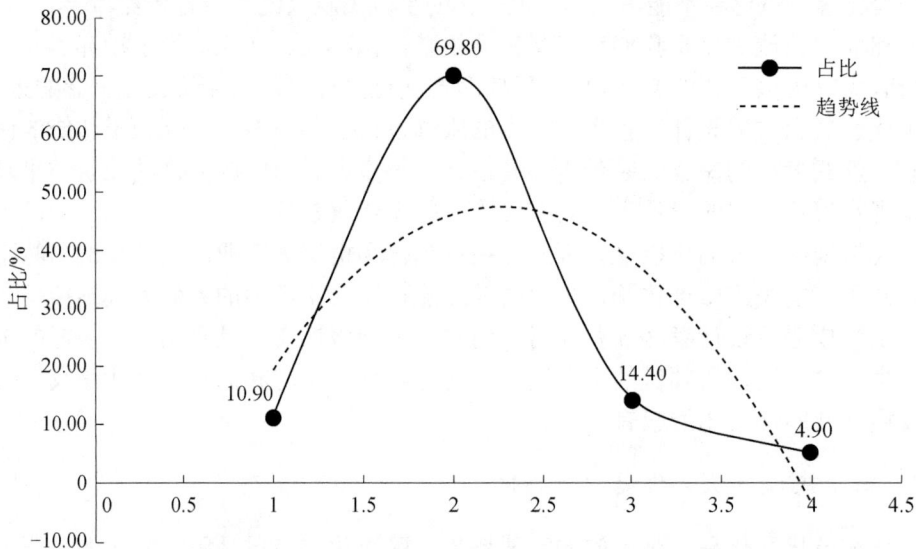

图 6-3　石林彝族民族文化调适认识示意图

注：横轴表示被调查者对石林彝族文化调适认识分类选项

## 二、教育体系的构建

石林彝族文化的传承在教育体系的构建方面存在的问题，主要表现在以下三个方面。

### （一）在社会彝族文化教育传承方面

随着城市化建设进程的加快，石林彝族自治县在社会民族文化传承教育方面已经不能满足现实的需要。在彝族文化传承社会教育方面存在的问题突出地表现在以下几个方面：一是管理者民族文化传承意识观念不强，积极性不高，缺乏对彝族文化的大力宣传和教育；二是城市建设落入俗套，千篇一律，没有体现当地的文化特色；三是民族文化旅游资源开发过于粗糙，商业味道浓厚；四是缺乏对彝族文化发展的长远规划，在彝族文化发展的政策支持方面比较滞后；五是经费投入有限，在文化研究与开发、人才培训与培养、彝族文化教育的开展等方面不能满足彝族文化传承发展的需要；六是文化保护意识不强，在城市化建设过程中，有的文化消失，甚至被人为破坏。

（二）在学校彝族文化教育传承方面

虽然近年来石林彝族自治县的学校教育发展较快，但是学校在彝族文化的传承教育方面仍然存在着较多问题：一是受到各级升学压力，教师和学生对彝族文化知识的教学和学习的积极性并不是很高；二是在学校课程的开设方面，还没有专门开设学习彝族文化的课程；三是由于上课对象复杂化，班级学生由各个民族组成，彝族语言在教学中的运用受到限制；四是教师本身对彝族文化知识学习、了解、掌握较少，限制了对学生教育的开展；五是缺乏适合彝族民族文化教育的教材；六是缺乏对彝族文化的系统梳理和整合，没有历练出适合学校教育的彝族文化。

（三）在家庭彝族文化教育传承方面

从上文的调查中，我们可以得知，在家庭彝族文化传承方面最突出的问题主要是：①家庭成员特别是年长者本身文化程度不高，民族文化意识不强，制约了对家庭成员彝族文化教育的传承，随着家中年长者的离世，家中掌握彝族文化知识的人逐渐减少；②受社会发展的影响，在经济利益的促动下，人们传承、学习民族文化的积极性并不是很高；③受现代社会文化的影响，主动放弃实用价值不是很高的本民族文化，转而积极主动地学习主流文化，以适应现实社会的发展需要；④随着城市化进程的加快，社会生活方式的改变促使人们离开家庭，去寻找更好的生活。对于离开了家庭、脱离了乡村原汁原味彝族文化氛围的人们，民族文化意识逐渐被淡化甚至遗忘。

## 三、教育经费的投入

从前文调查中我们可以得知，自 2013 年起，石林彝族自治县县级财政依照议教会议精神和议教制度增加教育投入 2000 万元，在上级生均公用经费补助的基础上，每年增加预算资金 150 万元，增加教育切块资金 200 万元，可以说，教育经费投入的力度还是相当大的。其中 2014 年上半年石林彝族自治县已投资 100 万元（其中石林彝族自治县第一中学 50 万元，石林彝族自治县民族中学 50 万元）。但是我们通过调查得知，这些经费主要用来采购普通高中实验室仪器设备和教学基础设施建设，因此用在文化建设特别是学校彝族文化建设方面的费用十分有限。文化建设特别是彝族文化建设经费的缺失是制约学校彝族文化开展的重要原因之一。

# 第三节　以教育手段传承石林彝族文化的路径选择

文化的传承离不开教育，教育是传承彝族文化的重要途径。因此，要广泛开展彝族文化的教育普及工作，就应该充分发挥家庭教育、学校教育、社会教育等在传承彝族民族文化中的作用。

## 一、巩固民族文化意识，注重家庭教育基础作用的发挥

作为社会的细胞，家庭是人类自身再生产的基本单位，也是文化传承的基本组织。我国多数少数民族社会结构的特点是以家庭为核心，家族扩展为村落，因此，家庭教育是民族文化传承的基本途径。

在传承民族文化方面，家庭环境的熏陶和影响发挥了关键作用。各地涌现的音乐世家、舞蹈世家、文学世家等，就是对家庭在传承民族文化方面的重大作用的最好体现。所谓的祖传秘方、家传绝学等也都体现了人们对家庭传承民族文化的重视，许多文化事象传承就是通过家庭成员的自我传习实现的，虽然具有某些局限性，但毕竟是传承民族文化的重要途径。政府可考虑授予那些具有特色文化传统的家庭牌匾，提高人们传承民族文化的积极性和主动性。

民族文化的传承如何通过家庭成员之间的相互影响或自我传承得以实现呢？对于石林地区的民族家庭来说，在接受外界文化影响的同时，要保持传统文化，通过各种方式实现家庭文化传承教育。例如，在田间地头，在日常家庭生活、传统节日等中向子女讲授彝族的传统文化、风俗习惯，使优秀的传统文化能代代相传；在家庭中，长辈应在日常生活教育中逐步渗透本民族文化的内容，如本民族的历史概况、风土人情及宗教信仰等内容，随时随地对下一代进行本民族文化的教授和传播。

首先，言传身教，掌握科学教育方法。家长应逐步提高自身的文化程度，不断改善自己的教育观念，主动了解本民族的传统文化，掌握家庭教育的基本知识，养成科学的教育方法。家长可通过家规、家法、社会礼俗、伦理的约束，为下一代传授衣、食、住、行、婚丧、道德、礼仪等方面的知识，培养子女良好的道德情操。

其次，积极参与，协同配合。在对下一代进行家庭教育的同时，家长应积极

参与、配合学校相关的教育活动，将传统生涩的少数民族文化传承方式与生动活泼的学校教育相结合，做到家庭教育和学校教育两手抓，两手都要硬，为实现彝族文化的传承共同努力。家庭教育作为民族传统文化的重要载体之一，不仅可以对本民族的文化传统进行继承和传播，还可以对人类的文明进行保存和发展。

最后，创造良好的家庭学习氛围。良好的家庭氛围是民族文化传承的关键因素。在这个过程中，家长应为下一代接受本民族文化的教育提供一个和谐良好的家庭氛围，有意识、有目的地向下一代传授彝族的传统文化和生产技能，培养下一代对本民族的积极的情感态度和正确的价值观。

## 二、提高教师文化素质，深化学校彝族文化教育的内容

学校是传承民族文化的重要场所。当代学校教育在传授现代科学技术知识的同时，也要传授优秀的民族传统文化。

学校教育是保护和传承民族文化的重要途径之一。民族文化的保护、传承与创新，离不开学校教育。通过学校教育，学生不仅学会了本民族优秀的民族文化知识和技能，而且可以在传承民族文化的过程中，培养民族自信心和民族精神，让学生养成良好的国家认同感和民族认同感，为促进社会的稳定和民族的团结作出重要贡献。学校开展民族文化教育可以从三个层次进行：基础教育、中等教育和高等教育。就石林彝族自治县来说，主要是在全县基础教育和中等教育中开展彝族民族文化教育。学校针对不同层次的学生开设不同的课程，开展不同的活动，有选择地让彝族优秀的适合学校教育的民族文化走进学校，走进课堂，让学生近距离接触、了解彝族民族文化。在学习现代文化知识的同时，在全县所有学校进行彝族民族文化的传承和学习不仅有利于彝族民族文化的发展，也有利于丰富学生的学校学习生活，更加有利于民族的团结和谐、稳定繁荣。

为深化学校教育对彝族文化的传承，石林彝族自治县各级学校可以尝试有针对性和选择性地进行以下工作。

第一，加强校园彝族民族文化环境建设，营造彝族文化教育的氛围。营造良好的校园文化环境，发挥环境的熏陶教育功能，对于提高民族传统文化教育效果具有重要作用。为此，学校应该重视对校园文化环境的建设，在校园环境建设中增加彝族民族文化因素的设计与建设，如彝族有代表性人物的雕塑，语言文字的警示语等。

第二，开设彝族民族文化教育课程，丰富彝族文化教学的内容。在各级学校中开设具有民族特色的文化课程，将其作为选修课或者必修课，丰富教学内容。例如，根据学生年龄特征，在学校中分级传授彝族语言文字、彝族文学、彝族歌舞、彝族服饰、彝族节日等教学内容，扩大学生了解彝族文化的渠道，为学生了解和学习彝族文化提供必要的指导、支持和帮助。

第三，强化语言熏陶，开展彝汉双语课堂教学。在各级学校教学中，鼓励教师运用汉语和彝族语进行双语教学。增强学生的民族意识，培养学生学习彝族文化的浓厚兴趣。

第四，加强教师对彝族文化的培养和积累，提高教师的彝族文化素养。各级学校要加强对本校教师的彝族文化培训，"提高教师的彝族文化素养，丰富教师的彝族文化内涵"，培养出合格的熟练掌握丰富彝族文化的各级教师。引导教师克服传统教学方法中的弊端，积极探索和研究出既灵活生动又能调动学生学习兴趣和学习积极性的彝族文化的教育方法。

第五，组织力量开发适合彝族民族文化教育的教材。目前，缺乏合适的教材是石林彝族自治县各级学校开展彝族文化教育的一大障碍，同时也严重影响彝族文化教育的质量。各级学校要在开办国家规定课程的前提下，鼓励各学校结合自身和当地的实际，充分利用优秀的彝族文化资源，以促进彝族文化发展为中心，组织编写校本教材，鼓励相同文化类型的地区共同编写或使用相对统一的校本教材。教材的编写是一项复杂的工作，既要注重聘请专家进行指导，又要发挥本校教师的作用，还要利用好当地民族民间艺人资源；在内容的选择上，应当注重课程知识的代表性和独特性；在授课的方式和方法上，要具有灵活性。

第六，校、地结合，开设专题讲座，聘请彝族民族文化传人到学校现场讲学。彝族民族文化传人是彝族民族文化的主要继承者，他们对本民族文化的理解和掌握最精深、最透彻。因此，聘请民族文化的传人到学校讲学是开展民族文化教育传承的重要途径之一。

第七，开展社会实践，组织学生实地调研，增强受教育者对彝族文化的认同感。社会实践是对学生开展民族传统文化教育的有效载体，开展社会实践活动，可以拓展民族传统文化教育的空间。要想让学生真正感受和认识民族文化，不仅要组织好学校的课堂教育，还要组织学生到民族地区进行实地调查，亲自参加各种文化活动，从而使其获得感性认识，增强其对民族文化的认识和理解，增强其对学习和传播民族文化的兴趣。

第八，规范彝族文化传承的内容，合理开发适合彝族文化传承的教育素材。组织学者挖掘整理相关素材，使彝族文化文字化、系统化、规范化。学校是智慧的聚集地，是文化发展和创新的摇篮。要想在人民群众中推广和普及彝族文化，让人民群众理解和接受彝族文化，必须创造出有利于群众接受的内容和方式。彝族文化是彝族人民在长期的社会生活实践中创造出来的文化，因此，要想得到石林彝族自治县广大人民群众的理解和接受还需要学者的改造、创新和提高。学校有义务、有责任组织学者和社会力量对彝族文化进行挖掘整理，使其文字化、系统化、规范化，进而创造出人民群众喜闻乐见的民族文化教育形式。

第九，创新彝族文化教育的形式，提高教师和学生传承彝族文化的积极性和主动性。为了引导、促进教师、学生在教授和学习彝族文化中的积极性和主动性，各级升学考试可以有针对性地对彝族民族文化进行考试或考察。学校可以举办各种文化知识竞赛，对于表现比较突出的教师和学习优秀的学生还可以给予一定的物质和精神奖励。

### 三、加强社会政策支持，优化社会彝族文化教育的环境

民族文化社会教育传承主要依靠政府的引导。石林彝族自治县政府和社会各界可以在以下几个方面尝试营造彝族民族文化教育的社会环境。

第一，加强社会舆论，大力宣传彝族优秀民族文化。随着科学技术的发展和信息技术的广泛应用，人与人交流更加方便，获得信息的渠道更加畅通。政府可以利用网络、电影电视、广播、报纸、期刊等形式在全县范围内进行广泛的宣传教育，在社会生活中营造彝族民族文化氛围，为彝族文化的传播创造有利的社会条件。

第二，提高城市文化品位，重视城市彝族文化元素景观设计。城市景观的设计反映了一个城市的文化品位和文化底蕴，影响着人们对城市和社会生活的认识。石林彝族自治县在城市景观的设计上融入彝族文化元素可以对人们彝族文化的培养和传播起到潜移默化的作用。

第三，挖掘潜力，大力开发石林地区的彝族民族文化旅游资源。彝族居住地区，大多风景优美，民风淳朴，文化形式独特，通过开发石林地区的旅游文化资源，让更多的人走进彝族社区，近距离接触，亲身体验彝族人民的文化和社会生活，增加对彝族文化的感悟和理解，增强宣传彝族文化的责任感和对彝族文化的认同感。需要注意的是，在开发彝族文化旅游资源的同时，保护要和开发同时进行，不可为了发展旅游而破坏原有彝族文化资源。

第四，积极组织并参加、开展各种彝族文化的推广宣传活动。石林彝族自治县政府应积极开展和参加国际国内活动。举办各种形式的展销会、推介会和宣传会，向国内和国外宣传介绍石林彝族民族文化，推荐石林地区旅游资源，大力吸引区域外人士到石林地区旅游观光、参观访问，加强石林和外界的沟通和交流，大力促进石林地区经济文化和社会生活快速发展。

第五，结合实际，制定科学合理的彝族文化发展政策。在当今市场经济建设的推动下，各地为了加快发展速度，破坏文物、破坏民族文化遗产的现象层出不穷，屡见报端。为保护和开发彝族文化，石林彝族自治县政府应结合本地的实际情况，在兼顾社会发展的情况下制定出科学合理的有利于彝族文化发展的政策，为民族文化的发展保驾护航。

第六，加大投入力度，设立彝族文化发展专项资金。石林彝族自治县政府应设立专项资金支持发展彝族文化，一方面，要把学校教育传承民族文化纳入当地经济社会发展规划，统筹解决学校教育传承民族文化的师资问题；另一方面，要

对彝族文化的传承人给予资金上的支持，为其生活提供一定的保障，免除后顾之忧，鼓励其对本民族文化进行创作和发展，鼓励其选定彝族文化传人并进行彝族文化的传承培养。

第七，提高保护意识，积极申请彝族民族文化遗产保护工作。石林风景名胜区已于2007年6月被评为世界自然遗产，阿诗玛文化也于2006年5月20日被国务院批准列入第一批国家级非物质文化遗产名录。然而，石林拥有的文化资源远远不止于阿诗玛。石林彝族自治县政府应牵头组织挖掘更多的有重大影响且符合条件的彝族文化进行省级、国家级甚至是世界级的文化遗产申报工作，以获得更多人的关注、支持和帮助。

第八，关心助学，帮助彝族贫困学生完成学业。针对本县经济落后地区、贫困家庭，石林彝族自治县政府应出台优惠政策，对各级学校就读的彝族学生予以经济上和政策上的支持和帮助，帮助其顺利完成学业。在这一方面，国家已经开始实施一些相关措施，例如，对民族地区参加高考的学生实行加分、降低录取分数线等政策，开展志愿者服务活动，在高校开展少数民族骨干分子培训班，建立民族大学培养民族地区的大学生等。这些活动的开展有力地支持了民族地区的发展。

综上所述，从教育的角度来看，教育促进石林彝族民族文化传承的方式主要有以下两种：一是间接经验的习得和直接经验的获取相结合，把学校教育中学习书本知识和鼓励学生参加社会实践活动结合起来，以弥补学校教育在文化传承中书本学习和实践相脱离的问题；二是将学校教育、家庭教育和社区教育三种教育形式有机联系和结合起来，建立各种教育形式的联动机制，促动多种文化传承方式有效协同，共同促进彝族文化的传承。

## 第七章
## 结　语

　　云南民族文化传承之区域教育路径研究的起点在于提出并确立民族文化传承的基本理论，基础在于民族文化传承区域状况的现实考察，核心是云南民族文化传承分区及其区域教育路径的构建。本章在"中华民族多元一体格局"理论的指导下，对本书做了总结，对云南民族文化传承趋势做了展望，提出了本书的创新之处。

## 第一节　研究结论

　　通过上述研究，本书认为通过区域教育来传承云南民族文化有着重要的现实意义和研究价值。传承云南民族文化既是贯彻执行党的十八大精神的具体体现，又是时代赋予我们的使命，同时也是云南建立民族文化大省和强省必不可少的途径之一。云南经济的发展和繁荣会带来云南民族文化的繁荣和发展，文化的发展和繁荣也必将推动云南经济的更大发展和繁荣。因此，在云南这样一个民族大省，民族文化起到的作用是不可估量的，我们必须高度重视民族文化传承对云南现代化社会建设和发展的重要作用，使其成为中国特色社会主义文化教育事业建设中的一个具有云南特色的重要组成部分。本书的具体结论有以下五个方面。

　　第一，云南民族文化传承具有超越民族文化传承一般特性（类型性、和容性、时序性）的典型的区域性特征。

　　云南民族文化传承具有文化传承的一般特性，形成了文化传承过程中类型性、和容性和时序性的有机统一，但与此同时，云南民族文化传承还兼具自身的独特性，表现出超越民族文化传承一般特性的典型区域特征。

　　由于民族种类众多，传承环境（自然地理环境、人文地理环境和经济地理环境）复杂多样等，云南民族文化传承至今，形成了文化种类丰富多彩、异彩纷呈、各具特色的传承局面。其具体表现为以下几点：民居建筑各具特色，各式各样；民族服饰绚丽多彩，款式多样；民族语言源远流长，各民族有各自的语种和文字；民族节日丰富多彩，有的民族有许多节日，有的节日为多民族所共有；民族区域分布形成了大杂居、小聚居、各民族交错居住的局面。多样化的生存环境和发展特点形成了云南民族文化传承的基本特征,民族文化传承具有区域性、类型性、和容性和时序性等基本特点。相对于其他特点来说,区域性是云南民族文化典型的特征。

第二,云南少数民族和民族文化复杂的地域分布特征,使得云南民族文化传承具有浓厚的地域色彩,自然地理环境、人文地理环境和经济地理环境是影响云南民族文化传承区域性形成的重要地理因素。

云南少数民族,从地理空间特征分布上来看,比较复杂,但突出的特点有两个:①交错分布、大杂居、小聚居。点多、面广,比较分散。全省没有一个单一的民族县(市),也没有一个民族只住一个县(市),总的说来,在边疆地区分布居多。②立体分布,与云南立体地形、立体气候相联系。总的看来,傣族、壮族两族主要居住在河谷地区,回族、满族、白族、纳西族、布依族、水族等民族主要聚居在坝区,哈尼族、拉祜族、佤族、景颇族、基诺族等民族居住在半山区,苗族、傈僳族、怒族、独龙族、藏族、普米族等民族主要聚居在高山区。由此而形成的民族文化分布和传承也具有非常明显的地域性特色。自然地理环境、人文地理环境和经济地理环境是影响云南民族文化传承区域性形成的重要地理因素。

第三,综合因素、行政区划相对完整性、主体民族文化主导是云南民族文化传承分区所遵循的三条重要原则,以此为依据,云南民族文化传承分区可以划分为滇中彝族主体文化区、滇南哈-彝主体文化区、滇东南壮-苗主体文化区、滇西白族主体文化区、滇西南傣-景主体文化区、滇西北藏-傈主体文化区。

自然区划原则是反映自然地理区域分异的基本法则,是进行自然区划的指导思想,是选取区划指标、建立等级系统、采用不同方法的基本准绳。目前常用的区划原则有发生学原则、综合性原则、主导因素原则、相对一致性原则、区域共轭性原则、生产实践原则等。以此为借鉴,通过归纳总结,本书提出了民族文化传承分区所遵循的三大原则。在前文对云南各地区民族构成概括的分析研究和总结的基础上,以三大原则为指导,明确了云南民族文化传承六大分区。

第四,区域教育是民族文化传承的重要途径,教育在民族文化传承中具有培养传播者、培训运营者、锻造研究者、教育保护者的功能。

民族文化是教育的源泉,教育是民族文化得以保留和传承的重要途径。教育是一种培养人的社会活动,是承传社会文化、传递生产经验和社会生活经验的基本途径。教育与民族文化的传承相伴而生。没有文化传统就不会有教育,教育必须以民族文化为前提和基础。因此,教育必须继承民族传统文化,承认历史和传统对人类的作用,并根据民族传统采取特定的教育行动,为下一代提供有关人类历史发展的范例和参照系。弘扬优秀的民族传统文化是教育的一项重要任务。在云南民族地区,根据不同地区的实际情况,采取有针对性的民族文化教育是推动各民族地区民族文化传承的重要途径。区域教育可以通过培养传播者、培训运营者、锻造研究者、教育保护者,促动民族文化顺利传承。

第五,以家庭教育为基础、以学校教育为核心、以社会教育为辅助,建立各种教育形式的联动机制和协同合作是促进云南民族文化传承区域教育协调发展的重要途径。

教育发展到当代，已经形成了一个纵横交错庞杂体系。但从教育者、受教育者和教育影响三者所构成的教育系统在不同时空背景下的变化形态来看，不外乎是家庭教育、社会教育和学校教育三种基本形式。此外，民族文化传承教育也应该是多种形式的。它以公立学校教育为主，并包含了社会教育、社区（一个小区）教育、职业技术教育、家庭教育、私立学校教育、宗教寺院教育、成年人继续教育等，而这些都要依据各民族、各地区的实际状况而决定采取何种形式。

建立各种教育形式的联动机制，促进各种教育形式的互通有无、互相补充、共同发展，充分发挥各种教育形式在民族文化传承中的功能和作用，形成民族文化传承教育的合力，有利于达到各种教育合作的最优化。在实际应用中，各地要根据当地的实际情况有选择地采用其中一种或多种方法促进云南民族文化的传承。

综上所述，民族文化传承研究是一个比较难以把握的课题，可以说在同一个问题上，"仁者见仁，智者见智"。云南以其民族众多、民族文化种类丰富、跨境民族众多等特点闻名于世，然而，在全球化、信息化、市场经济和现代化社会快速发展等的冲击下，云南民族文化深受影响。如何在新时期保持云南民族文化的顺利传承是一个非常有意义的课题。加强民族文化教育，实施各种形式的教育是促进民族文化传承的有效之路。总之，通过研究，本书的终极目标也就是通过各种努力，最终解决如何通过区域教育为云南民族文化提供一个教育传承思路的问题。本书通过研究在这方面提出了一些笔者浅显的建议和看法，但是由于学科跨度较大、文献资料的可获得性及笔者本人学科背景等方面的限制，研究尚存在较多的局限和不足之处，在今后的研究中，尚需加强这些方面的努力。

# 第二节 创 新 之 处

本书体现的是地理学、教育学交叉研究领域、研究范式的尝试与探讨。尤其针对云南这样一个具有特殊地理属性的多民族省份，开展民族文化传承的教育路径研究具有重要意义，本书在恪守学术道德、遵循学术伦理、严格学术规范的基础上，力求在以下几个方面有所突破。

第一，确立了跨地州空间界限的以彝族、苗族、傣族、白族、藏族、傈僳族、哈尼族等主体民族文化为主导的云南民族文化传承分区。

本书在辩证借鉴"地域主导""民族主导"等传统文化分区方法的基础上，基于教育视角和人文地理研究的跨学科综合范式，运用人地关系地域系统理论归纳总结了云南民族文化传承区域性、类型性、和容性和时序性基本特征，通过地理区划与规划理论的实证，在综合因素原则、行政区划相对完整性原则和主体文化主导原则的指导下，从民族文化传承的自然地理基础、人文地理基础和经济地理基础三个维度，提出了滇中彝族主体文化区、滇南哈-彝主体文化区、滇东南壮-苗主体文化区、滇西白族主体文化区、滇西南傣-景主体文化区和滇西北藏-傈主体文化区云南六大民族文化传承分区。

本书所确立的跨地理空间界限的、以区域主体民族文化为主导的民族文化传承分区方法，可为现实的民族文化传承分区研究提供理论上的相应参考。

第二，揭示了教育在民族文化传承中培养传播者、培训运营者、锻造研究者、教育保护者四位一体的多元促动作用。

本书通过对区域内滇中彝族主体文化区、滇南哈-彝主体文化区、滇东南壮-苗主体文化区、滇西白族主体文化区、滇西南傣-景主体文化区和滇西北藏-傈主体文化区民族文化传承基本状况的系统分析，明确了不同民族文化区文化共生共荣、协同发展的整体态势；在这一基础上，进一步分析了不同区域文化共生共荣的教育纽带作用，在一定程度上揭示教育在民族文化传承中培养传播者、培训运营者、锻造研究者、教育保护者四位一体的多元促动作用。

本书所揭示的教育在民族文化传承中的促动作用，一方面佐证了民族文化传承之教育路径研究的合目的性和客观合理性；另一方面也在理论上丰富了民族文化传承路径的选择。

第三，构建了以家庭教育为基础、以学校教育为核心、以社区教育为辅助的三位一体民族文化传承之区域教育路径。

基于教育内外部关系理论的运用和对云南民族文化传承的教育因子分析，对分属不同民族文化区民族文化传承中的"正规教育/非正规教育、实体教育/虚拟教育、形式化教育/非形式化教育/制度化教育"七种形态，"教育主体、教育客体、教育内容、教育中介"四大要素进行了系统分析，在这一基础上，遵循文化教育人类学思想的"文教统合"理念，提出了以家庭教育为基础、以学校教育为核心、以社区教育为辅助三位一体的民族文化传承之区域教育路径。

本书所构建的三位一体的民族文化传承之区域教育路径，可为不同区域民族文化传承的教育实践提供相应的理论指导和实践借鉴。

当然，本书仍然存在着许多不足之处。一方面，由于学科跨度较大和文献资料的可获得性等方面的限制，未能深入地剖析民族文化、民族文化教育和民族文化区等概念的内涵，在对地理区划与规划等理论的研究和应用方面也存在一定的局限。另外，本书在研究方法、研究角度和研究手段等方面还存在着不足之处，在今后的研究中，尚需加强这些方面的努力。由于数据可获得性等方面的原因，在民族文化传承分区方面，对民族文化传承分区的划分仅划分到州、市、县三级，乡、村级别的进一步划分还没有涉及。在区域教育路径措施方面，由于各主体民族文化区民族文化传承存在的问题在很大程度上具有同质性，细微之处差别较小，各主体民族文化区之间的区域教育路径措施也具有很大程度上的相似性，针对每一个主体民族文化区提出路径措施的可行性较小，因此，笔者在这一部分作了合并处理，把具有相近问题的主体民族文化区两两合并，并提出具体改进措施。在实证研究方面，选取的样本还不够丰富，今后可望针对现实实践中的民族文化传承教育情况作更具体和深入的研究，以提高本书的可实践性。

# 第三节 研究展望

## 一、云南民族文化传承的趋势[①]

### （一）全面建成小康社会是传承云南民族文化的新使命

胡锦涛同志在中国共产党第十八次全国代表大会报告中郑重宣告："我们要准确判断重要战略机遇期内涵和条件的变化，全面把握机遇，沉着应对挑战，赢得主动，赢得优势，赢得未来，确保到二〇二〇年实现全面建成小康社会宏伟目标。"[②]"小康"一词是人们对美好生活的向往，最早见于《诗经·大雅》（民劳篇）中的"民亦劳止，汔可小康"，意思就是轻徭薄赋，予民休息，让老百姓过上小康安乐的日子。改革开放的总设计师邓小平赋予了"小康"一词新的时代内涵，提出到2000年中国国内生产总值翻两番，人均GDP达到800美元，基本实现总体小康。21世纪之初，中国总体上实现了小康。2002年，面对社会发展不平衡，城乡差别、区域差别很大的现状，党的十六大提出全面建设小康社会的目标。2007年，党的十七大提出了实现全面建设小康社会奋斗目标的新要求。于2012年11月8日召开的党的十八大提出了全面建成小康社会的新要求：经济持续健康发展，人民民主不断扩大，文化软实力显著增强，人民生活水平全面提高，资源节约型、环境友好型社会建设取得重大进展。

要想全面建成小康社会，必须更加自觉地把全面协调可持续作为深入贯彻落实科学发展观的基本要求，全面落实经济建设、政治建设、文化建设、社会建设、生态文明建设五位一体总体布局。从"建设"到"建成"，一字之变，内涵却发生了质的变化。"建成"意味着东部和西部、城市和农村，都跨入小康，一个都不能少。"建成"不仅是经济指标，民主、民生、科技创新、文化软实力、资源环境等都要同步推进，一样也不能缺。文化建设是全面建成小康社会提出的软指标，要实现这个软指标，政府就要实施好文化惠民工程，提高公共文化服务水平。增强

---

① 该部分为阶段性研究成果的一部分，全文已发表在《学术探索》2014年第5期（42～46页）上，题目为"多元文化视角下云南民族文化发展'四境'研究"，作者为谢红雨、伊继东，此处略有改动。

② 新华社. 胡锦涛提出全面建成小康社会和全面深化改革开放的目标. http://cpc.people.com.cn/18/n/2012/1108/c350821-19526726.html〔2017-11-19〕.

文化软实力，使社会主义核心价值深入人心，全面提高公民道德素质，使全国人民共享健康丰富的精神文化生活。经济繁荣的同时，精神世界也应充实强盛。云南民族文化是中华民族文化不可分割的重要组织部分，为繁荣中华民族文化作出了重要贡献。在全面建成小康社会的目标下，我们应该充分挖掘云南民族文化优秀资源，加强民族文化教育，传承优秀的云南民族文化，丰富人们的精神生活，为全面建成小康社会目标作出贡献。

（二）加入世界贸易组织和西部大开发战略是传承云南民族文化的助推器

加入世界贸易组织和西部大开发战略提高了云南地区保护民族文化多样性的意识，有力地推动了云南民族文化传承。云南地区不仅是少数民族最集中的地区，也是我国文化多样性资源最丰富、最集中的地区。在现代化发展进程中，对人文资源的保护、利用和开发观念已经达到同保护生态环境一样的高度。少数民族地区在西部大开发和加入世界贸易组织的双重影响下，除了对经济发展急切关注外，保护民族文化的自我意识也显著增强。很多少数民族地区已经采取了积极措施加强文化多样性的保护和开发，例如，1996 年 12 月，中国共产党云南省委员会就提出了"建设民族文化大省"的口号，2000 年 12 月，云南省出台了《云南民族文化大省建设纲要》。2001 年 12 月，在中国共产党云南省第七次代表大会上，"建设民族文化大省"被列为全省经济社会发展三大目标之一。目前，云南已经把民族文化大省建设直接扩展到了广大乡村基层，以"一乡一业""一村一品"为主导、与民俗旅游紧密结合的特色文化产业正在农村广泛兴起。在这种情况下，传承云南民族文化既是适应现实社会的需要，也是推动云南民族文化大省建设发展的需要。

（三）"一带一路"建设、桥头堡建设等为传承云南民族文化带来新机遇

2009 年 7 月，胡锦涛同志考察云南时，从调整完善我国对外开放总体战略格局的高度，提出了使云南成为我国面向西南开放的重要桥头堡的要求。桥头堡建设为云南跨越式发展注入新的动力和活力。2011 年 5 月，国务院批准并出台了《国务院关于支持云南省加快建设面向西南开放重要桥头堡的意见》，这标志着国家对桥头堡建设的部署进入了全面实施阶段。这也是当前和今后一个时期指导云南省经济社会发展和扩大对外开放的纲领性文件。2013 年 9 月和 10 月习近平同志分两次提出了"一带一路"建设，云南在新的国家发展战略面前迎来新机遇。"改革开放以来，特别是进入新世纪以来，云南经济快速发展，社会和谐稳定，人民生活得到改善，民族文化建设取得显著成绩。在此基础上，云南积极发展各层次各领域的对外交流与合作，而桥头堡建设'通道、平台、基地、窗口'四大战略定位为云南民族文化发展带来了新机遇。"① 特别是云南师范大学，抓住有利时机承办国家汉办举行的"汉语桥"相关比赛活动，有力地向外界、向世界友人展现了

---

① 王承才. 抓住桥头堡建设机遇　繁荣发展民族文化. 民族时报，2010-08-10（A02）.

云南异彩纷呈、丰富多彩、绚丽多姿的民族文化，促进了云南民族文化传承。云南成为世界友人了解中国丰富多彩文化的重要窗口和桥头堡。

### （四）文化多元化是云南民族文化传承的新趋势

文化既是人类社会生活的产物，又是民族精神的结晶，还是民族或族群间相互区别的"遗传基因"。因此，世界上任何一个国家的任何一个民族或族群都有自己独特的文化传统，都有自己独具的文化特色，这就形成了人类文化的多样性。马克思主义认为，这种多样性"是依靠历史、通过历史并且同历史一起保存下来和发展起来的"。联合国教育、科学及文化组织指出，各种复杂系统从其多样性中汲取力量：一个物种从基因的多样性中汲取力量；生态系统从生物的多样性中汲取力量；人类社会从文化的多样性中汲取力量。江泽民同志指出，"多样性是世界存在的本质特征"[①]。胡锦涛同志指出，"我们应该维护和尊重世界的多样性。世界各国人民在漫长的历史进程中创造了各自独特的文化、传统、信仰和价值观。多样性是世界文明的基本特征。多样性意味着差异，差异需要交流，交流促进发展。各种文明在交流中相互学习和借鉴，不断丰富和发展，将使我们的世界更加绚丽多彩、更加充满生机和活力"[②]。历史证明了文化的产生和发展具有多样性的形态。文化多样性反映了人类各具特色的文化共存共荣的事实，是人类文化生态系统的显著特征。文化多样性是人类历史上最古老和最普遍的一种存在。文化多样性是人类的共同遗产，也是人类发展的动力之一。文化多样性是民族平等和保障民族和谐的基础。各民族无论大小一律平等，都应该相互尊重文化，并相互理解和相互认同。只有充分保护各民族的文化，才有可能真正实现民族平等，才有可能构建和谐的民族关系。云南民族文化是由云南少数民族共同创造的多元文化，尊重云南民族文化的多样性和加强云南多元文化的民族文化传承，有利于实现各民族间的平等，有利于构建和谐的云南民族关系。

## 二、云南民族文化传承展望

胡锦涛同志曾指出：实现社会和谐，建设美好社会，始终是人类孜孜以求的一个社会理想，我们所要建设的社会主义和谐社会，应该是民主法治、公平正义、诚信友爱、充满活力、安定有序、人与自然和谐相处的社会。文化多样性是人类的共同遗产，是人类创造力的源泉及社会发展的动力之一。社会主义和谐社会是一个多样性文化共生发展的社会。多样性文化共生发展是和谐社会的本质体现和

---

① 江泽民. 江泽民主席在亚行理事会第 35 届年会上的讲话. 2002. http://www.people.com.cn/GB/shizheng/16/20020510/725630.html.

② 胡锦涛.世代睦邻友好共同发展繁荣——在莫斯科国际关系学院的演讲. 2003. http://www.china.com.cn/zhuanti2005/txt/2003-05/29/content_5337699.htm.

一种必然，是实现社会和谐的内在要求。云南传统民族文化中所蕴含的和谐、包容等思想对于我们今天所倡导建立的和谐社会仍然有着重要的指导意义。在社会主义和谐社会建设的背景下，云南民族文化传承将迎来一个崭新的发展阶段。

第一，民族文化传承向纵深化阶段发展。首先，在民族文化传承中，我们要处理好"变"与"不变"的关系。对民族文化资源中的优秀部分要继承发展，使其继续发扬光大；对于其不合理的部分要积极改造，赋予其新时代的内涵，使其适应人民群众生活的需要。改造和创新使民族文化的传承更具有时代意义。其次，保护与开发民族文化资源，要注重发展和创新。云南具有丰富的文化资源，这只是发展壮大民族文化事业的基础和条件，只有民族文化资源和现实需要相结合，才具有生命活力，才具有传承的价值。只有通过教育的传承、发展和创新，传承的民族文化才既有浓郁的民族风情，又有时代的特征，才能放射出光彩。

第二，民族文化传承更加注重全面、协调、可持续。在经济信息全球化和市场经济迅速发展的背景下，民族文化传承必须更加注重全面、协调、可持续发展。民族文化要不要传承、如何传承、怎么传承，从主观上来说涉及少数民族自身如何发展的问题。在这个过程中，处理好文化传承与经济发展等各种因素之间的矛盾是民族文化顺利发展的关键。民族文化的传承，如果仅仅是被动地传承，与当地的经济建设和群众的增收致富相脱节，民族文化是不可能得到传承的。它只有与经济建设、与群众的利益相一致时才能得到真正的传承。民族文化在一定社会的传承过程中涉及各种因素，要想正确处理好文化、环境、经济、教育之间的关系，必须把民族文化传承放到社会这个大系统、大背景中综合考虑，走全面、协调、可持续之路，只有这样才能促进民族文化的顺利传承。

第三，民族文化传承更加注重多元化。多元文化的提出是相对于传统的单一文化概念而言的。以往的文化发展定式是在一定的区域、地域、社会、群体和阶层中存在的某一种单一文化。而多元文化则是指在一个区域、地域、社会、群体和阶层等特定的系统中，同时存在的、相互联系且各自具有独立文化特征的几种文化。因而，它不同于以往的文化存在方式，在空间上具有多样性，在时间上具有共时性。我们已处于多元文化时代和社会。文化多样性是人类发展、繁荣的基础。维护文化多样性、保护各民族的文化是当代世界的客观要求。

第四，正确处理好民族文化传承与经济信息全球化的关系。在经济信息全球化的时代，如何处理好民族文化传承与经济信息全球化的关系，维护民族文化的多样性与丰富性，既是中国所面临的重要问题，也是国际社会普遍关注的重大议题。经济全球化打破了民族的藩篱，把各民族文明都卷入了大交流、大融合的浪潮。科学技术的发展和资本的全球化流动为文化的广泛而迅速传播提供了载体、工具和渠道，促进了各民族之间的文化交流与学习。全球化是各民族发展的共同目标，科学技术的发展由于其自身存在的独立性离不开与其他国家的交流与合作，而全球化大发展目标又要求每一个国家、每一个民族在共同的发展进程中应该保持自己的特点。各国家、民族只有在政治、经济、文化等各方面保持独立的民族特色，才能更好、更快地向全球化迈进。在经济信息化的今天，我们要充分利用信息化便捷的条件及时了解和掌握全球经济文化发展的动态，既要积极吸取世界优秀的文化资源，对传统的民族文化创新发展，又要在经济信息化浪潮的冲击下，坚持对优秀的民族文化传统进行传承，保持优秀的民族文化资源，使之不失去我们独特的民族文化个性。同时我们还要充分利用好现有的信息技术手段，通过各种信息传播平台，构建民族文化传承的信息化传播阵地，通过各种手段把中国优秀的民族文化便捷、高效地向世界传播，增强世界各国对中国民族文化的认同感，使中国优秀的民族文化在世界范围内得到广泛的传播和传承。另外，我们还要更新和改进教育的方式和手段，通过信息化的构建使民族文化传承向着网络化、信息化、技术化和科技化的方向发展。

## 三、总结

当前，我国正处于从农业社会向工业社会、从工业社会向信息社会、从计划经济向市场经济转换的复杂转型时期。在现代民族社会发展过程中，在现代文化与传统文化、外域文化与民族文化、东方文化与西方文化的激烈冲突中，民族文化传承处于被动和劣势的地位。多种文化的冲突、融合与价值选择已成为每一个民主、开放的国家面临的重大问题。在从农业社会向工业社会、从工业社会向信息社会、从计划经济向市场经济转换的复杂转型时期，我国当前的民族文化传承面临着更为复杂的文化生态环境。加强民族文化教育，在教育的过程中，根据现实需要，通过教育的选择、传承、创新和发展，使我们的民族文化在新时代里重新焕发出勃勃生机，是民族文化在市场经济背景下获得新生的重要渠道。

以上分析了新时期民族文化传承面临的宏观的复杂的社会背景和涉及的方方面面的问题，这也是笔者在今后一段时期关于民族文化传承研究努力的方向和要解决的问题。总之，传承云南民族文化既是贯彻执行党的十八大文化强国精神、实现中国梦的具体体现，也是时代赋予我们的使命，同时也是云南建设民族文化大省和强省必不可少的途径之一。云南经济的发展和繁荣会带来云南民族文化的繁荣和发展。文化的发展和繁荣也必将推动云南经济的更大发展和繁荣。因此，在云南这样一个民族大省，民族文化在其中起到的作用是不可估量的，必须高度重视民族文化传承对云南现代化社会建设和发展的重要作用，使其成为中国特色社会主义文化事业建设中的一个具有云南特色的重要组成部分。

今后，云南39.41万平方千米的土地上继续演绎着民族文化传承的精彩故事，在这里，以滇中地区为中心，从滇东到滇西，再从滇北到滇南，各少数民族，各种文化共生共荣，绚丽多彩，构成云南大地美丽多姿的文化生命画卷，民族文化的传承与创新生生不息。

# 参 考 文 献

宝乐日. 2006. 地方课程——少数民族地区实施多元文化教育的载体. 民族教育研究, 17（2）: 59-63.

曹克武. 2007. 多元文化教育理念中的我国民族文化教育探析. 教育与教学研究,（2）: 143.

曹能秀, 王凌. 2007. 少数民族地区的学校教育和民族文化传承. 云南师范大学学报（哲学社会科学版）, 39（2）: 64-68.

曹诗图. 1994. 文化与地理环境. 人文地理,（6）: 49-51.

陈多仁. 2010. 试论民族文化传承中学校、社会、家庭、自我和自然之作用. 湖北经济学院学报（人文社会科学版）,（8）: 130.

陈慧琳. 郑冬子. 2013. 人文地理学. 北京: 科学出版社: 138.

陈理. 2007. 民族历史文化资源与旅游开发. 北京: 民族出版社: 185.

陈绍昌. 2010. 德宏州少数民族传统文化保护与发展探析. 今日民族,（10）: 48-49.

陈兴贵. 2005. 多元文化教育与少数民族文化的传承. 云南民族大学学报（哲学社会科学版）, 22（5）: 30-34.

陈璇璇. 2008. 云南省人口地域分布特点研究. 人口与经济,（4）: 57.

陈瑜. 2001. 西部地区人口素质对生态环境的影响. 人口与经济,（S1）: 30-31.

陈真波, 孔志坚, 邓怡舟. 2003. 论生态旅游与怒江傈僳族民俗文化的保护. 创造,（7）: 51-52.

成尚荣. 2007. 母语教育与民族文化认同. 教育研究,（2）: 4-7.

楚雄州文化馆. 2009. 楚雄州民族民间传统文化保护工作成果显著. http://www.cxz.gov.cn/ ［2015-06-20］.

崔功豪, 魏清泉, 刘科伟. 2006. 区域分析与区域规划. 北京: 高等教育出版社: 153-180.

邸永君. 2010. "中华民族多元一体"理论再探索. http://iel.cass.cn ［2015-06-23］.

杜能. 1986. 孤立国同农业和国民经济的关系. 吴衡康译. 北京: 商务印书馆: 320-325.

段金录. 1998. 试论民族文化在建设文化大省中的作用. 今日民族,（11）: 28-32.

方慧. 2002. 云南少数民族传统文化的法律保护. 昆明: 民族出版社: 198-203.

方慧, 黄琪, 周芳, 等. 2002. 云南少数民族传统文化的法律保护. 北京: 民族出版社: 149, 198-203.

方铁. 2003. 论少数民族传统文化的价值与整理实践. 内蒙古大学学报（人文社会科学版）,（1）: 38-43.

费孝通. 1999. 中华民族多元一体格局. 北京: 中央民族大学出版社, 28-32.

费孝通. 2007. 乡土中国. 南京: 江苏文艺出版社: 3.

冯增俊. 1998. 教育人类学. 南京: 江苏教育出版社: 160, 210.

高兵. 2011. 区域教育发展的基本理论框架研究. 教育探索,（10）：12-15.

高烈明. 2009. 丽江民族文化旅游资源的现代意义和旅游价值. 楚雄师范学院学报,（1）：104.

宫丽艳. 2006. 中国优秀传统文化教育与民族精神培育的研究. 东北林业大学硕士学位论文：1,
    8-9，12-16，22-24，32-39.

顾建军. 1999. 区域教育发展不平衡的理论探讨. 内蒙古师范大学学报（哲学社会科学版）,（4）：
    17-23.

贵州省人民代表大会常务委员会. 2002. 贵州省民族民间文化保护条例. 文物工作,（10）：12-15.

郭大新. 2007. 办好民族教育传承民族文化. 民族大家庭,（3）：43-46.

郭家骥. 2004. 云南民族文化发展报告. 贵州民族研究,（3）：78-89.

郭家骥, 边明社. 2012. 迪庆州民族文化保护传承与开发研究. 云南：云南人民出版社：109.

哈经雄, 滕星. 2001. 民族教育学通论. 北京：教育科学出版社：321-345.

韩家炳. 2006. 多元文化、文化多元主义、多元文化主义辨析. 史林,（5）：186.

何启仁. 1984. 云南高寒山区的气候与冷凉药材. 云南农业科技,（5）：37.

何琼. 2004. 西部民族文化研究. 北京：民族出版社：4.

何星亮. 2005-11-29. 中华民族文化的多元化与一体化. 中国社会科学院院报,（3）.

何耀华. 2000. 石林彝族传统文化与社会经济变迁. 昆明：云南教育出版社：368.

和文军. 1997. 人文地理与中华伟人. 天津：天津人民出版社：216.

和晓蓉, 和继全, 顾霞. 2009. 民族非物质文化传承场及其维护与再造. 思想战线, 35（1）：94.

呼和塔拉. 2009. 语言对非语言思维的影响及其对民族教育的启示. 中央民族大学博士学位论
    文，20-25.

胡锦涛. 2003. 世代睦邻友好共同发展繁荣——在莫斯科国际关系学院的演讲. http：//www.
    china.com.cn/zhuanti2005/txt/2003-05/29/content_5337699.htm［2017-09-26］.

胡锦涛. 2005-06-27. 在省部级主要领导干部提高构建社会主义和谐社会能力专题研讨班上的讲
    话. 人民日报海外版,（1）.

胡序威. 1994. 进一步提高国土规划的科学性和实用性. 地理学与国土研究,（2）：1-7.

胡序威. 2008. 区域与城市研究. 北京：科学出版社：83-105.

胡兆量, 韩茂莉. 2013. 图说中国文化地理. 北京：北京大学出版社：132-141.

黄彩文, 万冬冬, 韩洋. 2012. 楚雄彝族的民间信仰与非物质文化遗产的保护传承. 楚雄师范学
    院学报,（4）：23-27.

黄光成. 2006. 云南民族文化纵横探. 北京：科学出版社：205-209.

黄静婧. 2012. 广西大学生民族文化教育探索. 教育探索,（9）：33-34.

黄龙光. 2012. 民族文化传习馆：区域性大学非物质文化遗产传承新模式. 文化遗产,（1）：23-28.

黄孟源, 封尊琪, 侯锁生, 等. 2000. 可持续发展区域教育研究. 中国人口·资源与环境,（1）：
    62-70.

黄铁. 2008. 阿诗玛. 昆明：云南人民出版社：45.

黄铁. 2009. 阿诗玛——云南民族民间文学典藏·彝族（撒尼人）. 昆明：云南人民出版社：68.

金娜. 2006. 留住民族表情——"'土风计划'村寨文化传承项目云南试点交流展示会"综述. 人民音乐,（2）: 4-7.

金元浦. 2012. 中国文化概论. 北京: 中国人民大学出版社: 389.

金志远. 2008. 民族文化传承与民族基础教育课程改革. 北京: 民族出版社: 19-20, 152.

阚军. 2010. 西南地区三个区域文化传承类型与教育法律保障的思考. 西南大学博士学位论文: 98.

克里斯塔勒. 2010. 德国南部中心地原理. 常正文, 王兴中, 等译. 北京: 商务印书馆: 320-325.

来仪. 2007. 西部少数民族文化资源开发走向市场. 北京: 民族出版社: 198.

雷振洋. 2004. 社会转型期少数民族文化利益保障探析. 中南民族大学学报（人文社会科学版）, 24（3）: 33-39.

李定仁, 徐继存. 1997. 从文化的相同性与多样性看民族高师课程改革. 民族教育研究,（1）: 36-40.

李静怡. 2012. 云南石林阿诗玛文化法律保护的实证研究. 中央民族大学硕士学位论文: 15-26.

李鹏程. 2003. 当代西方文化研究新词典（文化条目）. 长春: 吉林人民出版社: 307.

李姗泽. 2003. 接续学校教育与少数民族文化传统——论少数民族学校课程中民族文化教育资源的利用. 课程·教材·教法,（12）: 70-73.

李孝聪. 1997. 传统文化与地域空间. 读书,（5）: 8-12.

李振泉. 1990. 人地关系论. 北京: 中国大百科全书出版社: 350-351.

联合国教科文组织. 2003. 世界文化报告: 文化、创新与市场（序言）. 关世杰, 等译. 北京: 北京大学出版社: 3.

廖什. 1995. 经济空间秩序: 经济财货与地理间的关系. 王守礼译. 北京: 商务印书馆, 1954.

林航. 2005. 吉林空间规划. 东北师范大学硕士论文: 20-25.

凌纯声. 1936. 云南民族的地理分布. 地理学报,（3）: 533.

刘祖鑫, 舒跃红. 2008. 人类学视野下的金沙江河谷傣族文化——以云南大姚湾碧和武定东坡为例. 云南民族大学学报（哲学社会科学版）, 25（1）: 26-30.

陆继平, 张臣. 2010. 关于加强当代大学生民族文化教育的思考. 资治文摘,（7）: 133.

吕国敏. 2008. 浅谈文山民族民间传统文化的开发与保护. 文山师范高等专科学校学报, 21（2）: 30-32.

吕虹. 2006. 关于建立贵州多元民族民间文化传承发展机制的思考. 贵州民族研究,（2）: 17-20.

罗剑. 2007. 论现代化进程对民族传统文化的影响——织金县茶店乡红艳村布依族传统文化调查. 贵州社会科学, 216（12）: 165-168.

罗钰, 钟秋. 2000. 云南物质文化大观. 纺织卷. 昆明: 云南教育出版社: 245-248.

马克思, 恩格斯. 1995. 马克思恩格斯选集（第二卷）. 中共中央马克思恩格斯列宁斯大林著作编译局编译. 北京: 人民出版社: 113-114, 140.

马敏. 2002. 中国文化教程. 武汉: 华中师范大学出版社: 318.

马祥林. 2012. "站在地上"的民族文化教育之意义. 课程教材教学研究,（6）: 82-84.

缪家福. 2005. 全球化与民族文化多样性. 北京：人民出版社：225-227.

牟岱. 2000. 多元一体文化概论. 中国社会科学院研究生院学报，（3）：68-73.

娜木罕. 2009. 建构主义视野下的民族传统文化教育. 云南民族大学学报（哲学社会科学版），
（3）：151-153.

南文渊. 1994. 民族文化与民族教育. 青海民族学院学报（社会科学版），（4）：92-94.

潘鸿. 2012. 开展民族文化教育的实践研究. 现代教学，（12）：53-54.

潘康明. 2010. 多元文化背景下民族学校的文化选择. 民族教育研究，21（3）：75-79.

裴提娜. 2005. 现代教学论. 北京：人民教育出版社：29，73.

彭克宏. 1989. 社会科学大词典. 北京：中国国际广播出版社：353.

彭世华. 2003. 发展区域教育学. 北京：教育科学出版社：153.

彭鲜红. 2007. 地理环境与中国传统文化特征研究. 河北北方学院学报，（2）：43-45.

普学旺，徐畅江，紫萍，等. 2003. 穿越时空的守望——少数民族古籍抢救整理出版在云南. 今
日民族，（5）：4-13.

乔馨. 2010. 教育人类学视野下的岩洞嘎老文化传承研究. 中央民族大学博士学位论文：7.

单新梅. 2007. 区域教育可持续发展研究——以甘肃高等教育为例. 西北师范大学硕士学位论
文：19-26.

尚会建. 2006. 区域空间规划的理论与方法研究——以仪征市为例. 南京师范大学硕士学位论
文：16-17.

厍玉霞，刘霞，郑雅维. 2012. 全球化背景下我国高校少数民族文化教育研究. 高等农业教育，
（9）：12-13.

申春善. 2012. 文化选择与民族文化课程建构——延边州个案研究. 中央民族大学博士学位论
文：8.

沈喜云. 2007. 我国区域教育发展趋势研究. 西北师范大学硕士学位论文：19-30.

施惟达，段炳昌，等. 2004. 云南民族文化概说. 昆明：云南大学出版社：30.

石磊，崔晓天，王忠. 1988. 哲学新概念词典. 哈尔滨：黑龙江人民出版社，287-288.

史朝. 1999. 文化的传承和断裂——文化领域中的中国老人与儿童. 民族教育研究，（2）：78-83.

孙宏开. 2006. 少数民族语言与文化的记录和保护. 中国民族，（5）：32-33.

孙丽萍. 2010. 云南区域经济空间差异分析及优化对策. 曲靖师范学院学报，（1）：39-43.

孙琦. 2004. 云南物质文化：少数民族服饰工艺卷. 昆明：云南教育出版社：246.

孙亚娟，曹能秀. 2010. 以寻甸县六哨乡为例谈少数民族文化传承问题. 云南农业大学学报（社
会科学版），4（1）：22-25.

索晓霞. 1998. 贵州少数民族文化传承方式初探. 贵州社会科学，（2）：42-46.

索晓霞. 2000. 贵州少数民族文化传承运行机制探析. 贵州民族研究，（3）：108-115.

谭淑玲. 2007. 少数民族文化传承与发展视野中当代民族文化报道的思考. 广西大学硕士学位论
文：18-19.

唐戈. 2000. 简论中国东北地区民族文化区的划分. 北方文物，（1）：69-72.

唐立. 2000. 云南物质文化：生活技术卷. 昆明：云南教育出版社：268.

田丰. 1998. 保存原住民文化——我们至高无上的义务. 中国音乐，（1）：4-6.

田景正，周端云. 2009. 论少数民族地区幼儿民族文化教育的困境. 当代教育论坛，（5）：22-23.

田夏彪. 2011. 文化认同视域下大理白族教育互补机制研究. 西南大学博士学位论文：25.

田艳. 2008. 中国少数民族基本文化权利法律保障研究. 北京：中央民族大学出版社：145-148.

万俊人. 2001. 经济全球化与文化多元论. 中国社会科学，（2）：38-48.

王承才. 2010. 抓住桥头堡建设机遇 繁荣发展民族文化. 今日民族，（8）：30-34.

王道俊，王汉澜. 1999. 教育学. 北京：人民教育出版社：154.

王鹤云，高绍安. 2009. 中国非物质文化遗产保护法律机制研究. 北京：知识产权出版社：216-219.

王会昌. 2009. 中国文化地理. 武汉：华中师范大学出版社：75-78.

王鉴. 2006. 我国民族地区地方课程开发研究. 教育研究，（4）：24-27.

王金亮，古静. 2009. 云南民族文化中环境与生物多样性保护意识探析. 云南师范大学学报（哲学社会科学版），（1）：35-43.

王伟，王声跃. 2003. 论中国传统文化与地理环境的关系. 玉溪师范学院学报，（11）：51-54.

王文章. 2006. 中国非物质文化遗产保护论坛论文集. 北京：文化艺术出版社：112-118.

王希恩. 2000. 论中国少数民族传统文化现状及其走向. 民族研究，（6）：8-16.

王希恩. 2009. 全球化中的民族过程. 社会科学文献出版社：261.

王彦斌，钱宁. 2004. 现代化过程中西部贫困地区少数民族的生活方式——对云南几个少数民族村寨的调查分析. 云南行政学院学报，（2）：102-108.

王彦达，魏丽，马兵. 2005. 民族文化的现代化是少数民族文化传承的趋势. 满族研究，（2）：29-33.

王玉波. 1995. 中国社会生活方式转型取向. 社会学研究，（4）：49-55.

韦伯·A. 李刚剑，陈志人. 1997. 工业区位论. 张英保译. 北京：商务印书馆，1905.

魏美仙. 2002. 文化生态：民族文化传承研究的一个视角. 学术探索，（4）：106-109.

吴传钧. 1991. 论地理学的研究核心——人地关系地域系统. 经济地理，（3）：1-5.

吴传钧. 2008. 人地关系地域系统的理论研究及调控. 云南师范大学学报（哲学社会科学版），（3）：1-3.

萧放. 2005. 传统节日：一宗重大的民族文化遗产. 北京师范大学学报（社会科学版），（5）：50-56.

肖月娥. 2011. 论经济全球化与民族文化的多元化. 湖南科技学院学报，32（11）：39-42.

谢红雨，伊继东. 2014, 多元文化视角下云南民族文化发展"四境"研究. 学术探索，（5）：42-46.

信春鹰. 2011. 中华人民共和国非物质文化遗产法释义. 北京：法律出版社：234-237.

徐杰舜，韦小鹏. 2008. "中华民族多元一体格局"理论研究述评. 民族研究，（2）：84-92,110.

徐晓燕，叶鹏. 2010. 城市社区设施的自足性与区位性关系研究. 城市问题，（3）：62-66.

徐中起，田艳，王瑛. 2009. 中国少数民族文化权益保障研究. 北京：中央民族大学：284-286.

徐忠祥，赵松涛. 2010. 七彩云南十年巨变——云南省民族教育西部大开发 10 年发展纪实. 中国民族教育，（11）：11-13.

许宪隆. 2007. 民族文化发展与保护研究. 北京：民族出版社：345.

延边州教育局. 2007. 关于在全州朝鲜族中小学开展朝鲜族民族文化教育的指导意见. http：// www.ybedu.net/web1/show.aspx?id=587［2015-07-02］.

颜勇，雷秀武. 2007. 贵州民族文化传统节日综论. 贵州民族研究，（6）：36-59.

晏鲤波. 2007. 少数民族文化传承综论. 思想战线，（3）：42-47.

杨福泉. 1998. 论我国现代化进程中的少数民族文化保护. 思想战线，（5）：32-37.

杨福泉. 2007. 少数民族传统文化保护与传承新论. 云南社会科学，（6）：26-30.

杨甫旺，李德胜. 2011. 楚雄彝族文化史. 昆明：云南民族出版社：145-153.

杨洪贵. 2007. 多元文化主义的产生与发展探析. 学术论坛，（2）：75-77.

杨建忠. 胡双喜. 2012. 民族传统文化传承研究评析. 江苏经贸职业技术学院学报，（5）：40-44.

杨丽娥. 2008. 旅游与少数民族传统文化的现代生存. 思想战线，34（2）. 129-130.

杨叔子. 2006. 民族文化教育 自主创新道路. 中国高教研究，（10）：5-9.

杨庭硕，吕永锋. 2003. 论文化辐合趋同效应的弊端及化解对策——兼谈维护民族传统文化的理论支持. 民族艺术研究，（5）：57-65.

杨文顺，高路. 2011. 云南民族文化多样性与和谐社会构建互动关系研究. 云南行政学院学报，13（1）：98-101.

杨正文. 肖坤冰. 2008. 贵州雷山县苗语电视剧调查. 民族研究，（2）：30-37.

姚艳. 2006. 文化传承的困境——阿细跳月的个案研究. 贵州民族学院学报（哲学社会科学版），（1）：104-108.

尹绍亭. 2002. 民族文化生态村——云南试点报告. 昆明：云南民族出版社，150-158.

雍际春. 2009. 人文科学基础. 西安：陕西师范大学出版社：125.

云南省少数民族语文指导工作委员会. 2001. 双语现象与双语文教育. 昆明：云南民族出版社：175.

曾红. 2012. 中国特色社会主义文化建设中民族文化传承问题研究——以大理白族文化为例. 大理学院硕士学位论文：34-35.

翟忠义，李树德. 1991. 中国人文地理学. 济南：山东教育出版社：58.

张岱年. 2004. 中国文化概论. 北京：北京师范大学出版社：145.

张九辰. 1999. 中国近代对地理与文化关系的讨论及其影响. 自然辩证法通讯，（6）：62-67.

张玲，胡孔峰，杨静. 1996. 浅谈民族文化教育削弱对校园文化的影响及对策. 信阳农业高等专科学校学报，（3）：55-58.

张人杰. 1997. 中外教育比较史纲. 济南：山东教育出版社：513.

张仁福. 1998. 中西文化概述. 昆明：云南大学出版社：168.

张诗亚. 1994. 西南民族教育文化溯源. 上海：上海教育出版社：2.

张文. 2001. 旅游与文化. 北京：旅游教育出版社：43.

赵济，陈传康. 1999. 中国地理. 北京：高等教育出版社：598.

赵磊. 2003. 全球化浪潮下的民族文化教育路向. 重庆职业技术学院学报（综合版），(10)：59-61.

赵荣. 2011. 我国少数民族文化教育研究的理论视阈开拓. 四川省干部函授学院学报，(3)：86-87.

赵世林. 2002. 云南少数民族文化传承论纲. 昆明：云南民族出版社：17，100-108.

赵松涛. 1997. 不断发展的中国云南民族教育. 民族教育研究，(4)：45-46.

赵月. 2005. 多元文化教育研究综述. 辽宁教育行政学院学报，(11)：40-41.

郑金洲. 2000. 教育文化学. 北京：人民教育出版社：111-112.

中共中央文献研究室. 2002. 江泽民论有中国特色社会主义（专题摘编）. 北京：中央文献出版社：526.

中国大百科全书出版社编辑部. 1992. 中国大百科全书·民族卷. 中国大百科全书出版社：313.

周玲. 2006. 云南以汉族为主体的多民族分布格局的形成及影响. 昭通师范高等专科学校学报，(12)：40-45.

周尚意，孔翔，朱竑. 2009. 文化地理学. 北京：高等教育出版社：168.

朱晓明，刘军. 2004. 论新时期的民族文化教. 黑龙江民族丛刊，(4)：80-83.

佐佐木高明. 1998. 照叶树林文化之路——自不丹、云南至日本. 刘愚山译. 昆明：云南大学出版社：186.

Abel C. 2014. James Kurth and the fate of western civilization. Academic Questions，27，(2)：145-155.

Cashmore E. 1996. Dictionary of Race and Ethnic Relations. London and New York：Routledge & Kegan Paul：244-245.

Chambers E. 2000. Native Tours：The Anthropology of Travel and Tourism. Mississippi：Waveland Press，Inc.：107.

Childers J，Hentzi G. 1995. The Columbia Dictionary of Modern Literacy and Cultural Criticism. New York：Columbia University Press：196.

Eide A，Krause C，Rosas A. 2001. Economic，Social and Cultural Rights：A Textbook. 2nd revised edition. Den Haag：Martinus nijhoff publishers：149.

Gordon M M. 1964. Assimilation in American Life：the Role of Race，Religion and National Origins. New York：Oxford University Press：101-145.

Huntington S P. 2011. The Clash of Civilizations and the Remaking of World Order. New York：Simon & Schuster：354.

Kymlicka W. 2002. Politics in the Vernacular：Nationalism，Multiculturalism and Citizenship. New York：Oxford University Press：223.

Levinson D，Ember M. 1996. Encyclopedia of Cultural Anthropology，Vol. 3. NewYork：American Reference Publishing Company，Inc.：808-811.

Parrillo V N. 1996. Is multiculturalism a threat（Part I ）// Parrillo V N. Diversity in America. Thousand Oaks：Pine Forge Press：203.

Rex J. 1987. The concept of a multi-cultural society. New Community，（14）：218-219.

Rogers A. 1999. Multiculturalism and civil rights space. International Social Science Journal，（2）：57.

Watson C W. 2000. Concepts in the Social Science：Multiculturalism. Buckingham & Philadelphia：Open University Press：107.

# 附录
# 云南石林县彝族民族文化传承教育现状问卷调查

**尊敬的彝族朋友：**

您好！

为了更好地传承云南优秀的民族文化，现在需要对彝族文化传承教育现状进行调查，调查将从彝族文化的认知意识、关注意识、行为意识、参与意识、保护意识、传承意识、创新意识七个方面展开，以了解彝族朋友的彝族文化传承教育意识现状。

最后，本人郑重承诺，此次调查仅为本人完成《云南民族文化传承之区域教育路径研究》使用，不做他用，匿名调查，严格对调查者身份保密。请您根据自己的实际情况，实事求是地填写。

感谢您参加本次问卷调查活动！

**第一部分：个人基本信息调查**

1. 您所在的乡镇（　　　）

A. 鹿阜镇

B. 石林镇

C. 板桥镇

D. 长湖镇

E. 圭山镇

F. 西街口镇

G. 大河乡

2. 您的年龄是（　　　）

A. 7～18 岁

B. 19～35 岁

C. 36～45 岁

D. 45～60 岁

E. 60~83 岁

3. 您的身份是（　　）

A. 学生

B. 农民

C. 教师

D. 机关工作者

E. 自由工作者

4. 您受过何种教育（　　）

A. 小学

B. 初中

C. 本科

D. 文盲（即没有参加过学校教育）

5. 您现在的职业是（　　）

A. 学生

B. 教师

C. 农民

D. 工人

E. 其他职业

**第二部分：民族文化传承教育现状调查**

6. 日常生活中，您是否经常用彝族语进行交流（　　）

A. 经常使用

B. 偶尔使用

C. 几乎不使用

D. 只会讲汉语，不会讲彝语

7. 您认为学习彝语对您的生活是否有帮助（　　）

A. 没有帮助

B. 无所谓

C. 有帮助

D. 其他

8. 您会唱彝族的歌曲吗（　　）

A. 会，非常熟练

B. 会唱一些简单的歌曲

C. 会哼几句

D. 不会

9. 您会演奏自己民族的乐器吗（　　）

A. 熟练演奏

B. 会使用一些简单乐器

C. 略懂一点，但比较生疏

D. 不会

10. 日常生活中，您是否经常穿彝族服装（　　　）

A. 经常穿

B. 偶尔穿一下

C. 几乎不穿

D. 没有民族服装，只穿汉服

11. 日常生活中您是否经常接触彝族文化（　　　）

A. 频繁接触（日常生活离不开彝族文化）

B. 经常接触（作为生活中的重要组成部分之一）

C. 偶尔接触（节日里会接触到）

D. 不接触（日常生活与彝族文化没有交集）

12. 您知道有哪些彝族的民族文化（　　　）

A. 彝族服饰

B. 彝族歌曲

C. 彝族舞蹈

D. 彝族建筑

E. 彝族神话故事

F. 其他彝族文化

13. 您对彝族民族文化的发展是否关注（　　　）

A. 经常关注

B. 比较关注

C. 偶尔关注

D. 不关注

14. 您是否会参与日常的彝族文化活动（　　　）

A. 非常喜爱，积极参加

B. 经常参加

C. 偶尔参加

D. 不参加

15. 日常生活中，您是否会严格按照彝族礼仪约束自己的行为（　　　）

A. 严格遵守

B. 经常遵守

C. 大部分时间会遵守

D. 不遵守

16. 您是否会去制止破坏彝族民族文化的行为（　　　）

A. 积极保护，制止破坏民族文化的行为

B. 经常会

C. 偶尔会

D. 不会

17. 您的长辈是否经常向您讲授彝族民族文化，或者您是否会向您的同伴或晚辈传授彝族文化（　　　）

A. 积极传授

B. 经常会

C. 偶尔会

D. 不会

18. 在现代生活环境下，您是否认为彝族文化应该改变其中某些部分，以更适合现代生活发展的需要（　　　）

A. 不能改变，保持传统

B. 可以部分改变，适应需要

C. 彝族文化可以借鉴现代文化，作出较大改变

D. 与传统的彝族文化相比，现代文化观念更适合生活需要

19. 在现在日常生活里，您认为彝族文化是否还有用（　　　）

A. 非常有用

B. 比较有用

C. 偶尔有用

D. 没有用

20. 为了更好地传承彝族文化，您认为还需要从哪些方面努力？

再次对您的支持与配合表示感谢！

# 后　记

　　"文章千古事"，下笔需谨慎。写作《云南民族文化传承之区域教育路径研究》一书，我内心欣喜与忐忑并存。欣喜于能在民族传统文化与外来优秀文化协调发展逐步走向深入之际做相应的研究尝试，忐忑于因个人水平有限可能出现的研究纰漏。虽竭心尽力，但书稿难免存有诸多不足和缺憾，其中的一些理论、观点可能存有争议，甚至并非完全正确的。然古语云：知而不行，不是真知；行而不知，不是真知。中华文化，悠悠千年，民族文化传承对于一个民族甚至一个国家的发展来说无疑具有深远的现实意义。在"与世界接轨""向世界先进发达国家看齐""满足人民群众日益增长精神生活需求"的背景下，外来文化被大量引入中国，民族传统文化日渐衰落，在引进世界先进文化的同时如何更好地传承民族文化的研究仍是凤毛麟角，研究的成果并非丰硕，研究体系也还相对零散，甚至匮乏。民族传统文化传承的实践与理论研究尚在发展成熟的过程中，本书所做的研究亦不成熟，后续提升与改进的空间仍旧巨大。本书定名为《云南民族文化传承之区域教育路径研究》，主要基于以下三个方面的考虑：①云南民族地区是我国乃至世界范围内自然生态环境、民族文化生态环境独具特色的区域，其民族文化丰富多样、生态环境脆弱、经济社会发展落后等问题必须引起我们的高度重视。②云南民族地区是我国毗邻周边国家较多的地区，在我国国防边境安全、民族团结和对外开放中具有特殊的地位，客观决定了必须高度重视云南民族文化的传承，这对于维护民族团结，巩固边防，全面建成小康社会，让边疆人民共享改革开放的成果、过上小康生活有着重大的现实意义。③在面向东南亚，开发大西南，改变云南在全国经济发展中落后地位的过程中，云南在面向南亚、东南亚大通道建设和国家"一带一路"建设中的重要性，也促使我们必须在重视云南经济社会发展的同时，重视并推动云南民族文化的传承，在提高云南人民物质生活水平的同时，必须重视精神文化的建设，搞好民族团结，促进社会和谐稳定。具体来看，虽然我们在本书第一章对研究现状做了综述，在第二章对研究民族文化传承的基本内涵做了探讨，在第三章做了云南民族文化传承的现状与特征研究，在后续章节做了云南民族文化传承分区及教育反思、民族文化传承的区域教育路径选择等，但在类似"云南民族文化传承分区的划分""针对每一个分区提出该分区的教育路径"等问题上……仍旧存在诸多的不足之处。客观而言，本书更多地聚焦于从地理学视角梳理和探究云南民族文化的传承分区，并从自然地理环境、人文地理环境和经济地理环境三个维度，探讨自然环境、人文环境、经济环境等对民族文化传承分区的影响，进而对民族文化传承与区域教育关联性进行分析，探寻云南民族文化传承的区域教育发展的路径选择。但在具体研究过程中，鉴于现实条件和个人水平，本书未能在民族文化传承分区原则与角度的建立上，在云南民族文化传承分区的划分上，在针对每一个分区提出具体教育路径选择上做到尽善尽美。各种遗憾，只有在未来的持续学习、研究中加以弥补！

"仰而思之，夜以继日。"（《孟子·离娄下》）作为一线的民族文化传承研究者，选择这样一个不成熟的研究主题并呈现研究结果，并非好大喜功。所谓"它山之石，可以攻玉"，本书寄望于通过这种抛砖引玉的方式，引出更多专家、学者参与到民族文化传承研究中来，一同为文化强国建设和中国梦的实现，为习近平同志提出的文化自信的建设贡献力量。

本书从最初的思考、写作到定稿付梓，得到了云南师范大学大学伊继东教授、潘玉君教授、刘六生副教授、甘键候教授、段从宇副教授、杨超副教授、姚辉老师，内江师范学院教育科学学院陈理宣教授、杨梅教授、杜高明教授，内江师范学院外国语学院肖荷老师，内江师范学院党委书记谢峰教授、校长张致远教授等多位师长与领导的支持与帮助。科学出版社朱丽娜老师、王丽娟老师为本书提出了修改意见，专家学者、民族教育信息化教育部重点实验室、内江师范学院教育科学学院为本书的出版提供了诸多便利，在此一并表示感谢！在本书付梓之际，还要特别感谢所有开展民族文化传承先期研究及实践的前辈、同仁，是他们的辛劳与智慧使我们能站在前人的肩上，不断向前。

最后，向为本书写作、出版，以及我个人成长倾注心力的伊继东老师表示最真诚的谢意！对伊老的感谢不是轻轻道声谢就能了却的，唯有内心铭记！

自知"其物初生、其形必丑"，唯有"时时勤擦拭，以免惹尘埃"。本书的研究虽暂告一段落，但在追求学术道路的征途上，我会继续努力耕耘。书稿就要面世了，惴栗。对本书中或存的谬误，忱盼各位大雅宏达之士多多指正！

谢红雨

2017 年 12 月